川派中医药名家系列丛书

刘育才

主编 ◎ 刘 正

西南交通大学出版社

·成都·

图书在版编目（CIP）数据

川派中医药名家系列丛书. 刘育才 / 刘正主编. --
成都：西南交通大学出版社，2024.6
ISBN 978-7-5643-9829-3

Ⅰ. ①川… Ⅱ. ①刘… Ⅲ. ①刘育才－生平事迹②中
医临床－经验－中国－现代 Ⅳ. ①K826.2②R249.7

中国国家版本馆 CIP 数据核字（2024）第 099948 号

Chuanpai Zhongyiyao Mingjia Xilie Congshu Liuyucai

川派中医药名家系列丛书 刘育才

主编 / 刘　正

责任编辑 / 罗俊亮
封面设计 / 原谋书装

西南交通大学出版社出版发行

（四川省成都市金牛区二环路北一段 111 号西南交通大学创新大厦 21 楼　610031）
营销部电话：028-87600564　028-87600533
网址：http://www.xnjdcbs.com
印刷：四川煤田地质制图印务有限责任公司

成品尺寸　170 mm × 240 mm
印张　17　　　插页　4
字数　267 千
版次　2024 年 6 月第 1 版　　印次　2024 年 6 月第 1 次

书号　ISBN 978-7-5643-9829-3
定价　79.00 元

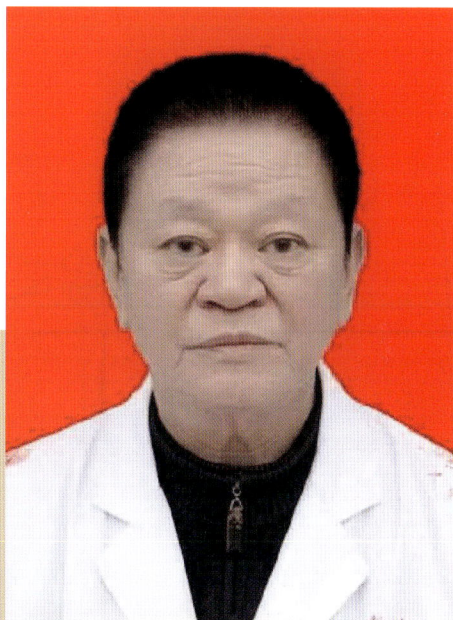

刘育才

刘育才筹建成都骨伤医院

刘育才在修建成都骨伤医院的工地勘测地形

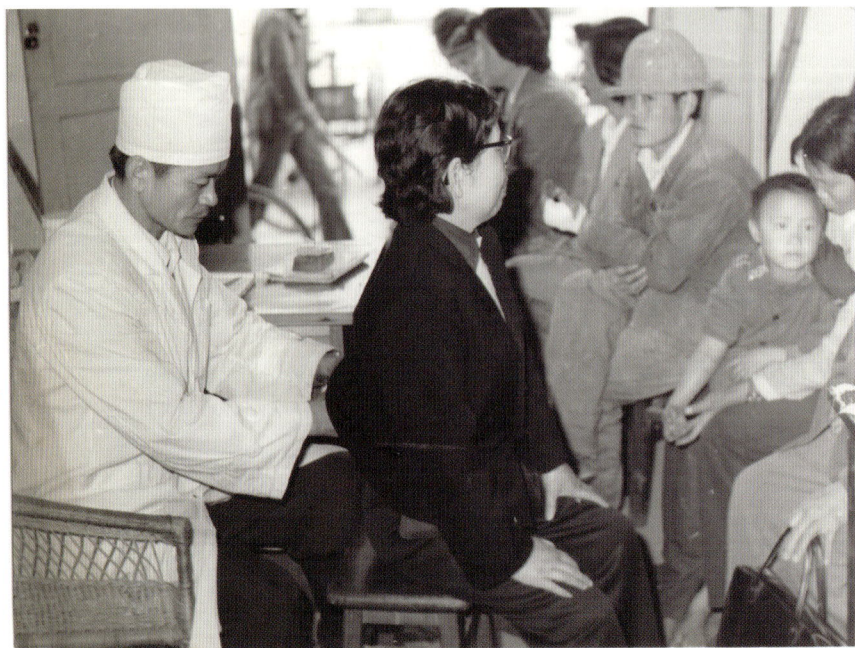

刘育才在成都骨伤医院为病人诊治

刘育才在中国中医研究院学习

刘育才（中）在北京人民大会堂出席首届中国主任医师学术会

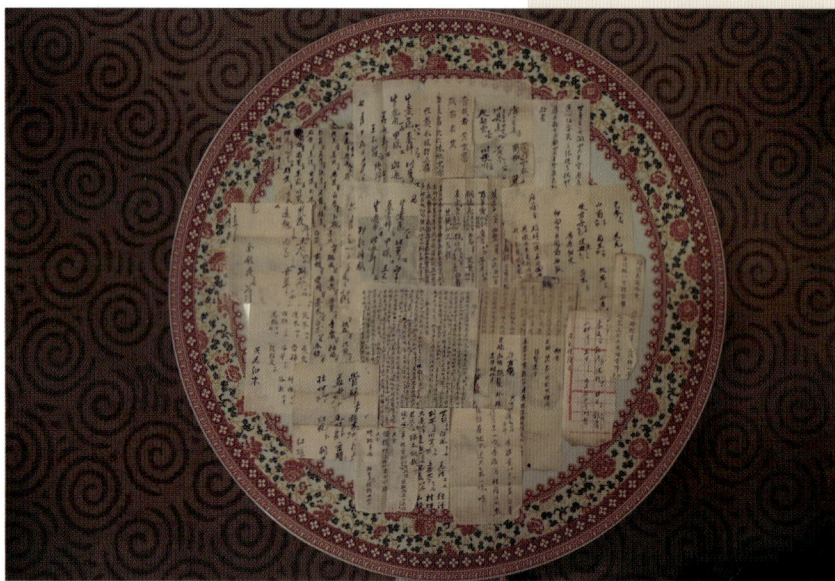

现留存的刘育才家传处方

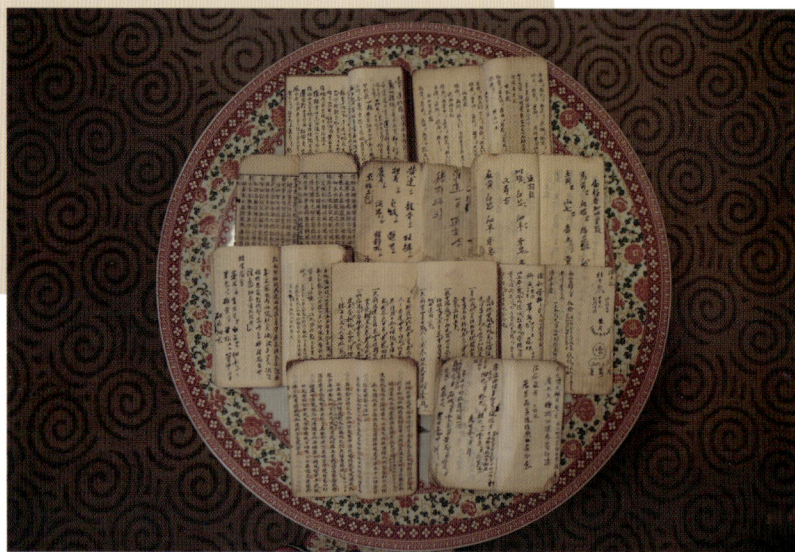

现留存的刘育才家传手抄本医学书籍

编 委 会

总序——加强文化建设，唱响川派中医

四川，雄踞我国西南，古称巴蜀，成都平原自古就有天府之国的美誉，天府之土，沃野千里，物华天宝，人杰地灵。

四川号称"中医之乡、中药之库"，巴蜀自古出名医、产中药，据历史文献记载，从汉代至明清，见诸文献记载的四川医家有 1000 余人，川派中医药影响医坛 2000 多年，历久弥新；川产道地药材享誉国内外，业内素有"无川（药）不成方"的赞誉。

▌ 医派纷呈，源远流长

经过特殊的自然、社会、文化的长期浸润和积淀，四川历朝历代名医辈出，学术繁荣，医派纷呈，源远流长。

汉代以涪翁、程高、郭玉为代表的四川医家，奠定了古蜀针灸学派，郭玉为涪翁弟子，曾任汉代太医丞。涪翁为四川绵阳人，曾撰著《针经》，开巴蜀针灸先河，影响深远。1993年，在四川绵阳双包山汉墓出土了最早的汉代针灸经脉漆人；2013年，在成都老官山再次出土了汉代针灸漆人和920支医简，带有"心""肺"等线刻小字的人体经穴髹漆人像是我国考古史上首次发现，应是迄今我国发现的最早、最完整的经穴人体医学模型，其精美程度令人咋舌！又一次证明了针灸学派在巴蜀的渊源和影响。

四川山清水秀，名山大川遍布。道教的发祥地青城山、鹤鸣山就坐落在成都市。青城山、鹤鸣山是中国的道教名山，是中国道教的发源地之一，自东汉以来历经2000多年，不仅传授道家的思想，道医的学术思想也因此启蒙产生。道家注重炼丹和养生，历代蜀医多受其影响，一些道家也兼行医术，如晋代蜀医李常在、李八百，宋代皇甫坦，以及明代著名医家韩懋（号飞霞道人）等，可见丹道医学在四川影响深远。

川人好美食，以麻、辣、鲜、香为特色的川菜享誉国内外。川人性喜自在休闲，养生学派也因此产生。长寿之神——彭祖，号称活了800岁，相传他经历了尧舜夏商诸朝，据《华阳国志》载，"彭祖本生蜀""彭祖家其彭蒙"，由此推断，彭祖不但家在彭山，而且他晚年也落叶归根于此，死后葬于彭祖山。彭祖山坐落在成都彭山，彭祖的长寿经验在于注意养生锻炼，他是我国气功的最早创始人，他的健身法被后人写成《彭祖引导法》；他善烹饪之术，创制的"雉羹之道"被誉为"天下第一羹"，屈原在《楚辞·天问》中写道："彭铿斟雉，帝何飨？受寿永多，夫何久长？"反映了彭祖在推动我国饮食养生方面所做出的贡献。五代、北宋初年，著名的道教学者陈希夷，是四川安岳人，著有《指玄篇》《胎息诀》《观空篇》《阴真君还丹歌注》等。他注重养生，强调内丹修炼法，将黄老的清静无为思想、道教修炼方术和儒家修养、佛教禅观汇归一流，被后世尊称为"睡仙""陈抟老祖"。现安岳县有保存完整的明代陈抟墓，有陈抟的《自赞铭》，这是全国独有的实物。

四川医家自古就重视中医脉学，成都老官山2012年冬出土的汉代医简中就有《逆顺五色脉臧验精神》一书，其余几部医简经整理定名为《脉书·上经》《脉书·下经》《刺数》《犮理》《治六十病和齐汤法》《疗马书》。学者经初步考证推断极有可能为扁鹊学派已经亡佚的经典书籍。扁鹊是脉学的倡导者，而此次出土的医书中脉学内容占有重要地位，一起出土的还有用于经脉教学的人体模型。唐代杜光庭著有脉学专著《玉函经》三卷，以后王鸿骥的《脉诀采真》、廖平的《脉学辑要评》、许宗正的《脉学启蒙》、张骥的《三世脉法》等，均为脉诊的发展做出了贡献。

昝殷，唐代四川成都人。昝氏精通医理，通晓药物学，擅长妇产科。唐大中年间，他将前人有关经、带、胎、产及产后诸证的经验效方及自己临证验方共378首，编成《经效产宝》三卷，是我国最早的妇产学科专著。加之北宋时期的著名妇产科专家杨子建（四川青神县人）编著的《十产论》等一批妇产科专论，奠定了巴蜀妇产学派的基石。

宋代，以四川成都人唐慎微为代表撰著的《经史证类备急本草》，集宋代本草之大成，促进了本草学派的发展。宋代是巴蜀本草学派的繁荣发展时期，陈承的《补注神农本草并图经》，孟昶、韩保昇的《蜀本草》等，丰富、发展了本草学说，明代李时珍的《本草纲目》正是在此基础上产生的。

宋代也是巴蜀医家学术发展最活跃的时期。四川成都人、著名医家史崧献出了家藏的《灵枢》，校正并音释，定名为《黄帝素问灵枢经》并由朝廷刊印颁行，为中医学发展做出了不可估量的贡献，可以说，没有史崧的奉献就没有完整的《黄帝内经》。虞庶撰著的《难经注》、杨康侯的《难经续演》，为医经学派的发展奠定了基础。

史堪，四川眉山人，为宋代政和年间进士，官至郡守，是宋代士人而医的代表人物之一，与当时的名医许叔微齐名，其著作《史载之方》为宋代重要的名家方书之一。（同为四川眉山人的宋代大文豪苏东坡，也有《苏沈内翰良方》（又名《苏沈良方》）传世，是宋人根据苏轼所撰《苏学士方》和沈括所撰《良方》合编而成的中医方书。）加之明代韩懋的《韩氏医通》等方书，一起成为巴蜀医方学派的代表。

四川盛产中药，川产道地药材久负盛名，以回阳救逆、破阴除寒的附子为代表的川产道地药材，既为中医治病提供了优良的药材，也孕育了以附子温阳为大法的扶阳学派。清末四川邛崃人郑钦安提出了中医扶阳理论，他的《医理真传》《医法圆通》《伤寒恒论》为奠基之作，开创了以运用附、姜、桂为重点药物的温阳学派。

清代西学东渐，受西学影响，中西汇通学说开始萌芽，四川成都人唐宗海以敏锐的目光捕捉西学之长，融汇中西，撰著了《血证论》《医经精义》《本草问答》《金匮要略浅注补正》《伤寒论浅注补正》，后人汇为《中西汇通医书五种》，成为"中西汇通"的第一种著作，也是后来人们将主张中西医兼容思想的医家称为"中西医汇通派"的由来。

▌名医辈出，学术繁荣

新中国成立后，历经沧桑的中医药受到党和国家的高度重视，在教育、医疗、科研等方面齐头并进，一大批中医药大家焕发青春，在各自的领域里大显神通，中医药事业欣欣向荣。

四川中医教育的奠基人——李斯炽先生，在1936年创办的"中央国医馆四川分馆医学院"（简称"四川国医学院"）中，先后担任过副院长、院长，担当大任，艰难办学，为近现代中医药人才的培养立下了汗马功劳。该院为国家批准的办学机构，虽属民办但带有官方性质。四川国医学院也是成都中医学院（现成都中医药大学）的前身，当时汇集了一大批中医药的仁人志士，如内科专家李斯炽、伤寒专家邓绍先、中药专家凌一揆等，还有何伯勋、杨白鹿、易上达、王景虞、周禹锡、肖达因等一批蜀中名医，可谓群贤毕集，盛极一时。共招生13期，培养高等中医药人才1000余人，这些人后来大多数都成为新中国成立后的中医药领军人物，成了四川中医药发展的功臣。

1955年国家在北京成立了中医研究院，1956年在全国西、北、东、南各建立了一所中医学院，即成都、北京、上海、广州中医学院。成都中医学院第一任院长由周恩来总理亲自任命。李斯炽先生继担任四川国医学院院长之后又成为成都中医学院的第一任院长。成都中医学院成立后，在原国医学院的基础上，又汇集了一大批有造诣的专家学者，如内科专家彭履祥、冉品珍、彭宪章、傅灿冰、陆干甫，伤寒专家戴佛延，医经专家吴棹仙、李克光、郭仲夫，中药专家雷载权、徐楚江，妇科专家卓雨农、曾敬光、唐伯渊、王祚久、王渭川，温病专家宋鹭冰，外科专家文琢之，骨、外科专家罗禹田，眼科专家陈达夫、刘松元，方剂专家陈潮祖，医古文专家郑孝昌，儿科专家胡伯安、曾应台、肖正安、吴康衡，针灸专家余仲权、薛鉴明、李仲愚、蒲湘澄、关吉多、杨介宾，医史专家孔健民、李介民，中医发展战略专家侯占元等。真可谓人才济济，群星灿烂。

北京成立中医高等院校、科研院所后，为了充实首都中医药人才的力量，四川一大批中医名家进驻北京，为国家中医药的发展做出了巨大贡献，也展现了四川中医的风采！如蒲辅周、任应秋、王文鼎、王朴诚、王伯岳、冉雪峰、杜自明、李重人、叶心清、龚志贤、方药中、沈仲圭等，各有专精，影响广泛，功勋卓著。

北京四大名医之首的萧龙友先生，为四川三台人，是中医界最早的学部委员（院士，1955 年）、中央文史馆馆员（1951 年），集医道、文史、书法、收藏等为一身，是中医界难得的全才！其厚重的人文功底、精湛的医术、精美的书法、高尚的品德，可谓"厚德载物"的典范。2010 年 9 月 9 日，故宫博物院在北京为萧龙友先生诞辰 140 周年、逝世 50 周年，隆重举办了"萧龙友先生捐赠文物精品展"，以缅怀和表彰先生的收藏鉴赏水平和拳拳爱国情怀。萧龙友先生是一代举子、一代儒医，精通文史，书法绝伦，是中国近代史上中医界的泰斗、国学家、教育家、临床大家，是四川的骄傲，也是我辈的楷模！

▌追源溯流，振兴川派

时间飞转，掐指一算，我自 1974 年赤脚医生的"红医班"始，到 1977 年大学学习、留校任教、临床实践、跟师学习、中医管理，入中医医道已 40 年，真可谓弹指一挥间。俗曰：四十而不惑，在中医医道的学习、实践、历练、管理、推进中，我常常心怀感激，心存敬仰，常有激情冲动，其中最想做的一件事就是将这些中医药实践的伟大先驱者，用笔记录下来，为他们树碑立传、歌功颂德！缅怀中医先辈的丰功伟绩，分享他们的学术成果，继承不泥古，发扬不离宗，认祖归宗，又学有源头，师古不泥，薪火相传，使中医药源远流长，代代相传，永续发展。

今天，时机已经成熟，四川省中医药管理局组织专家学者，编著了大型中医专著《川派中医药源流与发展》，横跨 2000 年的历史，梳理中医药历史人物、著作，以四川籍（或主要在四川业医）有影响的历史医家和著作作为线索，理清历史源流和传承脉络，突出地方中医药学术特点，认祖归宗，发扬传统，正本清源，继承创新，唱响川派中医药。其中，"医道溯源"是以"民国"前的川籍或在川行医的中医药历史人物为线索，介绍医家的医学成就和学术精华，作为各学科发展的学术源头。"医派医家"是以近现代著名医家为代表，重在学术流派的传承与发展，厘清流派源流，一脉相承，代代相传，源远流长。《川派中医药源流与发展》一书，填补了川派中医药发展整理的空白，集四川中医药文化历史和发展现状之大成，理清了川派学术源流，为后世川派的研究和发展奠定了坚实的基础。

我们在此基础上，还编著了"川派中医药名家系列丛书"，汇集了一大批近现代四川中医药名家，遴选他们的后人、学生等整理其临床经验、学术思想编辑成册。预计编著一百人，这是一批四川中医药的代表人物，也是难得的宝贵文化遗产，今天，经过大家的齐心努力终于得以付梓。在此，对为本系列书籍付出心血的各位作者、出版社编辑人员一并致谢！

由于历史久远，加之编撰者学识水平有限，书中罅、漏、舛、谬在所难免，敬望各位同仁、学者，提出宝贵意见，以便再版时修订提高。

中华中医药学会　　　副会长
四川省中医药学会　　会长
四川省中医药管理局　原局长　　杨殿兴
成都中医药大学教授　博士导师

2015 年春初稿
2022 年春修定于蓉城雅兴轩

席文举先生 序

　　中医之道，易懂难精，学医之众，百里挑一。此道难乎，非也！惟有大愿、大行、大德者方能成就大医也。故先人言，凡大医治病，必当安神定志，无欲无求，先发大慈恻隐之心，誓愿普救含灵之苦……一心赴救，无作功夫形迹之心。吾数十载耳闻目睹诸贤达着力于此，蜀人吾友刘育才即其中之翘楚也！

　　吾友育才秉青城之灵，怀大医之愿，幼承家学，师从一代武医郑栋臣先生，精研《周易》《内经》《伤寒论》《神农本草经》《仙授理伤续断秘方》《伤科汇纂》等，敬受历代先贤之指路，参透人身阴阳百骸之玄机，深得仲景立法垂方之精义，更悟皇普针灸之理法，尤擅运用于中医骨科之领域。故年不满二十，即以救治天下苍生之慈悲心，行医于巴蜀。于此间，艰难困苦不退其初心，心力交瘁难转其使命。故渐口碑相传，八方之众、海内外之士纷至沓来，即以"四绝"之术，解其苦厄。从医五十余载，老友秉他人之病如己病，治好他病是己任，救得他生似己生之志，倾心而为，孜孜不倦。其人也，宽裕汪汪，不皎不昧，望之俨然，了无尘韵。其医也，省病诊疾，至意深心，处判针药，纤毫勿失。

　　为救治天下苍生兮，五十余载呕心沥血，不忘白衣舞台之梦，二十余年，两座医院拔地而起，巍巍然书其丰碑！二十世纪八十年代，无政府之投资，白手起家，独自义诊凑资创建成都骨伤医院，试点绩效工资制而砸破大锅饭，先进之管理合精湛之医术，乃有一流之成绩！《健康报》《中国中医药报》以《一枝红杏出墙来》报道其改革之举，开全国卫生系统绩效工资制改革之先河。事业蒸蒸日上之际，老友退休不退岗兮，妙手回春不舍病患，亲友相助，再建成都育才骨科医院，专科二级！首届名中医工作室门庭若市，坐诊疗疾而续其大愿。

老友善学且笔耕不辍，理论实践结合，成绩斐然。曾于专业刊物和学术论坛发表百余篇骨科著述，总结其临床经验，交流于同行之间。四川省首届名中医、成都市名中医、连续四届四川省中医学会骨伤专委会副主任等诸多荣誉和职务，皆不显而彰。20世纪八九十年代以来，各类媒体，报道事迹百余次，感人肺腑，患者常闻讯而来。五十余载，致力于中医骨科领域"内外、动静、阴阳、虚实"之探索，形成了其骨折脱臼复位、针灸、推拿、中药等"四绝"之医术，救治病患多达160余万人次，广受爱戴。刘氏中医传统整骨手法，乃为成都市与金牛区非物质文化遗产代表性项目。

生命不息，力行不止。今古稀之年，老友尚坚持坐诊问疾，不仅以其神奇之手解病患之痛，且言传身教传承不息，桃李满天下。五十余年来，带教弟子100余人，其中德艺双馨者不乏其人。子刘正、刘然及小儿媳徐小燕对其学术思想理解深邃，得其真传颇丰，分别为省、市、区之名中医也，尽管皆任各自医院之院长，但仍长期临床，救死扶伤。2017年和2019年，育才老友及其子、子媳分别被列入金牛区和成都市非物质文化遗产保护性传承人名录。育才医道，代有传人，善莫大焉。

今《川派中医药名家系列丛书：刘育才》一书出版，对于总结育才一生之医道经验，传承其大医之志与术，此乃大幸事、大喜事、大善事，功德无量！吾于病中，仍手不释卷，反复阅之，感动于老友之大愿力，钦佩于名医之大手段，虽寸管难执，但面此大功德，欣然允诺，而序之！愿后学效仿医门贤达，当怀济世活人之大愿力，遇疾苦则一心赴救，用生命以济危急，如此方可为苍生大医也。

席文举

2019 年 8 月

编写说明

　　刘育才老先生作为中医骨伤科主任医师，曾获评为世纪骨伤杰出人才、中国当代名医、四川省首届名中医、四川省骨科名医、成都市名中医、成都市劳动模范、金牛区名中医、金牛区拔尖人才，先后任成都骨伤医院院长、成都育才骨科医院院长。本书作为《川派中医药名家系列丛书》之一，由刘育才老先生的多名学术经验继承人总结多年的跟师学习的经验，并整理大量医案、学术论文，且进行多次专题访谈，介绍了刘育才老先生的生平事迹，对其在中医骨伤临床工作数十载的学术经验进行总结，记录了"刘氏"中医骨伤治疗的特色手法和特色制剂。其中学术思想及临床经验、独特技术的总结：刘正、刘然、郑澈、杨生文、李鹏程、王卓、路建峰、王泉、易沁钰、陶成宇、罗毅、舒坦、胡小丽、熊红兵、易洪浩、舒銮亮、覃红霞、盛相宁；常用独特方剂及药物的总结：陈其原、张合勇；生平简介、逸闻趣事的撰写、学术年谱的编撰：刘正、刘然、徐小燕、刘成云。

　　由于骨折病人疾病名称在中西医中差距不大，故本书中的骨折病例的中医诊断多数情况都予以省略。另外，本书病例中多使用医院制剂，其组成、功效均在书中"刘氏骨科常用制剂"章节中列出，方便读者学习参考。刘育才先生习用中药，本书"刘氏骨科常用药物"章节内仅仅列出其独特认识和使用特色，其余气、性、效、味、用和教材、中药典籍一致者，多不再赘述。本书所载某些药物涉及某些濒危或保护动植物，仅用于对医药知识的学习。对于任何形式的动植物的使用均需遵守国家相关法律法规。文中不妥之处，敬请各位同仁指正。

在此，感谢四川省中医药管理局"川派中医名家临床经验和学术思想总结"课题的专项经费资助，感谢成都骨伤医院和成都育才骨科医院对本项目的经费支持，感谢课题组全体成员近两年的努力。

目 录

生平简介

川派中医药名家系列丛书

刘育才

刘公育才，1947年11月出生，成都人。自幼即承家传医学，既长又拜师于郑栋臣老人习武学医，能急人之急，有燕赵豪侠之风。其成长于三年困难时期和十年"文化大革命"时期，此是农村缺医少药时期，是人民群众急盼有好医生的年代。先生观众生之苦而心怀菩提大愿，立志以仁心仁医仁术成就大医之道。

先生14岁即在父亲指导下学习《黄帝内经》等家传医学资料，后拜师于郑栋臣老人武医双修。艰难困苦，玉汝于成。煤油灯下、堰塘守水、困卧道路、牛踩车撵、凉水惊脚等见证了先生头悬梁锥刺股的好学精神。日月如梭，于苦读大量医典之后，先生遂掌握了中医的整体观、辨证施治、同病异治、异病同治等精髓，从村医、乡医、校医成长为主任医师，形成了治疗中医骨伤骨病"快针与中药结合，正骨和按摩并用"极具特色的刘氏"四绝"：一绝是对骨折、脱臼独特的闭合性无创复位手法；二绝是独特的针灸手法；三绝是独特的推拿按摩手法；四绝是独特的治疗骨关节病的方药和方法。

50余年来，先生以"他人之病犹己病，治好他病是己任，救得他生似己生"之座右铭，秉承家传和师传在骨伤领域独特"四绝"技术，在弟子和助手的协助下救治了160万余人次的骨伤患者，并于1986年和2006年，花费众多心血，分别创建了成都骨伤医院和成都育才骨科医院。

先生医术超群，名扬海外。多年来，他先后受邀赴新加坡、泰国、马来西亚、越南、美国，以及中国香港、中国台湾等地行医讲学，广受好评。在临床实践和行政管理之余，先生还不断将自己的经验、技术贡献社会。先生依据中医药理论、师父秘传，特别是通过长期临床实践，不仅获得了五项骨科药品国家发明专利，还自研自制并获批18个专病专方专药运用于临床，至今仍是成都骨伤医院治疗骨伤骨病的临床一线用药。

先生利用业余时间任副主编参与编写了《医院管理与实践》《汉英对照针灸学》等书，撰写学术论文及专著100余篇，发表在国际、国内医刊和学术论坛。如在《中华医道》《中华骨科》《中国中医骨科》《中国骨伤》《中医医院管理与实践》《四川中医》《成都医药》以及美国的《中医科学》等杂志或在国际国内学术会上交流发表，并受到业内的充分肯定。先生的卓越贡献和高尚医德，感动了巴蜀大地、感动了海内外患者，记者蜂拥而至，国内外新闻媒体通过电视和纸媒曾对先生的事迹和贡献做过100余次报道。

先生先后任成都骨伤医院院长、成都市育才医院院长、成都市人大代表。先生是中医骨伤主任医师，曾获评为世纪骨伤杰出人才、中国当代名医、四川省首届名中医、四川省骨科名医、成都市名中医、成都市劳动模范、成都市金牛区（以下简称"金牛区"）名中医、金牛区拔尖人才；曾担任中国人才骨伤学会常务理事、全国骨伤医院管理学会常务理事、连续四届四川省中医学会骨伤专委会副主任、四川省针灸学会常务理事、成都市针灸学会副理事长、成都市第 12、13 届人大代表、金牛区第 6 届人大代表、成都市中医药高级职称评委。先生于 2017 年 5 月 8 日被列入金牛区非物质文化遗产保护性传承人名录。面对诸多荣誉，先生以出世之心而待之，不变的仍是以"他人之病犹己病，治好他病是己任，救得他生似己生"的入世大愿的无悔践行。

50 余年来，先生带教徒弟 200 余人，绝大多数成为了中医骨伤科的主任医师、副主任医师、主治医师，两个儿子皆是其中翘楚，大儿子刘正是四川省第五批名中医，二儿子刘然为金牛区名中医。如今，先生在古稀之年仍携众弟子战斗在"救治天下病人"的第一线，为中医骨伤事业竭尽全力，奋斗不息。

川派中医药名家系列丛书

临 床 经 验

刘育才

一、医 案

（一）桡骨远端骨折

案一

张某，女性，43岁，因"跌倒致左腕疼痛伴肿胀6小时"就诊。

患者跌倒时腕关节处于背伸及前臂旋前位、手掌着地，暴力集中于桡骨远端松质骨处而引起骨折，为伸直型骨折。

查体：左腕关节轻度肿胀，活动受限，局部皮肤无破损，无皮下瘀斑，肤温正常，左腕关节桡侧压痛、叩痛（＋），左尺骨茎突处压痛（＋），左上肢纵向叩击痛（＋），可扪及明显骨擦感，可闻及骨擦音；桡动脉搏动可扪及，患肢远端血循环及活动可，皮肤感觉无异常。

中医诊断：左桡骨远端骨折

辨证：血瘀气滞证

西医诊断：左桡骨远端骨折（伸直型）

治则：活血化瘀，行气止痛，续筋接骨

治法：

1. 手法复位。

（1）折顶屈曲：助手和医者站于患者前后，患者患肢旋前体位，医者和助手对骨折断端用力作对抗牵引2～5分钟，以此松解骨折断端的嵌顿，并矫正桡骨远端的短缩畸形，恢复桡骨高度。随后，医者双侧大拇指挤压骨折断端并顺势将患腕关节向下牵拉，使患者的腕关节尽量接近极度的屈曲，以此恢复患者的掌倾角。

（2）挤压：两名助手做轻度的骨折断端对抗，医者将自己双手的掌根部放置于患者骨折断端的掌侧和背侧，并作纵向挤压，使得骨折断端平整，以此矫正骨折断端的背侧成角移位。

（3）尺偏：在上手法后，将患腕关节保持中立位，然后医者将其尽量尺偏，以此矫正尺偏角。最后，在助手保持屈曲、尺偏的状态下，医者触诊再一次检查骨折复位情况。

2. 小夹板外固定。两名助手维持对抗牵引状态下，医者在患者桡骨骨折远端外侧放一压垫，在尺骨茎突外侧下段放一压垫，患处外敷膏药，再予小夹板外固定，共用三根扎带固定。操作时先在夹板中间段固定，调节好夹板两端及压垫的位置后，再固定远端和近端。最后，用普通医用绷带缠绕在夹板外，悬吊患肢于胸前。

3. 中药治疗。患肢远端外用红冰止痛酊以活血祛瘀，口服八味活血片、棱莪活血颗粒以活血化瘀、行气止痛。

4. 功能锻炼。早期患肢做握拳练习，尽量屈伸远端手指关节以消除局部肿胀，禁止做患肢旋腕动作；中后期患肢可适当做旋腕负重锻炼，避免后期腕关节功能受限。

第二天复诊：患者左腕疼痛，患肢明显肿胀。DR 复查：骨折断端对位对线良好。

第五天复诊：患者疼痛减轻，患肢肿胀情况有所减轻。

第十天复诊：患者疼痛进一步减轻，患肢肿胀情况进一步减轻，患者活动范围加大。DR 复查：骨折断端对位对线良好。

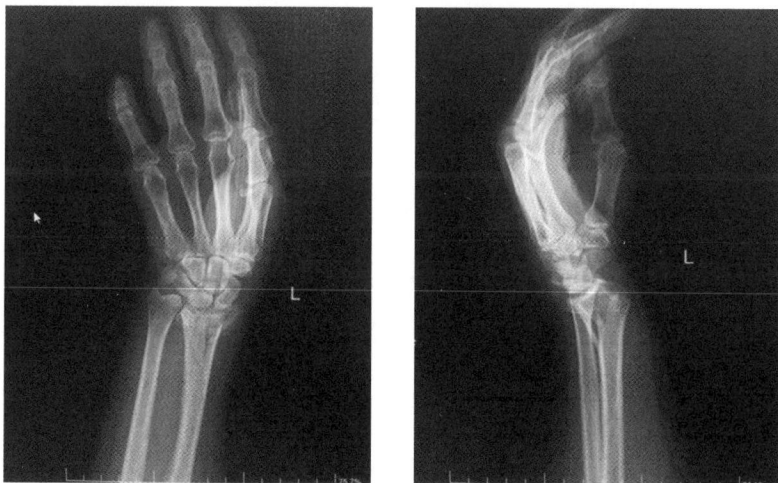

手法复位前

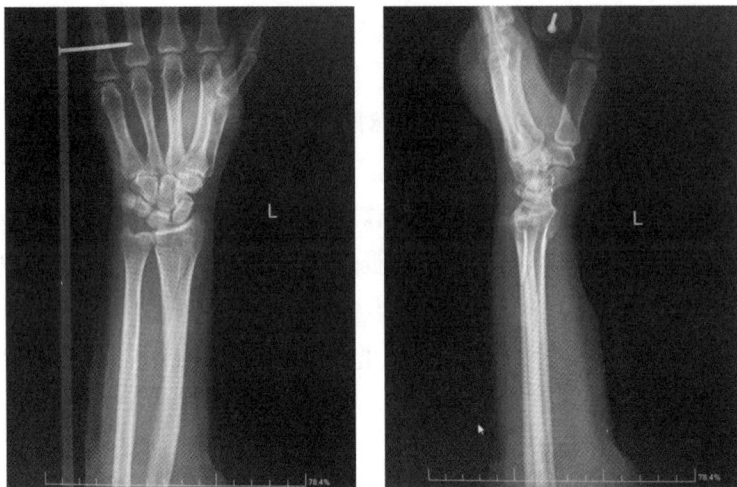

手法复位后

第三十天复诊：患者疼痛明显减轻，患肢肿胀明显消退。DR 复查：骨折断端对位对线良好，骨痂形成。

第九十天复诊：患者左腕疼痛与肿胀消失，左腕功能无明显影响。

按语：

很多骨折没能一次性成功整复。这一问题通常是手法不够熟练。主要是牵引力不够，持续的时间不够，骨折断端仍然嵌插，即使进行了上述操作，掌倾角、尺偏角仍然难以恢复，暴力复位可能进一步加重骨折。解决的办法是在足够的牵引后再矫正背伸、掌屈、桡偏和尺偏以及旋转问题。

案二

刘某，女性，56 岁，因"跌倒致右腕疼痛伴肿胀 2 小时"就诊。

查体：右腕关节肿胀，活动受限，局部皮肤无破损，无皮下瘀斑，肤温正常，右腕关节桡侧压痛、叩痛（＋），右上肢纵向叩击痛（＋），可扪及明显骨擦感，可闻及骨擦音；桡动脉搏动可扪及，患肢远端血循环及活动可，皮肤感觉无异常。

中医诊断：右桡骨远端骨折

辨证：血瘀气滞证

西医诊断：右桡骨远端骨折（伸直型）

治则：活血化瘀，行气止痛，续筋接骨

治法：

1. 手法复位。

（1）折顶屈曲：助手和医者站于患者前后，患者患肢旋前体位，医者和助手对骨折断端用力作对抗牵引 1~2 分钟，以此松解骨折断端的嵌顿，并矫正桡骨远端的短缩畸形，恢复桡骨高度。然后，医者双侧大拇指挤压骨折断端并顺势将患腕关节向下牵拉，使患者的腕关节尽量接近极度的屈曲，以此恢复患者的掌倾角。

（2）挤压：两名助手做轻度的骨折断端对抗，医者将自己双手的掌根部放置于患者骨折断端的掌侧和背侧，并作纵向挤压，使得骨折断端平整，以此矫正骨折断端的背侧成角移位。

（3）尺偏：在上手法后，将患腕关节保持中立位，然后医者将其尽量尺偏，以此矫正尺偏角。最后，在助手保持屈曲、尺偏的状态下，医者触诊再一次检查骨折复位情况。

2. 小夹板外固定。两名助手维持对抗牵引状态下，医者在患者桡骨骨折远端外侧放一压垫，在尺骨茎突外侧下段放一压垫，患处外敷膏药，再予小夹板外固定，共用三根扎带固定。操作时先在夹板中间段固定，调节好夹板两端及压垫的位置后，再固定远端和近端。最后，用普通医用绷带缠绕在夹板外，悬吊患肢于胸前。

3. 中药治疗。患肢远端外用红冰止痛酊以活血祛瘀；口服八味活血片、棱莪活血颗粒以活血化瘀、行气止痛。

4. 功能锻炼。早期患肢做握拳练习，尽量屈伸远端手指关节以消除局部肿胀，禁止做患肢旋腕动作；中后期患肢可适当做旋腕负重锻炼，避免后期腕关节功能受限。

第二天复诊：患者右腕疼痛，患肢明显肿胀。DR 复查：骨折断端对位对线良好。

第五天复诊：患者疼痛减轻，患肢肿胀情况有所减轻。

第十天复诊：患者疼痛进一步减轻，患肢肿胀情况进一步减轻，患者活动范围加大。DR 复查：骨折断端对位对线良好。

第三十天复诊：患者疼痛明显减轻，患肢肿胀明显消退。DR 复查：骨折断端对位对线良好，骨痂形成。

第九十天复诊：患者右腕疼痛与肿胀消失，右腕功能无明显影响。

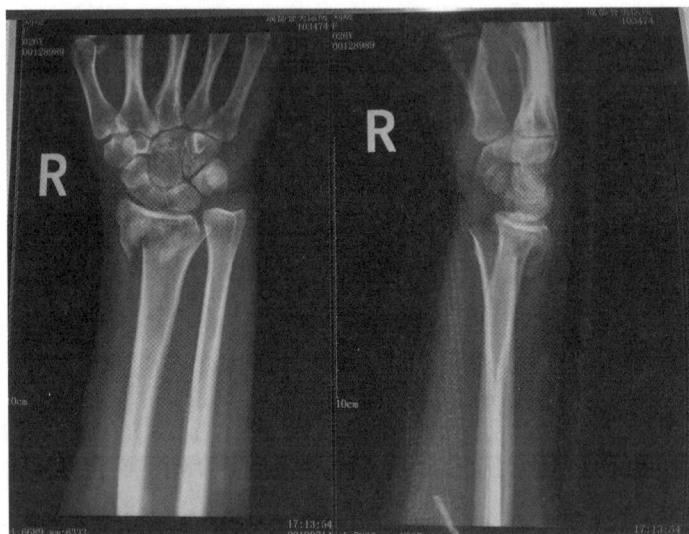

手法复位前

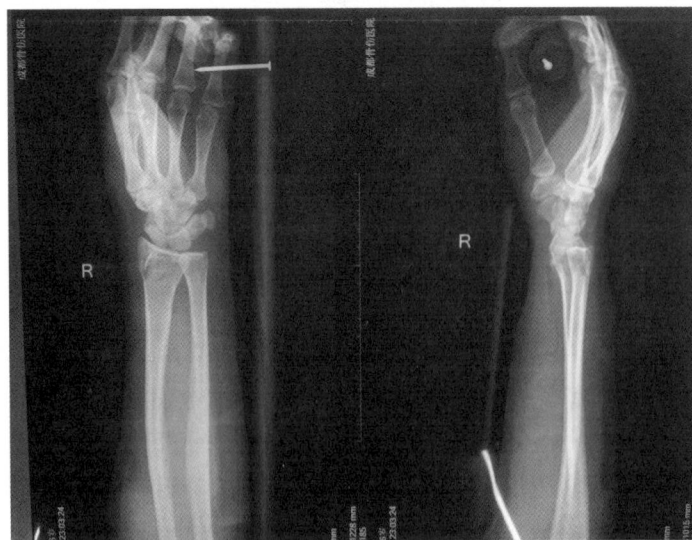

手法复位后

案三

莫某，女性，78岁，因"跌倒致右腕疼痛伴肿胀7小时"就诊。

查体：右腕关节肿胀，活动受限，局部皮肤无破损，无皮下瘀斑，肤温正常，右腕关节桡侧压痛、叩痛（+），右上肢纵向叩击痛（+），可扪及明显骨擦感，可闻及骨擦音；桡动脉搏动可扪及，患肢远端血循环及活动可，皮肤感觉无异常。

中医诊断：右桡骨远端骨折

辨证：血瘀气滞证

西医诊断：右桡骨远端骨折（伸直型）

治则：活血化瘀，行气止痛，续筋接骨

治法：

1. 手法复位。

（1）折顶屈曲：助手和医者站于患者前后，患者患肢旋前体位，医者和助手对骨折断端用力作对抗牵引1~2分钟，以此松解骨折断端的嵌顿，并矫正桡骨远端的短缩畸形，恢复桡骨高度。然后，医者双侧大拇指挤压骨折断端并顺势将患腕关节向下牵拉，使患者的腕关节尽量接近极度的屈曲，以此恢复患者的掌倾角。

（2）挤压：两名助手做轻度的骨折断端对抗，医者将自己双手的掌根部放置于患者骨折断端的掌侧和背侧，并作纵向挤压，使得骨折断端平整，以此矫正骨折断端的背侧成角移位。

（3）尺偏：在上手法后，将患腕关节保持中立位，然后医者将其尽量尺偏，以此矫正尺偏角。最后，在助手保持屈曲、尺偏的状态下，医者触诊再一次检查骨折复位情况。

2. 小夹板外固定。两名助手维持对抗牵引状态下，医者在患者桡骨骨折远端外侧放一压垫，在尺骨茎突外侧下段放一压垫，患处外敷膏药，再予小夹板外固定，共用三根扎带固定。操作时先在夹板中间段固定，调节好夹板两端及压垫的位置后，再固定远端和近端。最后，用普通医用绷带缠绕在夹板外，悬吊患肢于胸前。

3. 中药治疗。患肢远端外用红冰止痛酊以活血祛瘀；口服八味活血片、棱莪活血颗粒以活血化瘀、行气止痛。

4. 功能锻炼。早期患肢做握拳练习，尽量屈伸远端手指关节以消除局部肿胀，禁止做患肢旋腕动作；中后期患肢可适当做旋腕负重锻炼，避免后期腕关节功能受限。

第二天复诊：患者右腕疼痛，患肢明显肿胀。DR复查：骨折断端对位对线良好。

第五天复诊：患者疼痛减轻，患肢肿胀情况有所减轻。

第十天复诊：患者疼痛进一步减轻，患肢肿胀情况进一步减轻，患者活动范围加大。DR复查：骨折断端对位对线良好。

第三十天复诊：患者疼痛明显减轻，患肢肿胀明显消退。DR复查：骨折断端对位对线良好，骨痂形成。

第九十天复诊：患者右腕疼痛与肿胀消失，右腕功能无明显影响。

按语：

腕关节在人体骨骼中活动频率最高，对日常生活和工作十分重要。因桡骨远端位置特殊，骨折后容易发生松质骨的塌陷、皮质骨的粉碎及桡骨短缩现象。若复位不佳，会导致功能障碍，影响患者生活质量。因此，此类骨折的治疗目的是恢复其解剖位置，确保关节面平整光滑，以确保其功能最大程度地恢复。

对于骨伤患者，当以整体为先，重视患者生命体征及全身情况，切勿因小失大。首先评估患者整体情况后，再详细询问患者及其家属，患者是何时、何地、何处受伤，仔细检查是否有其他部位如头、颈、胸腹、脊髓及其余肢体受伤。老年患者，本身基础内科疾病较多，受伤后引起应激反应可能性大，故在充分了解受伤过程、排除其他部位受伤可能后，方可开始准备操作。

复位时，嘱患者深呼吸，充分缓解情绪后，术者徐徐发力，逐步增加牵引力，牵引力无需太大，力度恰好能维持患肢的位置即可，术者也无需骤然使用猛力进行复位，通过引导腕关节屈曲、尺偏、旋转，为骨折断端创造复位的条件，借用肌肉与肌腱的牵拉力和旋转力带动骨折远端复位，术者根据X线片所了解到的骨折错位情况，给予轻柔的手法，几次细微调整后，往往可清晰感受到复位骨擦感，最后达到的复位效果通常也较好。该复位方法巧妙地激活人体自我修复功能，相较于传统复位法给患者带来的痛苦更少，对局部的二次损伤也更小，不仅更易于让患者接受，且更加有利于后期的康复。

复位成功后，应立即予以外固定，在上小夹板的过程中，不应将小夹板十分对称地包裹成"四方形"，背侧小夹板应桡偏，以避开尺骨茎突，而掌侧小夹板要尺偏，以避开桡骨茎突，否则患者会因小夹板的压迫感到十分不适。小夹板远端的位置以刚过尺桡骨为宜，否则必然影响患者的活动，在康复过程中，动静结合。医患合作是非常重要的原则，恰到好处的固定既能稳定骨折断端，也不会影响患者进行功能锻炼，利于肢体的肿胀消退。小夹板外固定属于弹性外固定方式的一种，小夹板可以根据骨折情况进行微调，能够更好地发挥"动静结合"原则，通过捆扎带、小夹板与棉垫的外在作用力维持骨折断端的相对稳定，即所谓的"静"，同时夹板能够功能性活动腕掌关节与掌指关节，对以后腕关节功能的恢复进行有效促进，即所谓的"动"，如此动静结合，恰好产生可以控制的微动与维持骨折断端稳定的作用，利于骨痂生长。小夹板早期功能锻炼的"动"中又包含稳定固定的"静"，使其"动"中有"静"，利于腕关节功能的早日恢复。

复位后的康复锻炼十分重要，有时康复不到位会给患者带来更大的痛苦。康复锻炼主要包括：

第一，早期训练。病患的骨折处经复位固定后，医护人员应帮助病患进行肩关节摆动锻炼等。锻炼几天后，若病患的腕关节没有较显著的疼痛感，病患则可以进行相应的手指关节训练以及手掌弯曲训练等。病患在进行训练时，时刻要注意力度不能过大，角度以及活动范围也不宜过大，且要逐渐加大。

第二，中期训练。病患在进行中期训练时，可以适当地做一些手指灵活性训练，前臂旋转，以及扩大肩和肘关节的训练幅度。

第三，病患在去掉石膏后的训练。病患先给腕关节热敷，按摩，然后进行腕关节的一些主动和被动训练，依据每位病患的病情的不同，可以逐渐扩大病患的训练幅度。

第四，病患在有一定的好转后，能够进行有目的的训练，如写字、用键盘打字以及握拳等，有助于提高病患的运动耐力及身体承受能力等。

综上，桡骨远端骨折的康复主要有握拳和主动、被动伸指。临床上患者主动伸指往往达不到效果导致后期手掌呈牵缩状态，需叮嘱家属予以帮助。伸屈肘关节，抬举活动肩关节，肘、肩关节的活动同样重要。老年人受伤后往往不敢活动肢体，导致后期并发肩周炎等。1周左右消肿后需摄 X 线片复查，如有发生骨折错位需在牵引下调整夹板。前 4 周需每周调整夹板并摄 X 线片检查，若有松动需提早调整。在临床上整复后发生成角畸形或短缩畸形的时间大多在第 5～6 天左右，因在这段时间局部肿痛逐渐消退，手的活动逐渐增加，夹板相对松弛，需注意及时摄 X 线片检查并调整夹板。6～8 周后摄 X 线片检查，若骨折断端有骨痂生长则可拆除夹板。

综上所述，刘氏手法复位小夹板外固定治疗桡骨远端骨折只要严格掌握适应证，熟练操作，结合科学功能锻炼，即能达到较好的治疗效果。

（二）锁骨骨折

案

杜某，女性，46 岁，因"跌倒致左肩部疼痛伴活动受限 4 小时"就诊。跌倒时手撑地，骨折发生在锁骨的正中央。

查体：左肩关节轻度肿胀，活动受限，皮下有局部瘀斑，肤温正常，左锁骨中段处压痛及叩痛（＋），可扪及明显骨擦感，可闻及骨擦音；桡动脉搏动可扪及，患肢远端血循环及活动可，皮肤感觉无异常。

中医诊断：左锁骨中段骨折

辨证：血瘀气滞证

西医诊断：左锁骨中段骨折

治则：活血化瘀，行气止痛，续筋接骨

治法：

1. 手法复位。首先在骨折血肿处局部注射 1% 利多卡因局部麻醉，患者端坐，双手叉腰挺胸、仰首及双肩后伸。立于患者后方，双手持住患者双肩前外侧处朝后上方用力，使其仰伸挺胸，同时用膝前部抵于患者下胸段后方形成支点，使骨折获得较理想的复位。

2. 8 字绷带外固定。于双侧腋下放置棉垫，绷带从患侧腋后绕向锁骨近端前方，下压骨折近端再绕向胸前至健侧腋下，从健侧腋后通过后背至患侧骨折近端，从后上向前下方再次下压骨折近端至患侧腋前，绷带绕过患侧腋下再次从后往前斜向压住近折端。此时，绷带在患侧肩关节处形成一个小圈，在健侧躯干处形成一个大圈，大小圈共同形成一个斜向的 8 字，如此反复缠绕加强斜向 8 字绷带的层数，至 6~8 层，最后以胶布固定绷带尾端，患者前臂悬吊于胸前。

3. 中药治疗。患肢远端外用红冰止痛酊以活血祛瘀，口服八味活血片、棱莪活血颗粒以活血化瘀、行气止痛。

第二天复诊：患者左肩疼痛，局部肿胀。DR 复查：骨折断端对位对线良好。

第五天复诊：患者疼痛减轻，局部肿胀情况有所减轻。

第十天复诊：患者疼痛进一步减轻，局部肿胀情况进一步减轻，患者活动范围加大。DR 复查：骨折断端对位对线良好。

第三十天复诊：患者疼痛明显减轻，局部肿胀明显消退。DR 复查：骨折断端对位对线良好，骨痂形成。

第九十天复诊：患者左肩疼痛与肿胀消失，左上肢功能无明显影响。

（三）腰椎压缩性骨折

案一

陈某，男性，55 岁，因"腰部疼痛，活动受限 2 小时"就诊。

患者于 2015 年 5 月从 1 米高处跌下，致臀部着地，即感腰部疼痛，活动受限，随即家人送往我院就诊。

查体：腰背部肌肉肿胀，僵硬压痛，脊柱无侧弯，胸 12、腰 1 椎体压痛（＋），叩击痛（＋），局部后凸畸形，俯卧背伸（＋），腰椎活动受限。鞍区无麻木，大小便正常，双下肢直腿抬高试验阳性，双侧下肢皮肤感觉及活动正常。

腰椎 DR 示：腰 1 椎体压缩性骨折，椎体附件未见骨折

中医诊断：腰 1 椎体压缩性骨折

辨证：骨断筋伤、气滞血瘀证

西医诊断：腰 1 椎体压缩性骨折

治则：活血化瘀，消肿止痛，接骨续筋

治法：

第一天：患者取俯卧位，助手双手放于患者腋窝下面，另一助手握住患者双侧踝部做对抗牵引。牵引力度因人而异，先做水平牵引，待腰部肌肉放松之后，缓缓将下肢抬高，使腰背部处于过伸位，过伸幅度逐渐加大，使患者慢慢适应，时间持续五分钟左右。然后术者用双手掌根部或双手拇指指腹对准骨折部位棘突处用力按压，并以适当的力度向前推挤，最后再用轻柔的手法按摩患者的腰背部，并使腰背部肌肉群放松，然后术者及助手协助患者翻身，平躺于硬板床上。手法复位完成后，患者平躺于硬板床上面，以伤椎后凸位置为中心，在此位置垫一软枕，其规格为宽 15~20 cm，长度 40~45 cm，厚度为 2.5~3.5 cm。内服自制药品八味活血片和棱莪活血颗粒，外用六黄止痛膏。

第三天：患者诉腰部疼痛，夜间尤为甚，痛处拒按；腹胀，大便未解，纳差，小便正常，舌质暗紫，苔黄腻，脉弦涩。

辨证：瘀血阻滞、腑气不通证

治则：活血化瘀，通腑泄热，行气止痛

方药：桃红四物汤加大承气汤加减

桃仁 15 g	红花 10 g	当归 10 g	川芎 10 g
生地黄 15 g	赤芍 15 g	生大黄 10 g（后下）	枳壳 15 g
芒硝 10 g	甘草 5 g	山楂 15 g	隔山橇 15 g

外治法：腰 1 椎体点刺拔罐放血

第七天：腰部疼痛减轻，二便调，纳食可，舌质暗苔薄，脉弦数。内服：八味活血片和棱莪活血颗粒，外用六黄止痛膏。外治法：针刺两侧三焦俞、胃俞穴、肾俞，远端取阳陵泉、委中，行快针用泻法。软垫高度至 5 cm 左右。

第十五天：患者诉腰部疼痛减轻，活动度增加，并伴有酸胀不适，舌淡苔薄脉缓。骨折进入中期，以接骨续筋，和营止痛，内服院内自制竭归接骨颗粒，外用六香止痛活络膏。内服接骨紫金汤加减。外治法：针刺两侧胃俞、三焦俞、肾俞穴，远端取阳陵泉、委中。腰部用院内自制连艾活血洗剂熏洗。嘱患者行"五点支撑"功能锻炼。

第三十天：患者腰部疼痛继续减轻，活动及腰部酸软乏力进一步好转，局部压痛及叩痛消失，舌淡苔薄脉濡缓。治以滋补肝肾，强筋壮骨。内服地仲健骨颗粒、中药八珍汤加减。腰部针刺，取针刺两侧胃俞、三焦俞、肾俞穴，远端取委中、太溪穴。腰部用院内自制艾甘风湿洗剂熏洗。嘱患者行"三点支撑"功能锻炼。

按语：

外力作用腰椎，使腰部骨断筋伤，经络受损，血溢脉外，而产生腰部肿痛，活动受限，在治疗中按照腰椎骨折三期辨证用药。如因腰椎骨折刺激腹膜后神经，而导致的肠蠕动减慢，大便排泄障碍，腹胀腰痛，必须及时给予患者内服大承气汤，以达通行腑气排便，通络止痛。早期患者腰部夜间疼痛为甚，为瘀血停滞之证，如患者为稳定型骨折，给予患者拔罐放血疗法。

案二

李某，女性，75岁，因"腰部疼痛，活动受限半月，加重3天"就诊。

患者于半月前无明显诱因出现腰部疼痛，活动受限，3天前在家搬运花盆后，出现腰部疼痛加重，并伴有夜间双下肢抽搐样疼痛。

查体：腰背部肌肉肿胀，脊柱侧弯，棘突无后凸畸形，腰1～3椎体及椎旁压痛（＋），叩击痛（＋），腰椎活动受限，俯卧背伸（＋），腰骶屈曲试验（＋），双下肢直腿抬高试验（＋），双侧下肢皮肤感觉及活动正常，鞍区无麻木，大小便正常。

腰椎 DR 示：（1）腰2椎体高度降低。（2）腰椎各骨质疏松。骨密度检测：腰椎 T 值：-3.3。

中医诊断：骨质疏松伴腰2椎体病理性骨折

辨证：骨断筋伤、气滞血瘀证

西医诊断：骨质疏松伴腰2椎体病理性骨折

治则：活血化瘀，消肿止痛，接骨续筋

治法：

第一天：患者平躺于硬板床上面，在腰2椎体位置处垫一软枕，其规格为宽 15～20 cm，长度 40～45 cm，厚度为 1.5～2.5 cm。内服自制药品八味活血片、桃红四物汤，外用六黄止痛膏。

第五天：患者诉腰部疼痛无明显减轻，双下肢夜间抽搐疼痛较前明显，舌暗紫苔薄脉弦细。停八味活血片，给患者内服参归紫金颗粒和活血壮骨颗粒。外治法：针刺肾俞、大肠俞、气海俞、关元俞、承山、阳陵泉、足三里穴。

第十天：腰部疼痛减轻，双下肢夜间抽搐疼痛减轻，舌暗苔薄脉弦细。治疗同前。患者平躺于硬板床上面，在腰 2 椎体位置处垫一软枕，其规格为宽 15～20 cm，长度 40～45 cm，厚度为 3～5 cm。

第十五天：患者诉腰部疼痛明显减轻，活动度增加，偶有双下肢夜间抽搐，舌稍暗苔薄脉细弱。骨折进入中期，以接骨续筋，和营止痛，内服院内自制竭归接骨颗粒，外用六香止痛活络膏。外治法：针刺肾俞、大肠俞、关元俞、命门、三阴交穴。隔姜灸大杼、腰阳关、肾俞、脾俞穴，每日一次，每穴 3～5 壮。腰部用院内自制连艾活血洗剂熏洗。嘱患者行"五点支撑"功能锻炼。

第三十天：患者诉腰部疼痛明显减轻，活动度可，舌淡苔薄脉沉细而弱。治以补益气血，强筋壮骨。内服地仲健骨颗粒，中药八珍汤+杜仲、淫羊藿、巴戟天、菟丝子等。腰部针刺：取针刺两侧脾俞、肾俞穴，远端取委中穴。灸腰阳关、肾俞、脾俞、胃俞、足三里、委中穴，每日一次选取 2～3 个穴位，每穴 3～5 壮。腰部用院内自制艾甘风湿洗剂熏洗。嘱患者行"三点支撑"功能锻炼。

按语：

肾为先天之本，主骨生髓，患者年事较高，肾精亏虚，气血不足无以养骨，在轻微外力作用于腰部的情况下致骨断筋伤；脾为后天之本，气血生化之源，主四肢百骸，先天之精有赖于后天之精冲养，故在治疗本病中除常规的治疗外，还应注重调理脾胃，补益肝肾。患者腰椎骨折多伴有腹膜后血肿，血肿刺激腹膜后神经导致肠道功能减弱，产生大便排泄障碍，在治疗中应内外兼治，方能产生良好效果。

（四）胫腓骨骨折

案一

徐某，男性，22 岁，因"右小腿肿痛畸形伴功能障碍 2 小时"就诊。

患者于 2 小时前因滑旱冰不慎摔伤，随即右小腿剧烈疼痛，进行性肿胀，活动功能障碍。自述当时神志清楚，无头痛、恶心呕吐及一过性昏迷。未做任何特殊处理，立即由家人送当地医院诊治，经急诊做临床查体并辅助摄 DR 片检查后，诊断为"右胫腓骨下段骨折"，未作处理，随后于我院就诊。患者右小腿疼痛、肿胀伴活动功能障碍。

中医诊断：骨折病

辨证：气滞血瘀证

西医诊断：右胫腓骨下段骨折

治则：行气活血，通络止痛

治法：

骨折初期（伤后 1～2 周），骨断筋伤，气肿于形，辨证为血瘀气滞证。治疗当以行气活血、消瘀止痛为主。予以院内制剂棱莪活血颗粒 12 g tid 活血化瘀。予以活血止痛汤加减活血祛瘀止痛。

按语：

此患者为无移位的骨折，用胫腓骨小夹板固定患肢，患肢抬高制动 5～6 周（定期调整骨折外固定夹板），早期进行功能锻炼。

案二

吴某，女性，53 岁，因"左踝部肿痛伴活动受限 1 小时"就诊。

患者于 1 小时前下台阶时不慎扭伤左踝部，随后左踝部剧烈疼痛、肿胀伴活动功能障碍。

查体左踝部肿痛伴活动受限，DR 提示：左胫腓骨远端骨折。

中医诊断：骨折病

辨证：气滞血瘀证

西医诊断：左胫腓骨远端骨折

治则：行气活血，通络止痛

治法：

骨折初期（伤后 1~2 周），骨断筋伤，气肿于形，辨证为血瘀气滞证。治疗当以行气活血、消瘀止痛为主。予以院内制剂八味活血片 1.2 g tid 活血化瘀。中药汤剂予以桃红四物汤加减。

按语：

此患者为有移位的骨折，予以刘氏中医手法整复复位骨折后用胫腓骨小夹板固定患肢，患肢抬高制动 5-6 周（定期调整骨折外固定夹板），早期进行功能锻炼。

案三

刘某，女性，56 岁，因"右踝部肿痛伴活动受限 2 小时"就诊。

患者于 2 小时前不慎扭伤右踝部，随即右踝部剧烈疼痛、肿胀伴活动功能障碍，随即就诊。

查体见患者右踝部肿痛伴活动受限，DR 提示：右胫腓骨远端骨折。

中医诊断：骨折病

辨证：气滞血瘀证

西医诊断：右胫腓骨远端骨折

治则：行气活血，通络止痛

治法：

骨折初期（伤后 1~2 周），骨断筋伤，气肿于形，辨证为血瘀气滞证。治疗当以行气活血、消瘀止痛为主。可予以院内制剂八味活血片 1.2 g tid 活血化瘀。中药汤剂予以桃红四物汤加减。

按语：

此患者为无移位的骨折，予以胫腓骨小夹板固定患肢，患肢抬高制动 5~6 周（定期调整骨折外固定夹板），早期进行功能锻炼。

案四

李某，女性，55 岁，因"左小腿上段肿痛伴活动受限 2 天"就诊。

患者于 2 天前行走时不慎扭伤左小腿，随即左小腿剧烈疼痛、肿胀伴活动功能障碍。

查体见患者左小腿上段肿痛伴活动受限，DR 提示：左胫腓骨近端骨折。

中医诊断：骨折病

辨证：气滞血瘀证

西医诊断：右胫腓骨上段骨折

治则：行气活血，通络止痛

治法：

骨折初期（伤后 1～2 周），骨断筋伤，气肿于形，辨证为血瘀气滞证。治疗当以行气活血、消瘀止痛为主。可予以院内制剂八味活血片 1.2 g tid 活血化瘀。中药汤剂予以活血止痛汤加减。

按语：

此患者为无移位的骨折，予以胫腓骨小夹板固定患肢，患肢抬高制动 5～6 周（定期调整骨折外固定夹板），早期进行功能锻炼。

案五

康某，女性，54 岁，因"右小腿上段肿痛伴功能障碍 8 小时"就诊。

患者于 8 小时前行走时不慎滑倒扭摔伤右小腿，随即右小腿上段肿胀、疼痛，右下肢不能站立行走。

查体见患者右小腿上段肿胀、疼痛伴活动功能障碍。DR 提示：右胫、腓骨上段骨折。

中医诊断：骨折病

辨证：气滞血瘀证

西医诊断：右胫腓骨上段骨折

治则：行气活血，通络止痛

治法：

骨折初期（伤后 1～2 周），骨断筋伤，气肿于形，辨证为血瘀气滞证。治疗当以行气活血、消瘀止痛为主。可予以院内制剂棱莪活血颗粒 12 g tid 活血化瘀。中药汤剂予以活血止痛汤加减。

按语：

此患者为无移位的骨折，予以胫腓骨小夹板固定患肢，患肢抬高制动5～6周（定期调整骨折外固定夹板），早期进行功能锻炼。

案六

胥某，男性，55岁，因"右小腿肿胀疼痛伴功能障碍3小时"就诊。

患者于3小时前行走时不慎扭伤右小腿，右小腿疼痛，随即肿胀，功能障碍，遂就诊。

查体见右小腿肿痛伴功能障碍，CR提示：右胫腓骨下段骨折。

中医诊断：骨折病

辨证：气滞血瘀

西医诊断：右胫腓骨下段骨折

治则：行气活血，通络止痛

治法：

骨折初期（伤后1～2周），骨断筋伤，气肿于形，辨证为血瘀气滞证。治疗当以行气活血、消瘀止痛为主。可予以院内制剂棱莪活血颗粒12 g tid活血化瘀。中药汤剂予以活血止痛汤加减。

按语：

此患者为有移位的骨折，刘氏中医手法整复术后予以胫腓骨小夹板固定患肢，患肢抬高制动5～6周（定期调整骨折外固定夹板），早期进行功能锻炼。

（五）跟骨骨折

案一

马某，男性，42岁，因"左足跟部肿痛伴功能障碍1天"就诊。

患者于1天前在家中搞卫生时不慎从梯子跌下致左足跟部受伤。伤后即感左足跟部剧烈疼痛，活动功能受限。自述当时神志清楚，无头痛、恶心呕吐及一过性昏迷。当时未引起重视，未做任何处理。今日因疼痛加重，来我院诊治。经急诊做临床查体并摄CR片检查后，诊断为"左跟骨骨折"。患者诉左足跟部剧烈疼痛，活动功能障碍，精神、纳眠可，二便调。舌黯，苔薄白，脉弦。

中医诊断：跟骨骨折

辨证：血瘀气滞证

西医诊断：左跟骨骨折（Sanders ⅡA 型）

治则：行气活血，消瘀止痛。（骨折早期）

治法：

1. 采用刘氏手法牵引挤压复位后，予钢丝托板外固定，平卧位制动休息。

2. 针灸治疗。电针刺左侧足三里、承山、三阴交、解溪、昆仑、阿是穴等。

3. 中药治疗。

方药：活血止痛汤加减。

苏木 20 g	当归 15 g	乳香 10 g	川芎 10 g
陈皮 10 g	赤芍 10 g	没药 10 g	土鳖虫 10 g
红花 10 g	桃仁 10 g	三七 15 g	白花蛇 1 条

煎服法：加清水 1000 ml 煎至 600 ml，一日一剂，分三次服用，每次 200 ml。

方解：

跌打损伤后，瘀血阻滞，脉道不通，局部肿痛难忍。因气伤痛，形伤肿。气无形，血有形，伤血必及气，故肿且痛，固定不移。治当用活血化瘀、消肿止痛之法。方中当归、红花、川芎、赤芍、苏木活血通经；乳香、没药、三七活血止痛；土鳖虫、桃仁破瘀通经，消肿止痛；陈皮理气化滞。诸药合用共奏活血化瘀、通经止痛之效。若患者出现疼痛加重，可加用延胡索、木香等以行气止痛。

口服：参归紫金颗粒 5.0 g tid、八味活血片 1.2 g tid 活血化瘀。

外用：六黄散外敷 qd，红冰止痛酊 10 ml tid 通络止痛。

4. 其他治疗。左足跟部中药熏药、灸法治疗。口服洛芬待因缓释片 0.4 g bid 消炎止痛。

第二天复诊：左足跟部疼痛及肿胀减轻，活动度增加，患肢远端感觉活动及血循环良好。治疗方法同前。

第六天复诊：左足跟部疼痛及肿胀进一步减轻，活动度增加，患肢远端感觉活动及血循环良好。继续给予中药内服及外用。电针刺左侧足三里、承山、三阴交、解溪、昆仑、阿是等穴，左足跟部中药熏药、灸法治疗。

第十天复诊：左足跟部疼痛及肿胀明显减轻，活动度增加，患肢远端感觉活动及血循环良好。继续给予中药内服及外用。电针刺左侧足三里、承山、三阴交、解溪、昆仑、阿是等穴，左足跟部中药熏药、灸法治疗。指导患者行左足各趾功能锻炼。

第十四天复诊：左足跟部疼痛及肿胀基本消失，活动度良好，患肢远端感觉活动及血循环良好。骨折中期，予方药：接骨紫金汤加减。

土鳖虫 20 g	烫骨碎补 20 g	醋乳香 20 g	醋没药 20 g
龙血竭（冲服）5 g	当归 15 g	酒续断 15 g	盐杜仲 20 g
盐补骨脂 20 g	地龙 15 g	煅自然铜 20 g	川木通 15 g
红花 15 g			

煎服法：加清水 1000 ml 煎至 600 ml，一日一剂，分三次服用，每次 200 ml。

方解：

跌打损伤，断筋骨折，瘀血内积，经早期治疗，肿胀基本消退，但瘀血未尽，则局部肿痛轻微。此期治疗，除继续活血化瘀外，应重在养血通络，接骨续筋。方中土鳖虫、自然铜活血散瘀、接骨续筋；骨碎补、补骨脂接骨续筋；瘀去才能生新，故伍以乳香、没药、血竭祛瘀生新；肿胀未消，故以地龙、川木通通络散结，利水消肿。续断、杜仲补肝肾，强筋骨，续折伤，诸药合用，共奏活血散瘀接骨续筋之功。

继续予电针刺左侧肾俞、足三里、三阴交、血海、昆仑、阿是等穴，左足跟部中药熏药、灸法治疗。指导患者行左足各趾功能锻炼。

案二

余某，女性，58 岁，因"右足跟部肿痛伴活动障碍 2 小时"就诊。

患者于 2 小时前在家中上扶梯时不慎跌倒，右足跟部着地致伤。伤后出现右跟部肿痛伴活动受限。自诉当时神志清楚，无头痛、恶心呕吐及一过性昏迷。立即由家人送往我院就诊。经急诊做临床查体并辅助 CR 片检查后，诊断为"右跟骨骨折"。症见：患者右足跟部肿痛伴活动受限，精神纳眠可，二便调。舌黯，苔薄白，脉弦。

中医诊断：跟骨骨折

辨证：血瘀气滞证

西医诊断：右跟骨骨折（Sanders I 型）

治则：行气活血，消瘀止痛（骨折早期）

治法：

1. 骨折无明显移位，无需复位，予钢丝托板外固定，平卧位制动休息。

2. 针灸治疗。电针刺右侧足三里、承山、三阴交、解溪、昆仑、阿是等穴。

3. 中药治疗。

方药：活血止痛汤加减。

苏木 20 g	当归 15 g	乳香 10 g	川芎 10 g
陈皮 10 g	赤芍 10 g	没药 10 g	土鳖虫 10 g
红花 10 g	桃仁 10 g	三七 15 g	白花蛇 1 条

煎服法：加清水 1000 ml 煎至 600 ml，一日一剂，分三次服用，每次 200 ml。

方解：

跌打损伤后，瘀血阻滞，脉道不通，局部肿痛难忍。因气伤痛，形伤肿。气无形，血有形，伤血必及气，故肿且痛，固定不移。治当用活血化瘀、消肿止痛之法。方中当归、红花、川芎、赤芍、苏木活血通经；乳香、没药、三七活血止痛；土鳖虫、桃仁破瘀通经，消肿止痛；陈皮理气化滞。诸药合用共奏活血化瘀、通经止痛之效。若患者出现疼痛加重，可加用延胡索、木香等以行气止痛。

口服：参归紫金颗粒 5.0 g tid、八味活血片 1.2 g tid 活血化瘀。

外用：六黄散外敷 qd，红冰止痛酊 10 ml tid 通络止痛。

4. 其他治疗。右足跟部中药熏药、灸法治疗。口服洛芬待因缓释片 0.4 g bid 消炎止痛。

第二天复诊：右足跟部疼痛及肿胀减轻，活动度增加，患肢远端感觉活动及血循环良好。治疗方法同前。

第六天复诊：右足跟部疼痛及肿胀进一步减轻，活动度增加，患肢远端感觉活动及血循环良好。继续给予中药内服及外用。电针刺右侧足三里、承山、三阴交、解溪、昆仑、阿是等穴，右足跟部中药熏药、灸法治疗。

第十天复诊：右足跟部疼痛及肿胀明显减轻，活动度增加，患肢远端感觉活动及血循环良好。继续给予中药内服及外用。电针刺右侧足三里、承山、三阴交、解溪、昆仑、阿是等穴，右足跟部中药熏药、灸法治疗。指导患者行左足各趾功能锻炼。

第十四天复诊：右足跟部疼痛及肿胀基本消失，活动度良好，患肢远端感觉活动及血循环良好。骨折中期，予方药：接骨紫金汤加减。

土鳖虫 20 g	烫骨碎补 20 g	醋乳香 20 g	醋没药 20 g
龙血竭 5 g（冲服）	当归 15 g	酒续断 15 g	盐杜仲 20 g
盐补骨脂 20 g	地龙 15 g	煅自然铜 20 g	红花 15 g
川木通 15 g			

煎服法：加清水 1000 ml 煎至 600 ml，一日一剂，分三次服用，每次 200 ml。

方解：

跌打损伤，断筋骨折，瘀血内积，经早期治疗，肿胀基本消退，但瘀血未尽，则局部肿痛轻微。此期治疗，除继续活血化瘀外，应重在养血通络，接骨续筋。方中土鳖虫、自然铜活血散瘀；骨碎补、补骨脂接骨续筋；血活才能祛瘀，故配以当归、红花活血散瘀；瘀去才能生新，故伍以乳香、没药、血竭祛瘀生新；肿胀未消，故以地龙、川木通通络散结，利水消肿。续断、杜仲补肝肾，强筋骨，续折伤，诸药合用，共奏活血散瘀、接骨续筋之功。

继续予电针刺右侧肾俞、足三里、三阴交、血海、昆仑、阿是等穴，右足跟部中药熏药、灸法治疗。指导患者行左足各趾功能锻炼。

按语：

患者跌打损伤后，瘀血阻滞，应先用活血行气、消肿止痛方药以达到瘀祛、消肿；后期予补肝肾、强筋骨方药以接骨续断，再配合针刺及功能锻炼。

案三

何某，男性，29 岁，因"左足跟部肿痛伴功能障碍 2 小时"就诊。

患者于 2 小时前在做工时不慎从 2 米高处跌下，左足跟部着地致伤。伤后出现右左跟部剧烈疼痛，左足跟部活动功能障碍。自述当时神志清楚，无头痛、恶心呕吐及一过性昏迷。立即送往我院就诊。临床查体并摄 CR 片检查后，诊断为"左跟骨粉碎性骨折"，予以左足跟部钢丝托外固定。症见：左足跟部剧烈疼痛，活动功能障碍，精神纳眠可，二便调。舌黯，苔薄白，脉弦。

中医诊断：跟骨骨折

辨证：血瘀气滞证

西医诊断：左跟骨骨折（Sanders IIB 型）

治则：行气活血，消瘀止痛（骨折早期）

治法：

1. 采用刘氏手法牵引挤压复位后，予钢丝托板外固定，平卧位制动休息。

2. 针灸治疗。电针刺左侧足三里、承山、三阴交、解溪、昆仑、阿是等穴。

3. 中药治疗。

方药：活血止痛汤加减。

苏木 20 g	当归 15 g	乳香 10 g	川芎 10 g
陈皮 10 g	赤芍 10 g	没药 10 g	土鳖虫 10 g
红花 10 g	桃仁 10 g	三七 15 g	白花蛇 1 条

煎服法：加清水 1000 ml 煎至 600 ml，一日一剂，分三次服用，每次 200 ml。

方解：

跌打损伤后，瘀血阻滞，脉道不通，局部肿痛难忍。因气伤痛，形伤肿。气无形，血有形，伤血必及气，故肿且痛，固定不移。治当用活血化瘀、消肿止痛之法。方中当归、红花、川芎、赤芍、苏木活血通经；乳香、没药、三七活血止痛；土鳖虫、桃仁破瘀通经，消肿止痛；陈皮理气化滞。诸药合用，共奏活血化瘀、通经止痛之效。若患者疼痛加重，可加用延胡索、木香等以行气止痛。

口服：参归紫金颗粒 5.0 g tid、八味活血片 1.2 g tid 活血化瘀。

外用：六黄散外敷 qd，红冰止痛酊 10 ml tid 通络止痛。

4. 其他治疗。左足跟部中药熏药、灸法治疗。口服洛芬待因缓释片 0.4 g bid 消炎止痛。

第二天复诊：左足跟部疼痛及肿胀减轻，活动度增加，患肢远端感觉活动及血循环良好。治疗方法同前。

第六天复诊：左足跟部疼痛及肿胀进一步减轻，活动度增加，患肢远端感觉活动及血循环良好。继续给予中药内服及外用。电针刺左侧足三里、承山、三阴交、解溪、昆仑、阿是等穴，左足跟部中药熏药、灸法治疗。

第十天复诊：左足跟部疼痛及肿胀明显减轻，活动度增加，患肢远端感觉活动及血循环良好。继续给予中药内服及外用。电针刺左侧足三里、承山、三阴交、解溪、昆仑、阿是等穴，左足跟部中药熏药、灸法治疗。指导患者行左足各趾功能锻炼。

第十四天复诊：左足跟部疼痛及肿胀基本消失，活动度良好，患肢远端感觉活动及血循环良好。骨折中期，予方药：接骨紫金汤加减。

土鳖虫 20 g	烫骨碎补 20 g	醋乳香 20 g	醋没药 20 g
龙血竭 20 g 冲服	当归 15 g	酒续断 15 g	盐杜仲 20 g
盐补骨脂 20 g	地龙 15 g	煅自然铜 20 g	

煎服法：加清水 1000 ml 煎至 600 ml，一日一剂，分三次服用，每次 200 ml。

方解：

跌打损伤，断筋骨折，瘀血内积，经早期治疗，肿胀基本消退，但瘀血未尽，则局部肿痛轻微。此期治疗，除继续活血化瘀外，应重在养血通络，接骨续筋。方中土鳖虫、自然铜活血散瘀、接骨续筋；血活才能祛瘀，故配以当归、红花、大黄活血散瘀；瘀去才能生新，故伍以乳香、没药、血竭祛瘀生新；肿胀未消，故以地龙、金钱白花蛇通络散结，利水消肿。诸药合用，共奏活血散瘀、接骨续筋之功。如经过治疗后血瘀已去，可减大黄、硼砂、巴豆霜，增入续断、杜仲、补骨脂以增强接骨续筋之功。

继续予电针刺左侧肾俞、足三里、三阴交、血海、昆仑、阿是等穴，左足跟部中药熏药、灸法治疗。指导患者行左足各趾功能锻炼。

按语：

患者跌打损伤后，瘀血阻滞，应先用活血行气、消肿止痛方药以达到瘀祛、消肿；后期予补肝肾、强筋骨方药以接骨续断，再配合针刺及功能锻炼。

（六）项痹病

案一

蔡某，女性，53 岁，因"反复颈痛伴左侧手指发麻、头晕 1 年，加重 7 天"就诊。

患者 1 年前无明显诱因出现颈部反复疼痛，活动受限，伴有左侧手指发麻，头晕、耳鸣，无恶心欲呕等症状，劳累后加重，患者未予重视，未至外院就诊，自行热敷膏药后稍有缓解。1 年来，患者颈痛及左侧手指发麻症状反复发作。7 天前，患者伏案劳作后觉颈痛及左侧手指发麻症状加重，晨起后明显，伴头晕、头痛、耳鸣、失眠多梦，休息及热敷后症状未见减轻。舌红少津，脉沉细。

中医诊断：项痹病

辨证：肝肾不足证

西医诊断：混合型颈椎病

治则：补益肝肾，填精益髓

治法：

1. 手法治疗。

（1）以颈肩部为重点，上至头部，下至左上肢，作拿捏、揉法、滚法至颈肩部，头部及左上肢有发热感为宜。

（2）继而提弹颈部两侧肌肉及斜方肌，使震动感传至头部及左上肢为宜。（提弹法具体操作：拇指指腹与食、中、无名指指腹对称用力提捏肌肉，将肌肉提起，迅速放开，使其回弹，产生振动。）

（3）最后以轻手法按摩放松颈肩部及左上肢肌肉结束治疗。

2. 针灸治疗。快针刺风池、颈百劳、肩井，左侧曲池、手三里、中渚（以补为法）。

3. 中药治疗。内服地仲健骨颗粒补益肝肾；外用六黄止痛膏活络止痛。

4. 其他治疗。颈肩部行灸法治疗。

第二天复诊：颈部酸软疼痛减轻，活动度增加，左侧手指麻木感减轻，仍感头晕。治疗方法同前。

第四天复诊：颈部酸软疼痛减轻，活动度增加，左侧手指麻木感减轻，仍感头晕。继续给予中药内服及外用。快针刺风池、颈百劳、肩井，左侧曲池、手三里、中渚（以补为法）及刘氏颈椎病推拿手法治疗。停用灸法。

第六天复诊：颈部疼痛症状消失，活动度正常、左侧手指麻木感及头晕、耳鸣症状消失。指导患者行颈部功能锻炼。

按语：

患者属混合型颈椎病，辨证为肝肾不足证。予院内制剂地仲健骨颗粒内服补益肝肾。外治法先用滚法，揉法放松肩颈部肌肉，再用提弹法从上而下弹拨颈项两旁及肩部肌肉。患者治疗 4 次后症状明显缓解。

案二

张某，女性，29 岁，因"颈部疼痛伴头昏、头痛、视物旋转 2 天"就诊。

患者 2 天前无明显诱因出现晨起时自觉颈部疼痛伴头昏、头痛，头重如裹，视物旋转症状明显，无恶心欲呕，无眼前黑矇症状，无意识丧失，无行走欠稳，无耳鸣，无肢体活动障碍，自行在家休息、热敷患处后患者头昏、视物旋转症状未减轻。舌暗红，苔厚腻，脉弦滑。

中医诊断：项痹病

辨证：痰湿阻络证

西医诊断：椎动脉型颈椎病

治则：燥湿化痰，通络止痛

治法：

1. 手法治疗。

（1）以颈肩部为重点，上至头部，作拿捏、揉法、滚法至颈肩部有发热感为宜。

（2）继而提弹颈部两侧肌肉及斜方肌，自上而下 3～5 次，使震动感传至头部为宜。

（3）最后以轻手法按摩放松颈肩部肌肉结束治疗。

2. 针灸治疗。快针刺百会、太阳、风池、大椎、颈百劳、中渚（以平补平泻为法）。

3. 中药治疗。内服半夏白术天麻汤加减燥湿化痰，通络止痛。外用术星风湿活络膏除湿活络止痛。

4. 其他治疗。颈肩部走罐以除湿通络止痛。

第二天复诊：颈部疼痛及头晕症状减轻，继续予上述药物内服及外用，刘氏颈椎病推拿手法配合快针治疗，停用火罐治疗。

第五天复诊：颈部疼痛及头晕症状明显减轻。治疗方法同前。

第八天复诊：颈部疼痛及头晕症状消失。嘱患者注意颈部保暖，避免长期伏案，指导患者行颈部功能锻炼。

按语：

患者属椎动脉型颈椎病，辨证属痰湿阻络证。予院内制剂术星风湿活络膏外用以除湿活络止痛。外治法先用滚法、揉法放松肩颈部肌肉，再用提弹法从上而下弹拨颈项两旁肌肉，提弹的时候一定要使振动感传至头部，方可缓解痉挛，提神醒脑。

案三

廖某，女性，29岁，因"颈部疼痛2天"就诊。

患者2天前因受凉后出现颈部疼痛，颈部僵硬，活动不利，恶寒畏风，伴左肩部疼痛，无其他不适症状，自行在家热敷，稍有好转，舌淡红，苔薄白，脉弦紧。

中医诊断：项痹病

辨证：风寒湿型

西医诊断：颈型颈椎病

治则：祛风散寒，通络止痛

治法：

1. 手法治疗。

（1）以颈肩部为重点，上至头部，作拿捏、揉法、滚法至颈肩部有发热感为宜。

（2）继而提弹颈部两侧肌肉及斜方肌，并指针风池、大椎、颈百劳，肩井等穴。

（3）最后以轻手法按摩放松颈肩部肌肉结束治疗。

2. 针灸治疗。患者急性起病，快针刺双侧风池、大椎、颈百劳、肩井（以泻为法）；给予患者颈部灸法温经散寒、化湿止痛。

3. 中药治疗。内服羌活胜湿汤加减祛风散寒，化湿止痛。外用本院制剂中药热罨包贴敷大椎穴，散寒除湿，活络止痛。

4. 其他治疗。予颈肩部拔罐放血治疗，以祛风散寒、通络止痛。

第二天复诊：颈肩部疼痛好转，治疗方法同前。

第四天复诊：颈肩部疼痛明显缓解。继续予中药内服及外用，快针、灸法及刘氏颈椎病推拿手法治疗。

第六天复诊：颈肩部疼痛症状消失。嘱患者慎起居、避风寒、端姿势，选择舒适枕头休息。

按语：

患者属混合型颈椎病，四诊合参辨证为风寒湿型。予滚法、揉法放松肩颈部肌肉，再用舒筋提弹法从上而下弹拨颈项两旁及肩部肌肉，若患者有明显头晕症状，提弹的时候一定要使振动感传至头部，方可激发经气，提神醒脑。患者由外感风寒湿邪引起，快针刺风池穴，是以驱散风寒邪气；予颈肩部拔罐放血以祛风散寒，活络止痛；予院内制剂中药热罨包贴敷大椎穴以加强温经止痛之效。

案四

赵某，男性，38岁，因"反复颈部疼痛半年，加重5天"就诊。

患者半年前无明显诱因出现颈部反复疼痛，无其他不适症状。自行热敷、休息后症状稍缓解。5天前，患者自觉颈部疼痛加重，肩部酸痛，痛处固定，晨起较甚，长时间低头及劳累后加重，在家休息后未缓解，未见其他不适症状，舌暗红，苔薄白，脉涩。

中医诊断：项痹病

辨证：气滞血瘀证

西医诊断：颈型颈椎病

治则：行气活血，通络止痛

治法：

1. 手法治疗。

（1）以颈肩部为重点，上至头部，作拿捏、揉法、滚法至颈肩部有发热感为宜。

（2）继而提弹颈部两侧肌肉及斜方肌，并指针百会、率谷、风池、大椎、颈百劳、肩井等穴位。

（3）最后以轻手法按摩放松头部及颈肩部肌肉结束治疗。

2. 针灸治疗。快针刺风池、大椎、颈百劳、颈夹脊、肩井（泻法）；患者痛处固定拒按，符合血瘀气滞证的特点，给予患者颈部梅花针叩刺（力度适中），以活血化瘀，通络止痛。

3. 中药治疗。内服棱莪活血颗粒以活血化瘀、通利血脉。外用红冰止痛酊以活血止痛、行气通络。

第二天复诊：肩部疼痛减轻，颈部仍感酸痛，继续予上述药物内服及外用，快针配合刘氏颈椎病推拿治疗。

第三天复诊：颈肩部疼痛明显减轻。继续予快针及刘氏颈椎病推拿治疗。

第六天复诊：颈肩部疼痛症状消失。嘱患者注意颈部保暖，避免长期伏案，指导患者行颈部功能锻炼。

按语：

患者属颈型颈椎病，辨证属气滞血瘀证。使用院内制剂棱莪活血颗粒内服以活血化瘀，通利血脉；红冰止痛酊外用以活血止痛，行气通络。患者痛有定处，用梅花针叩刺，活血化瘀，通络止痛。以上几例同属颈椎病，证型不同，治法不同，体现了中医辨证施治的原则。

（七）落枕病

案一

王某，男，33 岁，因"颈部疼痛，活动受限 3 小时"就诊。

3 小时前患者因受凉后出现颈部疼痛，活动受限，受凉后加重，颈部有明显压痛，以右侧为甚。患者自行在家热敷后未见缓解，为求进一步治疗到我院门诊就诊。

中医诊断：落枕

辨证：寒凝气滞证

治则：祛风散寒，通络止痛

治法：

1. 手法治疗。

（1）患者取端坐位，先放松颈肩部两侧肌肉，采用揉法、滚法、拿捏法为主，沿督脉、足太阳膀胱经及手太阳小肠经进行，手法轻柔，持续5分钟。

（2）随后按揉患者双侧落枕穴，按揉的同时嘱患者缓慢深吸气，吸气的同时头前屈至极限，随后缓慢呼气，回到原位，再缓慢深吸气，同时后伸至极限，缓慢呼气，回到原位，随后按以上方法完成颈椎侧屈、左旋、右旋运动，前屈、后伸、侧屈、左旋、右旋各 5 次，活动最痛的方位可按以上方法多活动几次。

（3）最后采用轻柔的理筋手法。

2. 针灸治疗。予艾灸颈部散寒通络止痛。

3. 中药治疗。外用术星风湿活络膏祛风除湿、散寒活络止痛。

第二天复诊：经手法治疗后患者疼痛明显缓解，活动度增加。予刘氏颈部推拿配合局部快针治疗。

第三天复诊：患者症状明显缓解，嘱患者避风寒，慎起居，端姿势，选择舒适枕头休息。

按语：

患者为青年，因受凉后出现落枕，既往无颈椎病病史，就医及时，中医辨证为寒凝气滞证，运用灸法或热敷温经散寒，通络止痛；通过理筋拉伸手法，疏通经络，解除错缝，缓解痉挛；同时，配合院内制剂术星风湿活络膏追风除湿散寒，活络止痛。第一次治疗后疼痛症状明显缓解。

案二

吴某，29 岁，因"颈部疼痛，活动受限 2 天"就诊。

2 天前患者扭伤出现颈部疼痛，活动受限，颈部有明显压痛，以左侧为甚。

患者自行前往按摩馆行推拿治疗（行重手法推拿并采用扳法）后症状加重，颈项强直，活动完全受限，为求进一步治疗到我院门诊就诊。门诊 DR 显示未见明显异常。

中医诊断：落枕

辨证：气滞血瘀证

治则：活血化瘀，通络止痛

治法：

1. 运动针法治疗。

（1）患者取端坐位，首先行动留针法，针刺落枕穴，行针的同时嘱患者缓慢深吸气，吸气的同时头前屈至极限，随后缓慢呼气，回到原位，再缓慢深吸气，同时后伸至极限，缓慢呼气，回到原位，随后按以上方法完成颈椎侧屈、左旋、右旋运动，前屈、后伸、侧屈、左旋、右旋各 5 次，活动最痛的方位可按以上方法多活动几次。

（2）最后采用轻柔的理筋手法（因新伤局部有炎症反应）。

2. 中药治疗。外用红冰止痛酊，活血止痛，行气通络。

第二天复诊：经治疗后患者疼痛明显缓解，活动度增加，肿胀消退，采用刮痧法，沿督脉、足太阳膀胱经及手太阳小肠经进行，皮肤出现紫红色瘀点或泛红即可停止刮痧，手法宜轻。予刘氏颈部推拿手法配合快针继续治疗，停用刮痧。

第四天复诊：患者症状明显缓解，嘱患者避风寒，慎起居，端姿势，选择合适枕头休息。

按语：

患者属于典型落枕病例，就医时间较晚，在院外行重手法及扳法治疗后症状加重来我院就诊，局部皮肤组织肿胀明显，所以采取动留针法，通过拉伸患处缓解痉挛。由于肿胀明显，局部炎症反应较重，第一次就诊时不推荐使用刮痧、火罐、重手法推拿等刺激较强的方法，待肿胀消退后可使用刮痧及理筋手法，切记手法宜轻，治疗时间宜短。

案三

钟某，17岁，因"颈部疼痛，活动受限1天"就诊。

1天前患者因长时间伏案学习后出现颈部疼痛，活动受限，颈部有明显压痛，以左侧风池穴为甚。患者家属带其前往按摩馆行推拿治疗未见明显好转，为求进一步治疗到我院门诊就诊。门诊DR显示未见明显异常。

中医诊断：落枕

辨证：气滞血瘀证

治则：活血化瘀，通络止痛

治法：

1. 手法治疗。用一手按于患者头顶固定，另一手拇指与其余四指相对着力，反复捏揉颈部两侧肌肉韧带，在其风池、阿是穴进行点按，促使其缓解痉挛，放松肌肉，舒筋活络，恢复肌肉韧带的弹力和正常拉力，再用两手协同用力，托住下颌，反复轻柔地旋转头颈部，用以活动头颈部各关节，促使其恢复活动功能，再反复捏揉肩部肌肉及经络穴位。

2. 中药治疗。外用红冰止痛酊活血止痛，行气通络。

3. 其他疗法。患者取端坐位，采用刮痧法，沿督脉、足太阳膀胱经及手太阳小肠经进行，皮肤出现紫红色痧点或泛红即可停止刮痧，手法宜轻。

第二天复诊：经治疗后患者疼痛明显缓解，活动度增加。继续刘氏颈部推拿及辅助患者进行头颈部活动。

第四天复诊：患者症状明显缓解，嘱患者避风寒，慎起居，端姿势，选择合适枕头休息。

按语：

患者属于姿势不良引起，辨证属气滞血瘀证，先予刮痧疗法，通过良性刺激，充分发挥营卫之气的作用，使经络穴位处充血，改善局部微循环，使邪气随痧点而出，患者处于急性期，新伤局部炎症反应较重，不推荐使用重手法，刮痧宜采用轻手法；再采用理筋拉伸法，理经通脉，缓解痉挛。外用院内制剂红冰止痛酊活血止痛，行气通络。

案四

刘某，50岁，因"颈部疼痛，活动受限1天"就诊。

1天前患者晨起后出现颈部疼痛，活动稍受限，伴头晕，颈部有明显压痛，伴双侧肩部疼痛，患者自行膏药贴敷未见好转，为求进一步治疗到我院门诊就诊。患者既往有颈椎病病史。

中医诊断：落枕

辨证：寒凝气滞证

治则：祛风散寒，通络止痛

治法：

1. 手法治疗。

（1）采用揉法、滚法、拿捏法为主，沿督脉、足太阳膀胱经及手太阳小肠经进行，手法轻柔，持续5分钟，点按风池、风府、大椎、肩井。

（2）随后按揉患者双侧落枕穴，按揉的同时嘱患者缓慢深吸气，吸气的同时头前屈至极限，随后缓慢呼气，回到原位，再缓慢深吸气，同时后伸至极限，缓慢呼气，回到原位，随后按以上方法完成颈椎侧屈、左旋、右旋运动，前屈、后伸、侧屈、左旋、右旋各5次，活动最痛的方位可按以上方法多活动几次。

（3）最后采用轻柔的理筋手法。

2. 针灸治疗。采用隔姜灸灸大椎、阿是、肩井各5壮，沿督脉、足太阳膀胱经及手太阳小肠经进行悬灸15分钟。

3. 中药治疗。外用术星风湿活络膏追风除湿散寒，活络止痛。患者取端坐位。

第二天复诊：经治疗后患者疼痛明显缓解，活动度增加，仍感头晕。继续予灸法、快针、火罐及理筋手法推拿。

第四天复诊：患者症状进一步缓解，继续予灸法、快针及刘氏颈椎推拿手法治疗。

第六天复诊：患者症状明显好转，嘱患者避风寒，慎起居，选择合适枕头，注意姿势。

按语：

患者属于受寒引起，先予隔姜灸重灸，配合院内制剂术星风湿活络膏散寒祛湿通络止痛。予轻揉理筋拉伸手法解除痉挛缓解，缓解疼痛。本案患者既往有颈椎病病史，急性症状控制后予刘氏颈椎推拿手法配合快针继续治疗。

案五

姚某，35 岁，因"颈部疼痛，活动受限 2 天"就诊。

2 天前患者因长时间伏案后出现颈部疼痛，活动受限，颈部有明显压痛，以左侧风池穴、颈百劳及肩井为甚。患者前往按摩馆行推拿治疗（行重手法推拿并采用扳法）后症状加重，颈项强直，局部肿胀，活动受限，为求进一步治疗到我院门诊就诊。门诊 DR 显示未见明显异常。

中医诊断：落枕

辨证：气滞血瘀证

治则：活血化瘀，通络止痛

治法：

1. 运动针法治疗。针刺落枕穴，行针的同时嘱患者缓慢深吸气，吸气的同时头前屈至极限，随后缓慢呼气，回到原位，再缓慢深吸气，同时后伸至极限，缓慢呼气，回到原位，随后按以上方法完成颈椎侧屈、左旋、右旋运动，前屈、后伸、侧屈、左旋、右旋各 5 次，活动最痛的方位可按以上方法多活动几次。

2. 针灸治疗。患者取端坐位，予悬灸法通络止痛，沿督脉、膀胱经及小肠经悬灸 15 分钟。

3. 中药治疗。外用红冰止痛酊以活血止痛、行气通络。由于患者肿胀较明显，暂不行推拿、刮痧、火罐等治疗。

第二天复诊：经治疗后患者疼痛明显缓解，肿胀减轻，活动度增加。继续予灸法，并予快针局部治疗。

第四天复诊：患者症状明显好转，肿胀消退，活动度正常，继续予灸法、快针、刘氏颈椎推拿治疗（轻手法）。

第五天复诊：患者症状明显缓解，嘱患者避风寒，慎起居，选择合适枕头，注意姿势。

按语：

患者属于就医时间较晚，在院外行重手法及扳法治疗后症状加重来我院就诊，局部皮肤组织肿胀明显，所以采取动留针法，通过患者拉伸患处缓解痉挛。待肿胀消退后予轻柔理筋手法治疗。

（八）肩周炎

案一

陈某，女，52 岁，因"反复右侧肩关节疼痛半年余，加重伴活动受限 10 余天"就诊。

半年前，患者无明显诱因出现右侧肩关节疼痛，疼痛走窜，自行在家行膏药贴敷后，症状无明显缓解。10 余天前，患者受风寒后，右肩关节疼痛加重，伴活动受限，得温痛缓，畏风恶寒，舌质淡，苔薄白，脉弦紧。遂至我院门诊就诊。

中医诊断：右肩痹病

辨证：风寒湿证

西医诊断：右肩关节周围炎

治则：驱寒除湿，通痹止痛

治疗：

1. 手法治疗。

（1）以右侧肩部为重点，上至颈项、肩胛，下至肘。作按揉、提捏，至肩部有发热感为宜。

（2）继而作三角肌、肱二头肌腱和胸大肌的提弹并点按肩井、肩髃、肩髎、天宗、臂臑、曲池等穴。

（3）一手扶定患肩，另一手握患侧手部作向下牵引并同时上下、左右抖动肩关节，再以肩关节为轴心作上肢的环绕摇晃。

（4）最后以轻手法按摩肩部结束治疗。

2. 针灸治疗。快针刺肩髃、肩贞、肩前、天宗、臂臑、曲池、风池、风门等穴位，重泻。

3. 中药治疗。麻葛通痹汤加减；六黄止痛散外敷患处。

4. 功能锻炼。肩部悬吊法，双上肢握住单杠，双足离地，间歇休息，每日悬吊 30 分钟。

按语：

患者肩部疼痛，得温痛缓，畏风恶寒，舌质淡，苔薄白，脉弦紧。四诊合参，辨证为：风寒湿证。针刺肩周穴位是以局部取穴法，以快针重刺，是取《针灸甲乙经》所论述"中病即止"之法，重刺乃驱寒湿之实邪，疏通经络，是以缓解右肩关节局部疼痛。再取风池、风门穴，是以驱散风寒邪气，乃画龙点睛之笔。

案二

杨某，男，56 岁，因"左肩疼痛伴活动受限 3 月"就诊。

3 个月前，患者因摔倒致左肩疼痛伴活动受限，于当地医院就诊诊断为：左肩峰端撕脱性骨折，予保守治疗后，疼痛好转，左肩活动受限。遂至我院门诊就诊。门诊予左肩关节 DR 片：左肩峰断端对位对线良好，断端骨痂形成。舌淡暗，苔薄白，脉沉涩。

中医诊断：左肩痹病

辨证：气虚血瘀证

西医诊断：左肩关节周围炎

治则：活血化瘀，益气养血

治疗：

1. 手法治疗。

（1）以肩部为重点，对颈项、肩胛、肱二头肌作按揉、提捏，至肩部有发热感为宜。

（2）继而作三角肌、肱二头肌和胸大肌肌腱的提弹并点按肩井、肩髃、肩髎、肩内陵、天宗、臂臑、曲池等穴。

（3）一手扶定患肩，另一手握患侧手部作向下牵引并同时上下、左右抖动肩关节，再以肩关节为轴心作上肢的环绕摇晃。

（4）最后以轻手法按摩肩部结束治疗。

2. 针灸治疗。以快针刺肩髃、肩贞、肩前、肩内陵、臂臑、合谷、曲池、手三里、足三里等穴位。

3. 中药治疗。补阳还五汤加减。外用红冰止痛酊及六黄止痛膏。

4. 功能锻炼。肩部悬吊法，双上肢握住单杠，双足离地，间歇休息，每日悬吊 30 分钟。

按语：

患者因外伤致左肩峰端撕脱性骨折 3 个月，骨折恢复良好，后期功能锻炼不佳，并发创伤后肩关节周围炎，重点予肩周肌肉弹拨法舒筋，肩部悬吊法配合快针刺局部穴位解除关节粘连，骨折后期，久病气虚，予补阳还五汤益气活血。针药配合，共奏舒经活血、益气止痛之效。

案三

李某，女，49 岁，因"双肩酸软疼痛伴活动受限 1 年"就诊。

1 年前，患者无明显诱因出现双肩酸软疼痛伴活动受限，劳累后疼痛加重，伴气短懒言，心悸失眠，四肢乏力。舌质淡，苔少或白，脉沉细。

中医诊断：双肩痹病

辨证：气血不足证

西医诊断：双侧肩关节周围炎

治则：益气补血，通络止痛

治疗：

1. 手法治疗。

（1）以肩部为重点，对颈项、肩胛、肱二头肌作按揉、提捏，至肩部有发热感为宜。

（2）继而作三角肌、肱二头肌和胸大肌肌腱的提弹并点按肩井、肩髃、肩髎、肩内陵、天宗、臂臑、曲池等穴。

（3）一手扶定患肩，另一手握患侧手部作向下牵引并同时上下、左右抖动肩关节，再以肩关节为轴心作上肢的环绕摇晃。

（4）最后以轻手法按摩肩部结束治疗。

2. 针灸治疗。以针刺肩髃、肩贞、肩前穴、臂臑、合谷、曲池等穴位，留针 30 分钟。温针灸气海、关元、足三里穴。

3. 中药治疗：八珍汤加减。

4. 功能锻炼：患肢扶墙，以手指尽量向上攀高摸墙，每日反复数次。双手抱枕后部，尽量作扩胸动作，每日反复数次。

按语：

患者双肩酸软疼痛，伴气短懒言，心悸失眠，四肢乏力。舌质淡，苔少或白，脉沉细。四诊合参，辨证为气血不足证，以温针灸气海、关元、足三里穴补益正气，配合八珍汤益气养血，濡养经络。

案四

陈某，女，62 岁，因"右肩疼痛伴活动受限 3 月"就诊。

3 个月前，患者无明显诱因出现右肩疼痛伴活动受限，疼痛拒按，以夜间为甚。舌质紫暗，苔白，脉弦涩。

中医诊断：右肩痹病

辨证：气滞血瘀证

西医诊断：右侧肩关节周围炎

治则：活血化瘀，通络止痛

治疗：

1. 手法治疗。

（1）以肩部为重点，对颈项、肩胛、肱二头肌作按揉、提捏，至肩部有发热感为宜。

（2）继而作三角肌、肱二头肌和胸大肌肌腱的提弹并点按肩井、肩髃、肩髎、肩内陵、天宗、臂臑、曲池等穴。

（3）一手扶定患肩，另一手握患侧手部作向下牵引并同时上下、左右抖动肩关节，再以肩关节为轴心作上肢的环绕摇晃。

（4）最后以轻手法按摩肩部结束治疗。

2. 针灸治疗。以针刺肩井、肩髃、肩髎、肩内陵、天宗、臂臑、曲池等穴位留针 30 分钟，快针刺血海、膈俞，重泻。外用红冰止痛酊、六黄止痛膏。

3. 中药治疗。血府逐瘀汤加减。

4. 功能锻炼。患肢扶墙，以手指尽量向上攀高摸墙，每日反复数次。双手抱枕后部，尽量作扩胸动作，每日反复数次。

按语：

患者右肩疼痛伴活动受限，疼痛拒按，以夜间为甚。舌质紫暗，苔白，脉弦涩。四诊合参，辨证为气滞血瘀证。以适度手法提弹肩周肌群活血通络，局部留针以疏经通络，快针重刺血海、膈俞，重泻为主，配合血府逐瘀汤，以奏活血化瘀之效。

（九）肱骨外上髁炎

案一

李某，女，46 岁，因"右肘部疼痛伴右前臂乏力 1 月"就诊。

患者 1 个月前打羽毛球后出现右肘部疼痛，逐渐加重，拧毛巾时肘外侧处疼痛加重，休息稍缓解，渐渐出现右前臂旋后肌力及右腕部背伸肌力下降，自行局部外喷云南白药及外敷膏药处理后，病情未见明显缓解，为求进一步诊治前来就诊。

查体：患者右肘部无明显肿胀，无皮温升高，前臂伸肌群肌肉稍萎缩，肱骨外上髁处限压痛明显，Mills 征、前臂抗阻旋后试验阳性。

中医诊断：筋痹

辨证：气血亏虚证

西医诊断：右肱骨外上髁炎

治则：益气补血，通络止痛

治法：

1. 一般治疗。右前臂三角巾悬吊保护，减少右前臂旋后活动，局部保暖，局部采用超声波、红外线等理疗。

2. 手法治疗。

（1）患者坐位，上肢自然放松，前臂旋前位，医者一手握其腕部，另一手手掌沿其前臂至上臂，重点在于外侧，依次采用抚摸、揉、揉捏等手法进行整体放松。

（2）然后用刘氏点拨手法以拇指指尖拨动前臂伸肌群及肱骨外上髁处肌腱，将紧张或条束感组织拨散开。

（3）牵拉伸肌群，对肘关节屈伸旋转，松动肘关节。

（4）指针手三里、手五里、曲池、孔最、外关等穴 1 ~ 2 分钟。

（5）最后以抚摸手法放松结束。

3. 针灸治疗。取同侧肩髃、手三里、曲池、手五里、外关，双侧阳陵泉、阿是穴等，并取同侧血海留针 15 分钟，采用刘氏快针疗法。

4. 中药治疗。局部外敷术星活络止痛膏，一天一次；口服八珍汤加减，补益气血。

5. 功能锻炼。指导患者行右前臂肌肉锻炼，手握哑铃，前平举，静力性收缩，配合腕部背伸训练，加强前臂伸肌群力量。

三天后复查：右肘部疼痛明显缓解，右前臂肌力逐渐恢复。继续之前治疗方案，加强右前臂肌力训练。

两周后复查：患者右肘部疼痛消失，右前臂肌力恢复正常。

按语：

肱骨外上髁炎，又称网球肘，是由于肱骨外上髁处伸肌总肌腱末端反复牵拉劳损引起局部疼痛的疾病。一般无明显外伤史，前臂长期反复或者较大强度旋后运动的动作易诱发此病，一开始可为酸痛，前臂旋后工作，如握锹、拧毛巾等旋后动作时肘外侧处疼痛加重，休息可缓解，以后疼痛可逐渐加重，疼痛持续时间延长，甚至夜间疼痛明显以致影响睡眠。

肱骨外上髁处有局限性压痛点，伸肌总肌腱止点处拨动时疼痛明显加重。Mills 征、前臂抗阻旋后试验、伸腕抗阻试验阳性。刘氏点拨手法将点、按、拨法三者融合成一个手法，对于软组织陈旧性损伤、筋肉粘连能够起到更有效的松解作用，促进气血流通。

案二

王某，男，23岁，因"右肘部疼痛1周"就诊。

患者无明显外伤史，近一月来上网球课，1周前患者训练后出现右肘部外侧酸胀痛不适，打球时力量较前下降，发球不稳，自行按摩及热敷后稍缓解，上述症状反复，今日前来就诊。

查体：患者右肘部无明显肿胀，未见前臂伸肌群肌肉萎缩，肱骨外上髁处限按压痛，Mills征、前臂抗阻旋后试验阳性，右前臂皮肤感觉正常。

中医诊断：筋痹

辨证：气滞血瘀证

西医诊断：右肱骨外上髁炎

治则：活血化瘀，通络止痛

治疗：

1. 一般治疗。予以右前臂三角巾悬吊保护，减少右前臂旋后活动，局部弹力绷带包扎并保暖，局部采用超声波、红外线等理疗。

2. 手法治疗。

（1）患者坐位，上肢自然放松，前臂旋前位。

（2）术者一手握其腕部，另一手手掌沿其前臂至上臂，依次采用抚摸、揉、揉捏等轻手法放松。

（3）牵拉伸肌群。

（4）指针手三里、手五里、曲池、孔最、外关等穴1~2分钟。

（5）最后以抚摸手法放松结束。

3. 针灸治疗。取同侧肩髃、手三里、曲池、手五里、外关，双侧阳陵泉、阿是穴等，采用刘氏快针疗法。

4. 中药治疗。痛处外敷六黄止痛膏，一天一次；口服桃红四物汤加减，活血化瘀，通络止痛。

5. 功能锻炼。指导患者行右前臂肌肉锻炼，手握哑铃，前平举，静力性收缩，配合腕部背伸训练，加强前臂伸肌群力量。以力量练习为主，加强前臂伸肌群力量的训练。

一周后复查，患者右肘部疼痛明显缓解。

按语：

根据该患者病史不难诊断，病情属于损伤早期，局部炎症明显，先以制动局部保护、减少重复损伤动作。长时间、反复行前臂旋后运动，除可以诱发肱骨外上髁炎，尚能引起旋后肌综合征，两者可同时发病，临证时应予以鉴别。该患者没有肘部或前臂麻木表现，查体右前臂皮肤感觉正常，旋后肌处按压无麻木，因此可排除旋后肌综合征。

（十）腰椎间盘突出症

案一

赖某，男性，59岁，因"腰部酸软疼痛、活动受限、左臀部疼痛2月"就诊。

患者于2017年1月无明显原因出现腰部酸软疼痛、活动受限、左臀部疼痛，绵绵不休，劳累后加重，卧床休息后缓解，未作特殊治疗。舌质淡、苔薄白、脉沉。

中医诊断：腰痛病

辨证：肾阳亏虚

西医诊断：腰椎间盘突出症

治则：温补肾阳，温阳通痹

治法：

1. 手法治疗。

（1）刘氏腰椎间盘突出症推拿手法治疗以补益肝肾、通络止痛。

（2）刘氏腰椎间盘突出症拔伸踩压法。

2. 针灸治疗。快针刺双侧腰夹脊、肾俞、大肠俞、左侧环跳、承扶穴（以补为法，在肾俞穴处用以烧山火行针手法）。

3. 中药治疗。内服中药煨腰散；口服地仲健骨颗粒，补益肝肾；外用红冰止痛酊，通络止痛。

4. 其他治疗。腰部行中药熏洗、腰部灸法。

5. 功能锻炼。指导患者行"飞燕式"锻炼，嘱患者注意腰部保暖，避免患部损伤。

三天后复诊：腰部酸软疼痛减轻、活动度增加、左臀部疼痛明显减轻。

六天后复诊：腰部酸软疼痛减轻、活动度增加、左臀部疼痛消失。继续给予患者内服煨腰散。快针刺双侧腰夹脊、肾俞、腰阳关穴（以补为法）。

九天后复诊：腰部略感酸软，疼痛消失，活动度正常，左臀部疼痛消失。指导患者行"飞燕式"功能锻炼。

按语：

患者中年男性，年纪渐长，肾阳不足，脏腑经络失于温养，故畏寒肢冷。肾主骨，腰为肾之府，肾阳虚衰，不能温养腰府及骨骼，故腰膝酸软，给予患者内服从古方中求取的煨腰散，内有附子、菟丝子、杜仲等温阳补肾的药物。地仲健骨颗粒为我院自制的补益肝肾的药物。用补益手法行针灸治疗，并辅以艾灸腰阳关穴，以达温补肾阳、通络止痛之效。

案二

巫某，女性，59岁，因"腰部疼痛伴右下肢疼痛4天"就诊。

患者4天前走路时滑倒，致腰部着地，即感疼痛，痛处固定，拒按，夜间疼痛加重，在家休息后症状未见减轻，后逐渐出现右下肢疼痛放射性，现无肾区叩痛，无恶心呕吐、眩晕等全身症状。患者为求进一步诊治前来就诊。腰部DR未见骨折，腰部CT显示腰4/5，腰5/骶1椎间盘突出。

中医诊断：腰痛病

辨证：血瘀气滞证

西医诊断：腰椎间盘突出症

治则：行气活血，通络止痛

治法：

1. 针灸治疗。快针刺双侧腰夹脊、肾俞、大肠俞、阿是穴，右侧环跳、委中、承山穴（以泻为法）；患者痛处固定，拒按，符合血瘀气滞证的特点，给予患者腰部梅花针，以激发经气，调和气血。

2. 中药治疗。内服中药身痛逐瘀汤，口服八味活血片、棱莪活血颗粒，活血化瘀止痛；口服灵脂二乌祛痛片，活血通络止痛；外用六黄止痛膏，通络止痛。

3. 其他。嘱患者平卧硬板床休息，下床佩戴腰围。

三天后复诊：腰部疼痛、右下肢疼痛减轻，给予患者腰部中药熏药。

六天后复诊：腰部疼痛、右下肢疼痛明显减轻。停灵脂二乌祛痛片，给予患者刘氏腰椎间盘突出症推拿治疗。

十天后复诊：腰部疼痛、右下肢疼痛消失。嘱患者避免再次腰部损伤，避免弯腰抬重物。

按语：

气为血之帅，气行则血行，气滞则血瘀，患者因腰部跌扑损伤，致使腰部气机不利，血行不畅，瘀血阻于腰部，不通则痛，腰为气血上下运行之枢纽，腰伤则气血不通，而致下肢气血失养，故下肢疼痛，内服院内制剂八味活血片、棱莪活血颗粒、灵脂二乌祛痛片以达活血化瘀、通络止痛之功。针灸以泄法为主，患者痛处固定，拒按，符合血瘀气滞证的特点，给予患者腰部梅花针叩刺，以激发经气，调和气血。

案三

窦某，男性，34岁，因"腰骶部疼痛，活动受限，左下肢疼痛1天"就诊。

患者无明显诱因出现腰部疼痛、左下肢疼痛，且疼痛剧烈，活动受限，久站久坐后腰及左下肢疼痛明显加重，活动后疼痛减轻，并伴有口干、口苦、小便短黄。患者既往有10年饮酒史，每日8两。

中医诊断：腰痛病

辨证：湿热证

西医诊断：腰椎间盘突出症

治则：清热除湿，通络止痛

治法：

1. 手法治疗。刘氏腰椎间盘突出症推拿手法治疗（因患者局部存在水肿，手法以轻柔为主）。

2. 针灸治疗。快针刺双侧腰夹脊、肾俞，左侧环跳、委中、承山、昆仑、三阴交穴（以泻为法）。

3. 中药治疗。内服中药龙胆泻肝汤加减；口服川仁祛风止痛片，清热除湿；口服灵脂二乌祛痛片，活血通络止痛；口服甲钴胺片，营养坐骨神经；外用六黄止痛膏，通络止痛。

4. 其他治疗。临时予腰部拔罐放血疗法。嘱患者平卧硬板床休息。

二天后复诊：腰部疼痛减轻、活动度增加，左下肢疼痛。给予腰椎牵引（每日一次，牵引重量为体重的 1/2），余治疗同前。

四天后复诊：腰部疼痛减轻、活动度增加，左下肢疼痛减轻。患者诉口干、口苦症状减轻，小便正常，继续给予患者内服中药龙胆泻肝汤加减，余治疗同前。

七天后复诊：腰部疼痛明显减轻、活动度正常，左下肢疼痛明显减轻。外用药改为六香止痛活络膏，停腰椎牵引。余治疗同前。

十天后复诊：略感腰部疼痛、活动度正常，偶感左下肢轻微疼痛。嘱患者自行在家外敷六香止痛活络膏，熏洗连艾活血洗剂。

按语：

湿邪侵袭，其性重着、黏滞，留着于筋骨肌肉之间，闭阻气血，可使腰部气血运行不畅，热邪常与湿邪结合而滞于腰府，造成经脉不畅，筋脉迟缓，而生腰痛。口干、口苦、小便短黄均为湿热之象。给予患者内服龙胆泻肝汤以达清热利湿之功，川仁祛风止痛片清热除湿，灵脂二乌祛痛片活血通络止痛。患者右下肢疼痛剧烈，提示患者神经根受压明显，在外治过程中除了使用中医传统疗法，还该给予患者腰椎牵引，以便增加椎间隙，减轻局部压迫，消肿止痛。

案四

刘某，男性，50 岁，因"腰部冷痛、活动受限伴右下肢疼痛 10 天，加重 1 天"就诊。

患者诉 10 天前腰部受凉后，出现腰部冷痛重着、活动受限伴右下肢疼痛，转侧不利，静卧疼痛不减，1 天前下雨后疼痛加重。

中医诊断：腰痛病

辨证：寒湿阻滞证

西医诊断：腰椎间盘突出症

治则：祛风通络，散寒除湿

治法：

1. 手法治疗。刘氏腰椎间盘突出症推拿手法治疗。

2. 针灸治疗。快针刺双侧腰夹脊、肾俞、大肠俞，右侧环跳、委中、承山穴（以泻为法）。

3. 中药治疗。内服中药"干姜苓术汤"加减；口服双蛇活络颗粒、灵脂二乌祛痛片，活血通络止痛；外用中药热罨包温经散寒。

4. 其他治疗。腰部灸法；腰部中药熏药；临时予腰部拔罐疗法，嘱患者平卧硬板床休息，腰部保暖。

三天后复诊：腰部冷痛重着减轻、活动度增加，右下肢疼痛减轻。给予患者术星风湿活络膏，余治疗同前。

六天后复诊：患者自诉，昨日自行在家脱衣受凉后，腰部疼痛反复、活动度可，右下肢疼痛减轻。给予患者腰部拔罐疗法，快针刺腰阳关、八髎穴（以补为法，已达壮火之主，以烧阴霾），左下肢快针刺委中、承山穴。

九天后复诊：腰部冷痛重着明显减轻、活动度正常，双下肢疼痛明显减轻，给予患者艾甘风湿洗药，自行在家熏洗。（熏洗法：自行在家备一张钢丝床，把熬好的热药放于床下腰部，使其蒸汽熏蒸腰部，药凉后再次加温，反复5次）

十五天后复诊：患者临床症状明显缓解。

按语：

腰部受凉之后，而致寒湿之邪乘虚侵入，阻滞经脉，气血运行不畅而发腰痛。寒为阴邪，其性收敛凝闭，侵袭肌肤经络，抑制卫阳，以致下雨后疼痛加重。在治疗中给予患者拔罐疗效，以达祛除体内寒湿之邪。按寒则温之的治疗原则，嘱患者自行在家熏洗院内自制中药艾甘风湿洗药。

（十一）梨状肌综合征

案一

栾某，男性，27岁，因"右侧臀部及右下肢放射痛1周，加重2天"就诊。

患者一周前无明显诱因出现右侧臀部及右下肢放射痛，无其他不适症状。自行热敷、休息后症状稍有缓解。2 天前，患者自觉右侧臀部疼痛加重，痛处固定，伴右侧跛行，在家休息及热敷后未缓解。

中医诊断：腰痛病

辨证：气滞血瘀证

西医诊断：梨状肌综合征

治则：行气活血，祛瘀止痛

治法：

1. 手法治疗。先给予患者腰部刘氏腰椎间盘突出症推拿手法治疗，再右侧梨状肌和右下肢予以滚法、揉法推拿，同时通过点按手法寻找痛点并用记号笔标记。

2. 针灸治疗。给予环跳、殷门、承扶、阳陵泉、足三里、阿是穴针刺。

3. 药物治疗。内服棱莪活血颗粒，活血化瘀，行气止痛，消瘀散积，通利血脉。外用中药热罨包，活血止痛，行气通络。

4. 其他治疗。给予患者痛处阿是穴围刺并给予拔罐、放血治疗，以激发经气，调和气血。给予右侧梨状肌、右下肢推拿，并寻找痛点标记。

5. 嘱患者注意保暖，避免下肢负重及运动。

第二天复诊：臀部疼痛明显减轻，仍伴右侧跛行，继续予中成药内服及中药热罨包外用，快针及推拿治疗。

第四天复诊：臀部及右下肢疼痛均明显减轻，跛行不明显。继续予中成药内服及中药热罨包外用，予推拿、快针及拔罐放血治疗。

第六天复诊：臀部及右下肢疼痛症状消失，无跛行。嘱患者注意保暖，避免下肢负重及运动，指导患者行髋关节及腰部功能锻炼。

按语：

患者"自觉右侧臀部疼痛加重"，辨病为腰痛，痛处固定拒按，符合血瘀气滞证的特点，故治疗给予针刺、推拿外，给予内服具有活血化瘀、行气止痛的棱莪活血颗粒，外用中药热罨包，以消瘀散积，通利血脉。同时，给予患者痛处阿是穴围刺并给予拔罐、放血治疗，以激发经气，调和气血。先辨证、再治疗，通过针、药结合，方能取得疗效。

案二

祁某，男性，26岁，因"反复左侧臀部疼痛2年，复发加重伴跛行1周"就诊。

患者2年前因腰臀部受凉后致腰、臀部疼痛，前往医院诊断为"梨状肌综合征"，行针灸治疗后好转，2年来反复出现腰、臀部疼痛。1周前着凉后至左侧臀部疼痛加重，伴跛行，舌淡红，苔薄白而润，脉沉细无力。

中医诊断：腰痛病

辨证：风寒湿阻证

西医诊断：梨状肌综合征

治则：祛风散寒除湿，活血止痛

治法：

1. 手法治疗。先给予患者腰部刘氏腰椎间盘突出症推拿手法治疗；再左侧梨状肌和左下肢予以滚法、揉法推拿。

2. 针灸治疗。快针刺左侧肾俞、大肠俞、环跳、委中、承山穴（以泻为法）。

3. 药物治疗。口服双蛇活络颗粒、灵脂二乌祛痛片；外用中药热罨包。

4. 其他治疗。临时予腰部拔罐、放血疗法，嘱患者平卧硬板床休息，腰部保暖。

第二天复诊：臀部疼痛稍有减轻，左侧跛行，继续予中成药内服及外用中药热罨包、艾灸、快针及推拿治疗。

第六天复诊：臀部及左下肢疼痛均明显减轻，跛行不明显。继续予中成药内服及中药热罨包外用，予推拿、快针及拔罐放血治疗。

第九天复诊：臀部及左下肢疼痛症状消失，无跛行。嘱患者注意保暖，避免下肢负重及运动，指导患者行髋关节及腰部功能锻炼。

按语：

患者为青年，因腰、臀部受凉，而致寒湿之邪乘虚侵入，阻滞经脉，气血运行不畅而发腰、臀部痛。辨病为腰痛病，辨证为风寒湿阻，运用热罨包外敷温经散寒，通络止痛；通过推拿治疗，疏通经络，缓解痉挛；同时，配合拔罐、放血疗法，以祛除体内寒湿之邪。第一次治疗后疼痛症状明显缓解。

（十二）骶髂关节综合征

案一

李某，女性，60岁，因"腰骶部疼痛伴右髋部活动受限10天"就诊。

患者10天前因过度活动扭伤腰骶部致腰骶部疼痛伴右髋部活动受限，夜间为甚，在家休息未见好转。

中医诊断：胯骨错缝

辨证：气滞血瘀证

西医诊断：骶髂关节综合征

治则：活血化瘀，行气止痛

治法：

1. 手法治疗。以骶髂关节调整技术为主，松解手法为辅，恢复骨盆承载功能。

2. 针灸治疗。针刺双侧大肠腧、腰阳关、次髎、秩边穴，以泻为法。

3. 中药治疗。口服身痛逐瘀汤加减活血化瘀，行气止痛；外用六黄止痛膏、红冰止痛酊活血止痛；静脉滴注注射用血塞通/血栓通。

4. 其他治疗。腰骶部中药熏洗活血通络。

两天后复诊：腰骶部疼痛伴右髋部活动受限稍减轻，给予口服洛芬待因缓释片止痛；以骶髂关节调整技术为主，松解手法为辅，恢复骨盆承载功能。

五天后复诊：腰骶部疼痛伴右髋部活动受限明显缓解。右侧骶髂关节刺络拔罐。

七天后复诊：腰骶部疼痛明显减轻，右髋部活动受限消失。久坐久行后腰部酸软疼痛。口服棱莪活血颗粒，腰骶部灸法。

十天后复诊：腰骶部疼痛伴右髋部活动受限消失。

按语：

气为血之帅，气行则血行，气滞则血瘀，患者因损伤腰骶部致局部气机不利，血行不畅，瘀血阻于腰骶部，内服院内制剂八味活血片，外用六黄止痛膏、红冰止痛酊活血止痛。针灸则以泻为法，骶髂关节疼痛处刺络拔罐使局部瘀血排出，瘀血去则气血通畅。

案二

孙某，女性，50岁，因"腰骶部疼痛伴活动受限7天"就诊。

患者于7天前因受寒后出现腰骶部疼痛伴活动受限加重，遇冷加重，自行购买膏药外敷治疗未见好转。

中医诊断：胯骨错缝

辨证：寒湿阻络证

西医诊断：骶髂关节综合征

治则：祛寒除湿，温经通络

治法：

1. 手法治疗。骶髂关节调整技术、松解技术相结合。

2. 针灸治疗。针刺腰阳关、次髎、秩边、环跳、委中穴，以泻为法；腰骶部灸法温经通络。

3. 中药治疗。口服附子桂枝汤加减祛寒除湿，温经通络；外用术星风湿活络膏祛湿止痛。

4. 其他疗法。腰骶部拔罐疗法驱寒除湿，通络止痛。

两天后复诊：腰骶部疼痛伴活动受限有所减轻，给予中药热罨包治疗温经通络，口服双蛇活络颗粒。

五天后复诊：腰部疼痛缓解，腰骶部活动受限消失。予腰骶部拔罐治疗通络止痛。

七天后复诊：腰骶部疼痛伴活动受限消失。久坐后腰部酸软无力。指导加强腰肌、臀肌和腹部肌肉力量，增强骨盆稳定性。

按语：

患者因腰骶部感受寒邪，阻滞经络，气血运行不畅而致疼痛。寒为阴邪，以致阴雨天疼痛加重，且寒主收引，致局部肌肉痉挛，在治疗过程中采用口服院内制剂及外用药物，结合腰骶部灸法及拔罐共同驱除体内寒湿之邪。

案三

张某，男性，60岁，因"腰骶部疼痛1年，加重伴左髋部活动不利3天"就诊。

患者于 1 年前无明显诱因出现腰骶部疼痛，病情反复发作，时轻时重。3 天前因过度劳累后出现腰骶部疼痛加重，伴左髋部活动不利，休息未见好转。

中医诊断：胯骨错缝

辨证：肝肾亏虚证

西医诊断：骶髂关节综合征

治则：滋补肝肾，强筋壮骨

治法：

1. 针灸治疗。针刺腰阳关、次髎、秩边、环跳、委中穴（以补为法）；腰骶部灸法温经通络，强筋壮骨。

2. 中药治疗。口服左归饮合二仙汤加减滋补肝肾，强筋壮骨；外用六香止痛活络膏通络止痛。

3. 其他疗法。腰骶部中药熏蒸活血通络止痛。

两天后复诊：腰骶部疼痛伴左髋部活动不利有所减轻。腰骶部中药热罨包治疗、贴敷疗法。

五天后复诊：腰骶部疼痛伴左髋部活动不利明显减轻。口服地仲健骨颗粒温肾壮阳。腰腹肌训练及骨盆带肌锻炼。

九天后复诊：腰骶部疼痛伴左髋部活动不利消失。指导加强腰肌、臀肌和腹部肌肉力量，增强骨盆稳定性。

按语：

患者证属肝肾不足，予左归饮合二仙汤加减及院内制剂地仲健骨颗粒内服补益肝肾。结合局部外用六香止痛活络膏，局部灸法、中药熏洗温经通络，共同达到滋补肝肾、强筋壮骨、通络止痛之效。

案四

唐某，男性，80 岁，因"腰骶部疼痛 20 年，加重伴活动不利 1 周"就诊。

患者于 20 年前无明显诱因出现腰骶部疼痛，未予特殊处理。1 周前患者无明显诱因出现腰骶部疼痛加重，伴活动不利，劳累后加重。

中医诊断：胯骨错缝

辨证：气血亏虚证

西医诊断：骶髂关节综合征

治则：补益气血，濡养经脉

治法：

1. 手法治疗。患者俯卧位，从腰部至大腿根部行推拿、按揉手法疏通局部经络，点按腰夹脊、肾俞、腰阳关、秩边、环跳、委中穴，最后用按揉手法再次放松肌肉。

2. 针灸治疗。双侧腰夹脊、肾俞、腰阳关、委中穴（以补为法）；配合腰骶部灸法补益气血，温经通络。

3. 中药治疗。口服八珍汤加减补益气血，濡养经脉，或口服院内制剂参归紫金颗粒补益气血，外用院内制剂六香止痛活络膏通络止痛。

两天后复诊：腰骶部疼痛伴活动不利有所减轻，给予腰骶部温针灸治疗。

五天后复诊：腰骶部疼痛伴活动不利进一步缓解。予腰骶部中药热罨包治疗。

七天后复诊：腰骶部疼痛伴活动不利消失。加强腰肌、臀肌和腹部肌肉力量，增强骨盆稳定性。训练强度逐渐增大，每日 2 次，逐步恢复腰骶部功能活动。

按语：

患者四诊合参当属气血亏虚，予口服八珍汤加减或院内制剂参归紫金颗粒补益气血，结合腰骶部温针灸、中药热罨包补益气血，温经通络。予以针灸补法配合局部推拿手法，手法宜轻，以免耗气伤血。

（十三）膝痹病

案一

刘某，女性，51 岁，因"反复双膝部疼痛伴活动受限 1 年，加重 2 个月"就诊。

患者于 2014 年无明显诱因出现双膝部隐隐作痛，上下楼梯时疼痛加重，行走不利，未做特殊治疗。

中医望、闻、切诊：得神，形体适中，痛苦面容，双膝关节疼痛、活动受限，步入病房。神清语晰，气息均匀，舌质淡红，苔薄，脉沉细。

中医诊断：双膝痹病

辨证：肝肾亏虚证

西医诊断：双膝骨性关节炎

治则：培补肝肾，舒筋止痛

治法：

1. 手法治疗。患者先取俯卧位，下肢伸直放松，踝关节下垫低枕。刘氏膝关节骨性关节炎推拿手法治疗以补益肝肾、通络止痛。

（1）治疗者以拿法或滚法施于大腿后侧（腘绳肌）、小腿后侧约2分钟。

（2）推、揉或一指禅推腘窝部2分钟。

（3）先以滚法施于患肢阔筋膜张肌、股四头肌、内收肌群约3分钟。

（4）然后摩、揉或一指禅推法施于内外膝眼、阿是穴，每穴操作约40秒。

（5）推髌骨，向上、下、内、外各方向推动髌骨，先轻柔推动数次，再将髌骨推至极限位，维持2~3秒，反复3次。

（6）膝关节拔伸牵引。治疗者双手握持小腿远端拔伸并持续2秒，力量以膝关节牵开感为度，反复5次。然后，以相同法作持续牵引30秒（如有助手，可由助手固定大腿远端，再行上述操作）。

2. 针刺治疗。快针刺阳陵泉、足三里、内膝眼、血海、昆仑、太溪、阿是穴等穴位。

3. 中药治疗。内服独活寄生汤加减，口服地仲健骨颗粒补益肝肾；外用红冰止痛酊通络止痛。

4. 其他治疗。双膝部行中药熏洗、灸法。

5. 功能锻炼。指导病员行股四头肌功能锻炼。

6. 嘱患者注意患部保暖，避免患部损伤。

三天后二诊：双膝部疼痛减轻、活动度有所改善、上下楼梯时疼痛明显减轻。

六天后三诊：双膝部疼痛减轻、活动度增加、上下楼梯时疼痛消失。继续给予患者内服独活寄生汤。快针刺双侧膝眼、血海、足三里穴（以补为法）。

九天后四诊：双膝部疼痛消失，活动度正常、上下楼梯时活动自如。指导患者行股四头肌功能锻炼。

按语：

患者年长，肝肾亏虚，气血不足，膝部失养，故酸软无力，喜温喜按；劳则耗气，故遇劳更甚。气血不足，经脉痹阻，不能温养四肢关节，故而膝部疼痛隐隐，活动不利。舌质淡红，苔薄，脉沉细，为肝肾亏虚之象。故本病辨证当属肝肾亏虚。病位在膝部，本病发病以肝肾亏虚、气血虚弱为内因。予院内制剂地仲健骨颗粒内服补益肝肾。外治法先拿法或滚法放松膝部肌肉，再用推动髌骨及膝关节拔伸牵引。患者二诊后疼痛较前明显缓解。

案二

王某，男性，82岁，因"反复右膝部疼痛10年，加重伴肿胀、活动受限1周"就诊。

患者于10年前无明显诱因出现右膝部疼痛，其间在四川省第二中医院住院治疗，经行关节腔注射玻璃酸钠注射液等治疗后，症状好转。患者于入院前1周出现右膝部疼痛加重伴肿胀、活动受限，自行外敷药膏后，症状未见缓解。

中医诊断：右膝痹证

辨证：风湿热痹证

西医诊断：右膝骨性关节炎

治则：清热疏风，除湿止痛

治法：

1. 手法治疗。患者先取俯卧位，下肢伸直放松，踝关节下垫低枕。

（1）治疗者以拿法或滚法施于大腿后侧（腘绳肌）、小腿后侧约2分钟。

（2）推、揉或一指禅推腘窝部2分钟。

（3）先以滚法施于患肢阔筋膜张肌、股四头肌、内收肌群约3分钟。

（4）然后摩、揉或一指禅推法施于内外膝眼、阿是穴，每穴操作约40秒。

（5）推髌骨，向上、下、内、外各方向推动髌骨，先轻柔推动数次，再将髌骨推至极限位，维持2~3秒，反复3次。

（6）膝关节拔伸牵引。治疗者双手握持小腿远端拔伸并持续2秒，力量以膝关节牵开感为度，反复5次；然后，以相同法作持续牵引30秒（如有助手，可由助手固定大腿远端，再行上述操作）。

2. 针灸治疗。快针刺阳陵泉、足三里、犊鼻穴、内膝眼、血海、阿是穴等穴位（以泄为法）。

3. 中药治疗。内服大秦艽汤加减，口服院内制剂川仁祛风除湿止痛片；外用院内制剂六黄止痛膏通络止痛。

4. 患部皮温升高，痛处固定拒按，符合风湿热痹证的特点。嘱患者平卧硬板床休息。

三天后二诊：右膝部疼痛减轻，给予患者右膝部中药熏药。

六天后三诊：右膝部疼痛明显减轻。停川仁祛风除湿止痛片，给予患者刘氏膝关节骨性关节炎推拿治疗。

十天后四诊：右膝部疼痛消失。嘱患者避免再次患部损伤，避免长时间行走。

按语：

患者老年男性，正气不足，风湿热之邪侵袭膝关节，经脉痹阻，不通则痛。寒湿困阻，故膝肿胀，活动不利。邪气入体，正邪交争，故发热。关节肿痛、发热、得冷则舒为风湿热之邪侵袭特点。舌质红，苔黄，脉滑数，结合四诊，辨证为风湿热痹证。病位在膝，予院内制剂川仁祛风除湿止痛片，配合外用院内制剂六黄止痛膏通络止痛，运用刘氏膝关节骨性关节炎推拿手法达到清热疏风、除湿止痛之效。

案三

刘某，女性，52岁，因"右膝疼痛伴活动受限2周"就诊。

患者于2周前无明显诱因出现右膝疼痛不适，夜间尤甚，未作特殊处理，在家卧床休息后症状未见明显缓解。

中医诊断：右膝痹病

辨证：瘀血痹阻证

西医诊断：右膝关节骨性关节炎

治则：活血化瘀，舒筋止痛

治法：

1. 手法治疗。患者先取俯卧位，下肢伸直放松，踝关节下垫低枕。刘氏膝关节骨性关节炎推拿手法治疗。

（1）治疗者以拿法或滚法施于大腿后侧（腘绳肌）、小腿后侧约2分钟。

（2）推、揉或一指禅推腘窝部2分钟。

（3）先以滚法施于患肢阔筋膜张肌、股四头肌、内收肌群约3分钟。

（4）然后摩、揉或一指禅推法施于内外膝眼、阿是穴，每穴操作约40秒。

2. 快针刺膝双侧膝眼、血海、梁丘、阳陵泉、阴陵泉、足三里、血海、阿是穴（以泄为法）。

3. 内服身痛逐瘀汤；口服八味活血片、棱莪活血颗粒以活血化瘀止痛；外用红冰止痛酊、六黄止痛膏以通络止痛。

4. 其他治疗。膝部行中药熏洗；膝部灸法；膝部红外线治疗。患者痛处固定、活动受限，符合血瘀气滞证的特点，临时给予患者膝部拔罐放血疗法、刘氏膝关节骨性关节炎拔伸牵引法。

5. 嘱患者卧床休息。

三天后复诊：右膝部疼痛明显减轻、活动度增加，给予快针刺阴陵泉、足三里、血海、阿是穴。

五天后复诊：临床症状明显缓解。

按语：

因膝部负重劳累致膝劳损，伤及气血经络，经络受损，气血运行受阻，不通则痛。疼痛如刺，疼痛固定于膝，痛处拒按，夜间更甚，均为瘀血痹阻特点。舌质紫暗，苔白，脉细涩。证当属瘀血痹阻。病位在膝，予院内制剂八味活血片、棱莪活血颗粒，配合外用院内制剂六黄止痛膏、连艾活血洗剂、针刺、拔罐放血疗法、刘氏膝关节骨性关节炎拔伸牵引法达到活血化瘀、舒筋止痛之效。

案四

高某，女性，62岁，因"左膝部肿痛伴活动受限1周"就诊。

患者于2018年9月6日无明显诱因出现左膝关节酸楚疼痛，痛处固定，有如刀割或有明显重着感或患处表现肿胀感，关节活动欠灵活，畏风寒，得热则舒，自行在家休息后症状稍缓解。1天前下雨后疼痛加重。

中医诊断：左膝痹病

辨证：风寒湿痹证

西医诊断：左膝关节骨性关节炎

治则：祛风散寒，除湿止痛

治法：

1. 手法治疗。患者先取俯卧位，下肢伸直放松，踝关节下垫低枕。刘氏膝关节骨性关节炎推拿手法治疗。

（1）治疗者以拿法或滚法施于大腿后侧（腘绳肌）、小腿后侧约2分钟。

（2）推、揉或一指禅推腘窝部2分钟。

（3）先以滚法施于患肢阔筋膜张肌、股四头肌、内收肌群约3分钟。

（4）然后摩、揉或一指禅推法施于内外膝眼、阿是穴，每穴操作约40秒。

（5）推髌骨。向上、下、内、外各方向推动髌骨，先轻柔推动数次，再将髌骨推至极限位，维持2~3秒，反复3次。

（6）膝关节拔伸牵引。治疗者双手握持小腿远端拔伸并持续2秒，力量以膝关节牵开感为度，反复5次；然后，以相同法作持续牵引30秒（如有助手，可由助手固定大腿远端，再行上述操作）。

2. 针灸治疗。快针刺左膝双侧膝眼、阳陵泉、阴陵泉、足三里、委中穴（以泄为法）。

3. 中药治疗。内服防己黄芪汤加减，口服双蛇活络颗粒；外用中药热罨包，温经散寒。

4. 其他治疗。左膝部灸法；左膝部中药熏药；临时予左膝部拔罐疗法。

5. 嘱患者平卧硬板床休息，患部保暖。

三天后复诊：左膝部冷痛重着减轻、活动度增加。给予患者术星风湿活络膏，余治疗同前。

六天后复诊：患者自诉，昨日自行在家脱衣受凉后，左膝部疼痛反复，活动度可。给予患者左膝部拔罐疗法，快针刺左膝双侧膝眼、阳陵泉、阴陵泉、足三里、委中穴（以补为法）。

九天后复诊：左膝部冷痛重着明显减轻、活动度正常，给予患者艾甘风湿洗药，自行在家熏洗。

十五天后复诊：患者临床症状明显缓解。

按语：

患者老年女性，正气不足，风寒湿之邪侵袭膝关节，经脉痹阻，不通则痛。寒湿困阻，故肢体活动不利。肢体关节酸楚，痛处固定，双膝肿胀，关节活动不利，为风寒湿之邪侵袭特点。舌质淡，苔白腻，脉紧。结合四诊，辨证为风寒湿痹证。予院内制剂双蛇活络颗粒。外用中药热罨包、艾甘风湿洗剂，配合运用刘氏膝关节骨性关节炎推拿手法达到祛风散寒、除湿止痛之效。

（十四）第三腰椎横突综合征

案一

葛某，男性，57 岁，因"腰部刺痛伴左大腿放射痛 2 天"就诊。

患者于 2 天前不慎扭伤腰部后，出现腰部刺痛伴左大腿放射痛，痛有定处，痛处拒按，腰肌板硬，转摇不能，动则痛甚。

查体：腰 3 椎体左侧横突压痛，局部可触及条索样改变。舌暗红，苔薄黄，脉弦紧。X 线检查无阳性体征。

中医诊断：腰痛病

辨证：血瘀气滞证

西医诊断：第三腰椎横突综合征

治则：活血化瘀，舒筋理气

治法：

1. 手法治疗。腰部局部推拿。

2. 针灸治疗。选第三腰椎左侧横突，行提插捻转手法 1~2 分钟，然后向一个方向大幅度捻转至滞针为度，再用电针做电疗刺激，配穴人中（平补平泻）、命门（补）、双侧委中（泻法、放血）、双侧太溪（补法）等，主穴配穴每 10 分钟行手法 1 次，并留针 40 分钟，每天 1 次，7 天为一疗程。

3. 中药治疗。内服身痛逐瘀汤加减；口服刘氏棱莪活血颗粒、八味活血片；外用红冰止痛酊按摩；外贴六黄止痛膏。

4. 其他治疗。刘氏拔罐放血。患者俯卧位，暴露拔罐放血部位，选取痛点，用梅花针叩击痛点致皮肤出血后，用火罐于皮肤出血处行拔罐放血疗法。

三天后二诊：腰部刺痛伴左大腿放射痛减轻，活动度增加。

七天后三诊：腰部刺痛伴左大腿放射痛消失，活动度正常。

按语：

患者腰部刺痛伴左大腿放射痛，腰痛如刺，痛有定处，舌暗红，苔薄黄，脉弦紧，属第三腰椎横突综合征，四诊合参，辨证血瘀气滞证，治宜活血化瘀、舒筋理气。以重手法弹拨局部痉挛肌肉，电针刺以舒筋通络，配合身痛逐瘀汤加减活血化瘀、舒筋理气。局部外敷六黄止痛膏活血止痛。

案二

罗某某，男性，40 岁，因"腰部冷痛 5 天"就诊。

患者于 5 天前腰部受凉后出现腰部冷痛，转侧俯卧不利，腰肌硬实，遇寒痛增，得热缓解。

查体：腰 3 椎体左侧横突压痛，局部可触及条索样改变。舌淡，苔白腻，脉沉紧。X 线检查无阳性体征。

中医诊断：腰痛病

辨证：风寒阻络证

西医诊断：第三腰椎横突综合征

治则：祛风散寒，通络止痛

治法：

1. 手法治疗。腰部局部推拿。

2. 针灸治疗。选第三腰椎左侧横突，行提插捻转手法 1~2 分钟，然后向一个方向大幅度捻转至滞针为度，再用电针做电疗刺激，配穴人中（平补平泻）、命门（补）、双侧委中（泻法、放血）、双侧太溪（补法）等，主穴配穴每 10 分钟行手法 1 次，并留针 40 分钟，每天 1 次，7 天为一疗程。

3. 中药治疗。内服独活寄生汤加减；口服刘氏双蛇活络颗粒；外用红冰止痛酊按摩；外贴术星风湿活络膏。

4. 其他治疗。刘氏拔罐放血。患者俯卧位，暴露拔罐放血部位，选取痛点，用梅花针叩击痛点致皮肤出血后，用火罐于皮肤出血处行拔罐放血疗法。

三天后二诊：腰部冷痛减轻，活动度增加。

七天后三诊：腰部冷痛消失，活动度正常。

按语：

患者腰部受凉后出现腰部冷痛，转侧俯卧不利，腰肌硬实，遇寒痛增，得热缓解，舌淡，苔白腻，脉沉紧，属第三腰椎横突综合征，四诊合参，辨证风寒阻络证，治宜祛风散寒、通络止痛。以重手法弹拨局部痉挛肌肉，电针刺以舒筋通络，配合独活寄生汤加减祛风散寒、通络止痛。局部外敷术星风湿活络膏祛风除湿止痛。

案三

易某，男性，47岁，因"腰部疼痛、腿软无力1周"就诊。

患者于1周前阴雨天时出现腰部疼痛，腿软无力，痛处伴有热感，遇热或阴雨天痛增，活动后痛减，恶热口渴，小便短赤。既往饮酒史20年，每日平均250 g白酒。

查体：腰3椎体右侧横突压痛，局部可触及条索样改变。舌红，苔黄腻，脉濡数。X线检查无阳性体征。

中医诊断：腰痛病

辨证：湿热痹阻证

西医诊断：第三腰椎横突综合征

治则：清热除湿，宣通经络

治法：

1. 手法治疗。腰部局部推拿。

2. 针灸治疗。选第三腰椎右侧横突，行提插捻转手法1～2分钟，然后向一个方向大幅度捻转至滞针为度，再用电针做电疗刺激，配穴人中（平补平泻）、命门（补法）、双侧委中（泻法、放血）、双侧太溪（补法）等，主穴配穴每10分钟行手法1次，并留针40分钟，每天1次，7天为一疗程。

3. 中药治疗。内服四妙散加减；口服刘氏川仁祛风止痛片；外用红冰止痛酊按摩；外贴六香止痛活络膏。

4. 其他治疗。刘氏拔罐放血。患者俯卧位，暴露拔罐放血部位，选取痛点，用梅花针叩击痛点致皮肤出血后，用火罐于皮肤出血处行拔罐放血疗法。

三天后二诊：腰部疼痛、腿软无力症状减轻，活动度增加。

七天后三诊：腰部疼痛、腿软无力症状消失，活动度正常。

按语：

患者腰部疼痛，腿软无力，痛处伴有热感，遇热或阴雨天痛增，舌红，苔黄腻，脉濡数，属第三腰椎横突综合征，四诊合参，辨证湿热痹阻证，治宜清热除湿、宣通经络。以重手法弹拨局部痉挛肌肉，电针刺以舒筋通络，配合四妙散加减清热除湿、宣通经络。局部外敷六香止痛活络膏舒筋止痛。

案四

张某某，女性，59 岁，因"腰部酸软疼痛伴右大腿酸痛 3 月"就诊。

患者于 3 月前无明显原因出现腰部疼痛，酸软无力，遇劳更甚，卧则减轻，腰肌萎软，喜按喜揉，面色无华，手足不温。

查体：腰 3 椎体右侧横突压痛，局部可触及条索样改变。舌淡，苔薄白，脉沉细。X 线检查可见第三腰椎右侧横突肥大。

中医诊断：腰痛病

辨证：肾阳亏虚证

西医诊断：第三腰椎横突综合征

治则：温补肾阳，通络止痛

治法：

1. 手法治疗。腰部局部推拿。

2. 针灸治疗。选第三腰椎右侧横突，行提插捻转手法 1~2 分钟，然后向一个方向大幅度捻转至滞针为度，再用电针做电疗刺激，配穴人中（平补平泻）、命门（补法）、双侧委中（泻法、放血）、双侧太溪（补法）等，主穴配穴每 10 分钟行手法 1 次，并留针 40 分钟，每天 1 次，7 天为一疗程。

3. 中药治疗。内服金匮肾气丸加减；口服地仲健骨颗粒；外用红冰止痛酊按摩；外贴六香止痛活络膏。

4. 其他治疗。刘氏拔罐放血。患者俯卧位，暴露拔罐放血部位，选取痛点，用梅花针叩击痛点致皮肤出血后，用火罐于皮肤出血处行拔罐放血疗法。

三天后二诊：腰部酸软疼痛伴右大腿酸痛症状减轻，活动度增加。

七天后三诊：腰部酸软疼痛伴右大腿酸痛症状好转，活动度明显增加。

十天后四诊：腰部酸软疼痛伴右大腿酸痛症状消失，活动度正常。

按语：

患者腰部疼痛，酸软无力，遇劳更甚，卧则减轻，腰肌萎软，喜按喜揉，面色无华，手足不温，舌淡，苔薄白，脉沉细，属第三腰椎横突综合征，四诊合参，辨证肾阳亏虚证，治宜温补肾阳、通络止痛。以轻柔手法弹拨局部痉挛肌肉，电针刺以舒筋通络，配合金匮肾气丸加减温补肾阳、通络止痛。局部外敷六香止痛活络膏舒筋止痛。

案五

陈某某，女性，61岁，因"腰部酸软疼痛不适1月"就诊。

患者于1月前无明显原因出现腰部疼痛，酸软无力，遇劳更甚，卧则减轻，腰肌萎软，喜按喜揉，面色潮红，手足心热。

查体：腰3椎体双侧横突压痛，局部可触及条索样改变。舌质红，少苔，脉弦细。X线检查可见第三腰椎双侧横突肥大。

中医诊断：腰痛病

辨证：肾阴亏虚证

西医诊断：第三腰椎横突综合征

治则：滋阴补肾，通络止痛

治法：

1. 手法治疗。腰部局部推拿。

2. 针灸治疗。选第三腰椎双侧横突，行提插捻转手法1~2分钟，然后向一个方向大幅度捻转至滞针为度，再用电针做电疗刺激，配穴人中（平补平泻）、命门（补法）、双侧委中（泻法、放血）、双侧太溪（补法）等，主穴配穴每10分钟行手法1次，并留针40分钟，每天1次，7天为一疗程。

3. 中药治疗。内服六味地黄汤加减；外用红冰止痛酊按摩；外贴六香止痛活络膏。

4. 其他治疗。刘氏拔罐放血。患者俯卧位，暴露拔罐放血部位，选取痛点，用梅花针叩击痛点致皮肤出血后，用火罐于皮肤出血处行拔罐放血疗法。

三天后二诊：腰部酸软疼痛症状减轻，活动度增加。

七天后三诊：腰部酸软疼痛症状好转，活动度明显增加。

十天后四诊：腰部酸软疼痛症状消失，活动度正常。

按语：

患者腰部疼痛，酸软无力，遇劳更甚，卧则减轻，腰肌萎软，喜按喜揉，面色潮红，手足心热，舌质红，少苔，脉弦细，属第三腰椎横突综合征，四诊合参，辨证肾阴亏虚证，治宜滋阴补肾、通络止痛。以轻柔手法弹拨局部痉挛肌肉，电针刺以舒筋通络，配合六味地黄汤加减滋阴补肾、通络止痛。局部外敷六香止痛活络膏舒筋止痛。

（十五）腰椎滑脱

案一

张某，女性，50岁，因"反复腰部疼痛5年，加重伴左下肢麻木10天"就诊。

患者于5年前无明显诱因出现腰部疼痛，未予特殊处理，病情反复发作，时轻时重。10天前患者因受寒后出现腰部疼痛加重，伴左下肢麻木，遇冷加重，在家休息未见好转。

中医诊断：腰痛病

辨证：寒湿痹阻证

西医诊断：腰4椎体滑脱

治则：温经散寒，祛湿通络

治法：

1. 手法治疗。刘氏腰椎滑脱整复手法。腰背、下肢从上到下用点、揉、推、滚等推拿手法，沿督脉、足太阳膀胱经进行，手法轻柔，然后点按肾俞、大肠俞、腰阳关、环跳、委中穴，如属前滑脱型滑脱部位禁用按压法。最后采用轻柔的理筋手法，时间15~20分钟为宜。

2. 针灸治疗。患者俯卧位，针刺双侧肾俞、大肠俞、腰阳关，左侧环跳、委中、承山穴，肾俞、大肠俞使用温针灸，时间20~30分钟为宜。

3. 中药治疗。口服双蛇活络颗粒散寒祛湿，通络止痛；外用术星风湿活络膏驱寒除湿。

两天后复诊：腰部疼痛伴左下肢麻木有所减轻，给予口服灵脂二乌祛痛片。

五天后复诊：腰部疼痛明显缓解，左下肢麻木未见进一步减轻。加强针刺左侧环跳、委中、承山穴，加用秩边、承扶穴。

七天后复诊：腰部疼痛伴左下肢麻木消失，久坐后腰部酸软无力，指导患者行飞燕式功能锻炼。

按语：

患者属外感寒湿之邪所致，故以驱寒除湿、通络止痛为主，予温针灸配合院内制剂灵脂二乌祛痛片、术星风湿活络膏达到驱寒除湿、通络止痛之效。

案二

李某，女性，70岁，因"反复腰部疼痛1年，加重7天"就诊。

患者于1年前无明显诱因出现腰部疼痛，未予特殊处理。7天前患者无明显诱因出现腰部疼痛加重，劳累后加重，自行购买膏药外敷治疗未见好转。

中医诊断：腰痛病

辨证：肝肾阴虚证

西医诊断：腰4椎体滑脱

治则：滋阴补肾，强筋壮骨

治法：

1. 手法治疗。刘氏腰椎滑脱整复手法。患者俯卧位，腰背、下肢从上到下进行点、揉、弹拨手法放松肌肉。然后取一直径约5 cm大小直杆平行地面，高于地面1 m以上，患者以肚脐稍下方为支点，俯卧于直杆上，一助手握患者双腿，另一助手握患者双肩，同时用力使患者屈曲。最后患者取仰卧位休息。

2. 针灸治疗。针刺双侧腰夹脊、肾俞、大肠俞、腰阳关、委中穴（以补为法）。

3. 中药治疗。口服养阴通络方加减滋阴补肾，强筋壮骨；外用六香止痛活络膏通络止痛。

4. 其他治疗。腰部中药熏洗。

两天后复诊：腰部疼痛有所减轻，给予腰部灸法。

五天后复诊：腰部疼痛明显缓解，予双侧肾俞、大肠俞温针灸。

七天后复诊：腰部疼痛消失，久坐后腰部酸软无力，指导患者行飞燕式功能锻炼。

按语：

腰为肾之府，肾主骨髓，患者年老，筋骨失养，故手法整复后口服中药以达到滋阴补肾、强筋壮骨之效。此外患者应重点加强腰背肌及腹部肌肉功能锻炼，防止滑脱复发及进一步加重。

案三

张某，男性，60岁，因"腰部疼痛伴双下肢麻木3天"就诊。

患者3天前因负重劳累后出现腰部疼痛伴双下肢麻木，休息未见好转。

中医诊断：腰痛病

辨证：气滞血瘀证

西医诊断：腰5椎体滑脱

治则：行气活血，通络止痛

治法：

1. 手法治疗。刘氏腰椎滑脱整复手法。腰背、下肢用点、揉、推、滚等推拿手法，手法轻柔，然后点按肾俞、大肠俞、腰阳关、环跳、委中穴，最后用按揉手法结束，时间15～20分钟为宜。

2. 针灸治疗。电针刺双侧腰夹脊、肾俞、委中穴（以泻为法）。

3. 中药治疗。口服身痛逐瘀汤加减行气活血，通络止痛；外用六黄止痛膏通络止痛、红冰止痛酊活血止痛；静脉滴注注射用血塞通/血栓通。

4. 其他疗法。患者取俯卧位，阿是穴行刺络拔罐法祛瘀通络止痛。

两天后复诊：腰部疼痛有所减轻，双下肢麻木未见明显缓解，给予静滴甘露醇注射液。

五天后复诊：腰部疼痛伴双下肢麻木明显缓解减轻。予腰部中药熏洗、腰部灸法通络止痛。

九天后复诊：腰部疼痛伴双下肢麻木消失，指导患者行飞燕式功能锻炼。

按语：

患者属于姿势不当或急性损伤导致，致经脉受损，血移脉外，经络不通，不通则痛，故治疗手法应轻柔，故采用刺络拔罐驱除局部瘀血，结合推拿手法及口服药物共同作用以达到行气活血、通络止痛之效。嘱患者注意休息，避免再次损伤。

案四

刘某，男性，70岁，因"反复腰部疼痛10年，加重伴活动受限7天"就诊。

患者于10年前无明显诱因出现腰部疼痛，未予特殊处理。7天前患者无明显诱因出现腰部疼痛加重，伴活动受限，劳累后加重。

中医诊断：腰痛病

辨证：肾阳虚衰证

西医诊断：腰4椎体滑脱

治则：温肾壮阳，通痹止痛

治法：

1. 手法治疗。刘氏腰椎滑脱整复手法；腰部推拿手法。沿督脉、足太阳膀胱经用按揉、推拿手法疏通经络，然后点按肾俞、大肠俞、腰阳关、环跳、委中穴，最后再用按揉法结束。

2. 针灸治疗。针刺双侧腰夹脊、肾俞、腰阳关、委中穴（以补为法）；肾俞、腰阳关行灸法温阳通络。

3. 中药治疗。口服温肾壮阳方加减，温肾壮阳，通痹止痛；口服地仲健骨颗粒，补益肝肾；外用六香止痛活络膏，通络止痛。

两天后复诊：腰部疼痛伴活动受限有所减轻，给予腰部中药热罨包治疗温经通络。

五天后复诊：腰部疼痛明显缓解，活动受限明显改善。予双侧肾俞、大肠俞温针灸。

七天后复诊：腰部疼痛进一步缓解，活动受限消失。口服地仲健骨颗粒温肾壮阳。

十天后复诊：腰部疼痛伴活动受限消失，久坐腰部酸软无力，加强行飞燕式功能锻炼。

按语：

患者老年男性，肾阳不足，脏腑经络失于温养，故畏寒肢冷。肾主骨，腰为肾之府，肾阳虚损，不能温养腰府及骨骼，故腰膝酸软。给予患者口服温肾壮阳方加减温肾壮阳，通痹止痛；口服地仲健骨颗粒补益肝肾，并与肾俞、腰阳关行灸法，以达温肾壮阳、通痹止痛之效。

案五

孙某，女性，52岁，因"腰部疼痛伴活动不利半月"就诊。

患者于半月前无明显诱因出现腰部疼痛伴活动不利，休息未见好转。

中医诊断：腰痛病

辨证：湿热痹阻证

西医诊断：腰5椎体滑脱

治则：清热祛湿，通络止痛

治法：

1. 手法治疗。刘氏腰椎滑脱整复手法；腰部推拿手法。患者取俯卧位，反复按揉腰部两侧肌肉韧带，在其肾俞、大肠俞、秩边穴进行点按，促进其缓解痉挛，放松肌肉，舒筋活络，恢复肌肉的弹力和正常张力，最后弹拨两侧肌肉。

2. 针灸治疗。针刺双侧腰夹脊、肾俞、委中穴（以补为法）；腰部灸法。

3. 中药治疗。口服清火利湿汤加减清热祛湿，通络止痛；洛芬待因缓释片止痛；静脉滴注注射用血塞通/血栓通；外用术星风湿活络膏祛湿止痛。

4. 其他疗法。患者取俯卧位，采用刮痧法，沿督脉、足太阳膀胱经进行，皮肤出现紫红色痧点或泛红即可停止，手法宜轻，两日内避免沾水。

两天后复诊：腰部疼痛伴活动不利有所减轻，给予腰部拔罐治疗通络止痛。

五天后复诊：腰部疼痛明显缓解，活动不利消失。予川仁祛风止痛片清热祛湿，通络止痛。

七天后复诊：腰部疼痛伴活动不利消失。指导患者行"飞燕式"功能锻炼。

按语：

患者感受湿热之邪侵袭，致局部经络闭阻，故通过刮痧疗法使经络穴位充血，改善局部血液循环，使邪气随痧点排出，再采用理经手法缓解肌肉痉挛。口服清火利湿汤加减、川仁祛风止痛片清热祛湿、通络止痛。

（十六）腰背肌筋膜炎

案一

叶某，男性，60岁，因"腰背部酸痛不适2天"就诊。

患者于2天前无明显原因出现腰背部酸痛，绵绵不休，晨起腰背部板硬刺痛，痛有定处，痛处拒按，活动后减轻。

查体：腰2～4椎棘突右侧旁开0.5 cm压痛，局部可触及条索样改变。舌暗紫，苔少，脉弦涩。X线检查无阳性体征。

中医诊断：腰痛病

辨证：气血凝滞证

西医诊断：腰背肌筋膜炎

治则：活血化瘀，行气止痛

治法：

1. 手法治疗。刘氏腰部推拿手法治疗以行气活血、通络止痛。

2. 针灸治疗。予电针刺阿是、肾俞、腰阳关、委中、昆仑等穴，以泻为法。

3. 中药治疗。内服身痛逐瘀汤加减；口服刘氏棱莪活血颗粒、八味活血片；外用红冰止痛酊按摩；外贴六黄止痛膏。

4. 其他治疗。配合腰部行中药熏洗；腰部灸法；予刘氏拔罐放血：患者俯卧位，暴露拔罐放血部位，选取痛点，用梅花针叩击痛点致皮肤出血后，用火罐于皮肤出血处行拔罐放血疗法。嘱患者注意腰部保暖，避免患部损伤。

三天后二诊：腰背部酸痛减轻，活动度增加。

六天后三诊：腰背部酸痛好转，活动度增加。

九天后四诊：腰背部酸痛消失，活动度正常。

按语：

患者腰背部酸痛，绵绵不休，晨起腰背部板硬刺痛，舌暗紫，苔少，脉弦涩，属腰背肌筋膜炎，四诊合参，辨证气血凝滞证，治宜活血化瘀、行气止痛。以重手法弹拨局部痉挛肌肉，电针刺以舒筋通络，配合身痛逐瘀汤加减活血化瘀、行气止痛。局部外敷六黄止痛膏活血止痛。

案二

谭某某，女性，43岁，因"腰背部冷痛不适1月"就诊。

患者于1月前因腰背部受凉后出现腰背部冷痛，腰背部疼痛板滞，转侧不利，疼痛牵及臀部、大腿后侧，阴雨天加重，伴恶寒怕冷。

查体：腰2~3椎棘突左侧旁开0.5 cm压痛，局部可触及条索样改变。舌淡，苔白腻，脉弦紧。X线检查无阳性体征。

中医诊断：腰痛病

辨证：风寒湿阻证

西医诊断：腰背肌筋膜炎

治则：祛风散寒，除湿通络

治法：

1. 手法治疗。刘氏腰部推拿手法治疗以散寒除湿、通络止痛。

2. 针灸治疗。予电针刺阿是、肾俞、委中、昆仑等穴，以泻为法。

3. 中药治疗。内服舒筋活血汤加减；口服刘氏双蛇活络颗粒；外用红冰止痛酊按摩；外贴术星风湿活络膏。

4. 其他治疗。配合腰部行中药熏洗；腰部灸法；予刘氏拔罐放血：患者俯卧位，暴露拔罐放血部位，选取痛点，用梅花针叩击痛点致皮肤出血后，用火罐于皮肤出血处行拔罐放血疗法。嘱患者注意腰部保暖，避免患部损伤。

三天后二诊：腰背部冷痛好转，活动度明显增加。

六天后三诊：腰背部冷痛消失，活动度正常。

按语：

患者腰背部冷痛，腰背部疼痛板滞，转侧不利，舌淡，苔白腻，脉弦紧，属腰背肌筋膜炎，四诊合参，辨证为风寒湿阻证，治宜祛风散寒、除湿通络。

以重手法弹拨局部痉挛肌肉，电针刺以舒筋通络，配合舒筋活血汤加减祛风散寒、除湿通络。局部外敷术星风湿活络膏祛风除湿止痛。

案三

李某某，男性，47岁，因"腰背部灼热疼痛不适1周"就诊。

患者于1周前阴雨天时出现腰背部灼热疼痛，热天或雨天加重，得冷稍减或活动后减轻；或见发热、身重，口渴、不喜饮。既往饮酒史30年，平均每日3两白酒。

查体：腰3～4椎棘突左侧旁开0.5 cm压痛，局部可触及条索样改变。舌红，苔黄腻，脉濡数。X线检查无阳性体征。

中医诊断：腰痛病

辨证：湿热蕴结证

西医诊断：腰背肌筋膜炎

治则：清热除湿，舒筋止痛

治法：

1. 手法治疗。刘氏腰部推拿手法治疗以清热除湿、舒筋止痛。

2. 针灸治疗。予电针刺阿是、肾俞、委中、昆仑等穴（以泻为法）。

3. 中药治疗。内服四妙散加减；口服刘氏川仁祛风止痛片；外用红冰止痛酊按摩；外贴六香止痛活络膏。

4. 其他治疗。腰部行中药熏洗；予刘氏拔罐放血：患者俯卧位，暴露拔罐放血部位，选取痛点，用梅花针叩击痛点致皮肤出血后，用火罐于皮肤出血处行拔罐放血疗法。嘱患者注意腰部保暖，避免患部损伤。

三天后二诊：腰背部灼热疼痛好转，活动度明显增加。

六天后三诊：腰背部灼热疼痛消失，活动度正常。

按语：

患者腰背部灼热疼痛，热天或雨天加重，得冷稍减或活动后减轻，舌红，苔黄腻，脉濡数，属腰背肌筋膜炎，四诊合参，辨证湿热蕴结证，治宜清热除湿、舒筋止痛。以重手法弹拨局部痉挛肌肉，电针刺以舒筋通络，配合四妙散加减清热除湿、舒筋止痛。局部外敷六香止痛活络膏舒筋止痛。

案四

张某某，男性，65 岁，因"腰背部酸胀痛不适 2 月"就诊。

患者于 2 月前无明显原因出现腰背酸胀痛，时轻时重，劳累后加重，休息后缓解。

查体：腰 3~4 椎棘突双侧旁开 0.5 cm 压痛，局部可触及条索样改变。苔红，苔少，脉弦细。X 线检查无阳性体征。

中医诊断：腰痛病

辨证：肝肾亏虚证

西医诊断：腰背肌筋膜炎

治则：补益肝肾，强筋健骨

治法：

1. 手法治疗。刘氏腰部推拿手法治疗以补益肝肾、舒筋止痛。

2. 针灸治疗。予电针刺阿是、肾俞、腰阳关、委中、昆仑等穴（以补为法）。

3. 中药治疗。内服六味地黄汤加减；口服刘氏地仲健骨颗粒；外用红冰止痛酊按摩；外贴六香止痛活络膏。

4. 其他治疗。腰部行中药熏洗；腰部灸法治疗；予刘氏拔罐放血：患者俯卧位，暴露拔罐放血部位，选取痛点，用梅花针叩击痛点致皮肤出血后，用火罐于皮肤出血处行拔罐放血疗法。嘱患者注意腰部保暖，避免患部损伤。

三天后二诊：腰背部酸胀痛减轻，活动度增加。

三天后二诊：腰背部酸胀痛好转，活动度明显增加。

六天后三诊：腰背部酸胀痛消失，活动度正常。

按语：

患者腰背酸胀痛，时轻时重，劳累后加重，舌红，苔少，脉弦细，属腰背肌筋膜炎，四诊合参，辨证肝肾亏虚证，治宜补益肝肾、强筋健骨。以轻柔手法弹拨局部痉挛肌肉，电针刺以舒筋通络，配合六味地黄汤加减补益肝肾、强筋健骨。局部外敷六香止痛活络膏舒筋止痛。

（十七）跟痛症

案一

李某，女，58岁，因"反复双足跟痛3年，加重3天"就诊。

患者于3年前无明显诱因出现双足跟痛，疼痛如针刺，左侧甚于右侧。3年来常服用各种中药及西药治疗，均没有达到预期效果。3天前自觉双足跟痛加重，经休息及自行按摩贴膏药后症状无明显缓解。舌质暗，苔薄白，脉涩。

中医诊断：足跟痛

辨证：血瘀气滞证

治则：宣通气血，逐瘀止痛

治法：

1. 手法治疗。

理筋按摩，在痛点及其周围作按摩推揉，以松解肌肉痉挛，调理气血流行，减轻患部疼痛。

2. 针灸治疗。

（1）针刺昆仑、太溪、足三里、三阴交、涌泉等穴，取泻法，一日一次。

（2）药艾外灸，取阿是穴，药艾距穴位的间距以患者能耐受为度，灸至患处皮色发红，每次灸20~30分钟，每日一次。

按语：

本法能宣通气血，逐瘀止痛。治疗1周后患者自诉足跟痛减去大半，连续治疗4周，症状基本缓解。

案二

龚某，男，60岁。因"左足跟部疼痛5年，加重1天"就诊。

5年前患者晨练后左足跟有轻微疼痛，休息后减轻，未经过处理，仍坚持晨练。1天前因长途行走，左足跟疼痛加重，呈持续性，向脚掌放射，无法正常行走，影响正常生活。前来就诊。舌质暗，苔薄白，脉涩。

中医诊断：左跟痛症

辨证：血瘀气滞证

治则：活血通络，镇痛

治法：

1. 手法治疗。

（1）滚法。患者俯卧位，患侧屈膝90度，足底向上，医者以滚法施于足跟底部，重点在足跟压痛点及周围，约10分钟，辅以掌擦法使足跟温热。

（2）按揉法。患者俯卧位，医者以大拇指从足跟部沿跖筋膜按揉数遍，再配合弹拨跖筋膜，重点在跟骨附着点及然谷穴，最后顺跖筋膜方向用掌擦法，以透热为度。

（3）按摩法。患者俯卧位，医者从患肢小腿腓肠肌起，至跟骨基底部，自上而下以抚摩、揉捏、推按、点压、叩击的手法顺序施治，使局部产生热胀轻松感。（取穴：三阴交、金门、太溪、阴陵泉、然谷、照海、昆仑）

（4）叩击法。患者俯卧屈膝位，足心向上，医者一手推住踝部固定，一手以掌根叩击痛点，由轻至重逐渐加力。

2. 中药口服。口服八味活血片散瘀止痛，舒筋活血。

3. 中药外洗。配合连艾活血洗药外用。经治疗5天后足跟部疼痛有所缓解。继续治疗3周后症状基本缓解。

按语：

跟痛症是多种慢性疾患所致的足跟跖面疼痛，步行或站立时疼痛加重，肥胖者多见，常见于中老年人，特别是45～60岁发病最多。临床主要以单足或双足跟部在站立或行走时疼痛为主要特征，给日常生活带来极大的影响。

案三

李某，女，52岁，因"反复双足跟疼痛5年，加重1月"就诊。

患者于5年前因久行后出现双足跟疼痛，足跟痛如针刺，左侧甚于右侧，脚底麻木重着。5年来常服用各种中成药及西药治疗，治疗效果均不明显。1月前患者再次因长时间行走出现双足跟疼痛加重，经针灸、推拿及外用膏药后疼痛仍未见减轻，遂于今日前来就诊。舌质暗淡瘀紫，苔白腻，脉沉涩。

中医诊断：足跟痛

辨证：血虚痰瘀证

治则：温补阳气，健脾燥湿，活血化瘀

治法：

中药治疗。方药：当归四逆汤与二陈汤合方加味。

当归 10 g	白芍 10 g	桂枝 10 g	细辛 10 g
通草 6 g	大枣 25 枚	姜半夏 15 g	陈皮 15 g
茯苓 12 g	生姜 18 g	乌梅 2 g	生川乌 10 g
炙甘草 6 g			

6 剂，水煎服，每天 1 剂，每日 3 服。

复诊：足跟疼痛缓解，以前方 6 剂。

三诊：脚底麻木减轻，以前方 6 剂。

四诊：足跟痛基本缓解。

按语：

患者反复足跟痛伴脚底麻木重着 5 年余，5 年来应用各种中成药、西药及中医外治疗法均未见明显减轻，本次前来就诊，四诊见舌质暗淡瘀紫，苔白腻，脉沉涩，故辨证为血虚痰瘀证，遂采用中药内治法，予温补阳气、健脾燥湿、活血化瘀。

案四

王某，女，47 岁，患者因"双足跟疼痛 4 月"前来就诊。

患者于 4 月前无明显诱因出现双足跟痛，迈步困难，整日足不出户，双足局部皮色如常，不红不肿，自觉双足冷痛。曾行艾灸治疗，症状无减轻。舌淡胖，脉沉细。

中医诊断：足跟痛

辨证：寒湿痹阻证

治则：益气温经，活血通络

治法：

1. 中药治疗。方药：补阳还五合附桂八味，当归四逆加吴茱萸汤合方化裁。

生黄芪 60 g	当归 20 g	附子 20 g	地黄 20 g
肉桂 10 g	川牛膝 10 g	木瓜 10 g	乳香 10 g
没药 10 g	通草 10 g	细辛 6 g	防己 10 g

泽泻 10 g　　　吴茱萸 15 g　　　茯苓 15 g　　　白芍 30 g

炙甘草 15 g　　　楮实子 20 g　　　威灵仙 20 g　　　鲜生姜 10 片

大枣 10 枚

5 剂，水煎服，每天 1 剂，每日 3 服。

2. 中药外洗。配合连艾活血洗药外用。

上法，内外兼治，一日痛缓，二日后可走路。5 日后自觉症状消失，当年冬季亦未冻脚。

按语：

考虑足少阴肾经经脉"入跟中"，肾虚精怯，经脉失养，加之湿盛气虚，气血失于周流，寒湿痹阻，不通则痛。

案五

姚某，男，53 岁，因"双足跟疼痛 2 年"就诊。

患者于 2 年前无明显诱因出现双足跟疼痛，晨起行走时疼痛明显，活动后疼痛反有所减轻，曾于外院行 X 线检查提示双侧跟骨有骨刺。求治于多家医院，局部保守治疗、封闭都无效，严重影响工作和生活，遂求治于我院。舌质淡，苔薄白，脉弦紧。

中医诊断：足跟痛

辨证：寒湿痹阻证

治则：散寒祛湿，通络止痛

治法：

1. 灸法治疗。取阿是穴，用鲜姜片 1 块，贴于皮肤上，将艾绒捏成大艾灶置于姜块上施灸，每穴灸至皮肤潮红为度。

2. 针刺治疗。针刺太溪、申脉、仆参穴，留针 30 分钟。

经治疗 1 次即感疼痛明显减轻。治疗 7 次，疼痛完全消失，行走自如。

按语：

本患者辨证属寒湿痹阻，先采用隔姜灸治疗以散寒祛湿，再以针刺疗法通络止痛，治疗 1 次便取得明显效果。临证中，应首先辨证准确，以更好地辨证论治。

（十八）踝关节扭伤

案一

王某，男性，42岁，因"左踝部肿痛伴活动功能受限1天"就诊。

患者于1天前下楼梯时扭伤左踝关节致伤。伤后左踝部剧烈疼痛，肿胀，活动功能受限。当时未引起重视，未做何处理。今日因左踝部肿痛疼痛加重，来我院诊治。经临床查体并摄 DR 片检查后，诊断为左踝关节扭伤。患者诉左外踝部胀痛明显，活动功能受限。舌黯，苔薄白，脉弦。

中医诊断：左踝关节扭伤

辨证：血瘀气滞证

西医诊断：左踝关节扭伤

治则：行气活血，消瘀止痛

治法：

1. 采用刘氏手法治疗后，行斜扳法纠正关节错缝，予钢丝托板外固定，平卧位制动休息。

2. 针灸治疗。针刺左侧足三里、承山、三阴交、解溪、昆仑、阿是等穴治疗。

3. 中药治疗。方药：活血止痛汤加减。

苏木 20 g	当归 15 g	乳香 10 g	川芎 10 g
陈皮 10 g	赤芍 10 g	没药 10 g	土鳖虫 10 g
红花 10 g	桃仁 10 g	三七 15 g	

煎服法：加清水 1000 ml 煎至 600 ml，一日一剂，分三次服用，每次 200 ml。

方解：

跌打损伤后，淤血阻滞，脉道不通，局部肿痛难忍。因气伤痛，形伤肿。气无形，血有形，伤血必及气，故肿且痛，固定不移。治当活血化瘀、消肿止痛之法。方中当归、红花、川芎、赤芍、苏木活血通经；乳香、没药、三七活血止痛；土鳖虫、桃仁破瘀通经、消肿止痛；陈皮理气化滞。诸药合用共奏活血化瘀、通经止痛之效。若患者出现疼痛加重，可加用延胡索、木香等以行气止痛。

口服：参归紫金颗粒 5.0 g tid、八味活血片 1.2 g tid 活血化瘀。

外用：六黄散外敷 qd，红冰止痛酊 10 ml tid 通络止痛。

第二天复诊：左踝部疼痛及肿胀减轻，活动度增加，患肢远端感觉活动及血循环良好。治疗方法同前。

第五天复诊：左踝部疼痛及肿胀进一步减轻，活动度增加，患肢远端感觉活动及血循环良好。继续给予中药内服及外用。针刺左侧足三里、承山、三阴交、解溪、昆仑、阿是等穴治疗。

第十天复诊：左踝部疼痛及肿胀明显改善，活动度正常，患肢远端感觉活动及血循环良好。继续给予中药内服及外用。针刺左侧足三里、承山、三阴交、解溪、昆仑、阿是等穴治疗，左踝部中药熏药、灸法治疗。

第十四天复诊：左踝部疼痛及肿胀消失，活动度正常，患肢远端感觉活动及血循环良好。

案二

余某，女性，58 岁，因"左踝部肿痛伴活动功能受限 2 小时"就诊。

患者于 2 小时前因行走不慎扭伤左踝关节，伤后左踝部剧烈疼痛，肿胀，活动功能受限。随即来我院诊治。临床查体并摄 DR 片检查后，诊断为左踝关节扭伤。患者左外踝部胀痛明显，活动功能受限。舌黯，苔薄白，脉弦。

中医诊断：左踝关节扭伤

辨证：血瘀气滞证

西医诊断：左踝关节扭伤

治则：行气活血，消瘀止痛

治法：

1. 采用刘氏手法治疗后，行斜扳法纠正关节错缝，予钢丝托板外固定，平卧位制动休息。

2. 针灸治疗。针刺左侧足三里、承山、三阴交、解溪、昆仑、阿是等穴治疗。

3. 中药治疗。方药：活血止痛汤加减。

苏木 20 g	当归 15 g	乳香 10 g	川芎 10 g
陈皮 10 g	赤芍 10 g	没药 10 g	土鳖虫 10 g
红花 10 g	桃仁 10 g	三七 15 g	

煎服法：加清水 1000 ml 煎至 600 ml，一日一剂，分三次服用，每次 200 ml。

方解：

跌打损伤后，瘀血阻滞，脉道不通，局部肿痛难忍。因气伤痛，形伤肿。气无形，血有形，伤血必及气，故肿且痛，固定不移。治当活血化瘀、消肿止痛之法。方中当归、红花、川芎、赤芍、苏木活血通经；乳香、没药、三七活血止痛；土鳖虫、桃仁破瘀通经、消肿止痛；陈皮理气化滞。诸药合用共奏活血化瘀、通经止痛之效。若患者出现疼痛加重，可加用延胡索、木香等以行气止痛。

口服：参归紫金颗粒 5.0 g tid、八味活血片 1.2 g tid 活血化瘀。

外用：六黄散外敷 qd，红冰止痛酊 10 ml tid 通络止痛。

第二天复诊：左踝部疼痛及肿胀减轻，活动度增加，患肢远端感觉活动及血循环良好。治疗方法同前。

第五天复诊：左踝部疼痛及肿胀进一步减轻，活动度增加，患肢远端感觉活动及血循环良好。继续给予中药内服及外用。针刺左侧足三里、承山、三阴交、解溪、昆仑、阿是等穴治疗。

第十天复诊：左踝部疼痛及肿胀明显改善，活动度正常，患肢远端感觉活动及血循环良好。继续给予中药内服及外用。针刺左侧足三里、承山、三阴交、解溪、昆仑、阿是等穴治疗，左踝部中药熏药、灸法治疗。

第十四天复诊：左踝部疼痛及肿胀消失，活动度正常，患肢远端感觉活动及血循环良好。

案三

周某，男，48 岁，因"右踝部肿痛伴活动功能受限 14 天"就诊。

患者于 2 周前因行走时不慎扭伤右踝关节，伤后右踝部剧烈疼痛，肿胀，活动功能受限。自行在家中冰敷处理。因右踝部疼痛来院就诊。临床查体并摄 DR 片检查后，诊断为右踝关节扭伤。患者右内踝部胀痛不适，活动功能部分受限。舌黯，苔薄白，脉弦。

中医诊断：右踝关节扭伤

辨证：筋脉失养证

西医诊断：右踝关节扭伤

治则：养血壮筋，滋补肝肾

治法：

1. 手法治疗。先行放松肌肉，常用手法为表面摩、揉、推、按等。

2. 针灸治疗。针刺右侧足三里、承山、三阴交、解溪、昆仑、阿是等穴治疗。

3. 中药治疗。方药：补肾壮筋汤加减。

白芍 15 g	青皮 15 g	山萸肉 15 g	熟地 15 g
杜仲 15 g	川牛膝 15 g	菟丝子 15 g	茯苓 15 g
当归 10 g	五加皮 10 g	续断 15 g	甘草 6 g

煎服法：加清水 1000 ml 煎至 600 ml，一日一剂，分三次服用，每次 200 ml。

方解：

方中熟地、当归、白芍、山茱萸补益肝肾之精血，精血充旺，则筋骨强壮；配以杜仲、牛膝、五加皮补益肝肾，强壮筋骨；茯苓、青皮理气益脾，以助运化。诸药合用，共凑补肝肾、强筋骨之效。

口服：地仲健骨颗粒 5.0 g tid 补肝肾、强筋骨。

外用：连艾活血洗药外洗。

第二天复诊：右踝部疼痛、肿胀减轻，活动度增加，患肢远端感觉活动及血循环良好。治疗方法同前。

第五天复诊：右踝部疼痛及肿胀进一步减轻，活动度增加，患肢远端感觉活动及血循环良好。继续给予中药内服及外用。针刺右侧足三里、承山、三阴交、解溪、昆仑、阿是等穴治疗。

第十天复诊：右踝部疼痛及肿胀明显改善，活动度正常，患肢远端感觉活动及血循环良好。继续给予中药内服及外用。针刺右侧足三里、承山、三阴交、解溪、昆仑、阿是等穴治疗，右踝部中药熏药、灸法治疗。

第十四天复诊：右踝部轻度疼痛，无明显肿胀，活动度基本正常，患肢远端感觉活动及血循环良好。继续给予中药内服及外用。针刺右侧足三里、承山、三阴交、解溪、昆仑、阿是等穴治疗，右踝部中药熏药、灸法治疗。

第十八天复诊：右踝部疼痛及肿胀消失，活动度正常，患肢远端感觉活动及血循环良好。

按语：

踝关节扭伤是一种常见的软组织损伤，无骨折、错位、皮肉损伤等情况，多是超负荷剧烈运动或负重时姿势不当或意外跌倒或过度扭转关节等，导致踝关节的肌腱和皮肤受损，气血阻滞使经络不通，出现扭伤部位疼痛，关节屈伸活动不利，继而出现肿胀，扭伤处肌肤因扭伤程度不同而发红或青紫。《素问·阴阳应象大论》曰："故先痛而后肿者，气伤形也；先肿而后痛者，形伤气也。"《灵枢·刺节真邪》曰："用针者，必先察其经络之实虚，切而循之，按而弹之，视其应动者，乃后取之而下之。"《素问·阴阳应象大论》曰："故善用针者，从阴引阳，从阳引阴，以右治左，以左治右。"《灵枢·终始》曰："病在上者，下取之；病在下者，高取之。"《金针赋》云："且夫下针之先，须爪按重而切之。"重按则气散，进针不痛，正如《标幽赋》所云："左手重而多按，欲令气散；右手轻而徐入，不痛之因。"故重按后快速进针，古人云"刺之要，气至而有效""气速至而效速"，故得气后强刺激以加强针感。《素问·缪刺论》曰："邪客于臂掌之间，不可得屈。刺其踝后，先以指按之痛，乃刺之。"《素问·举痛论》云："百病生于气。"凡与气机阻滞有关的疾病，皆可泻本穴，以奏行气散滞之效。三阴交为脾经穴位，亦是三阴经交会穴，《针灸大成》云"如经脉闭塞不通，泻之立通"，故泻本穴可活血祛瘀。针灸可以有效激活内源性镇痛系统，使体内类阿片样物质的含量增多，发挥镇痛作用；还可通过神经—体液调节，减少损伤部位的血液渗出状况，促进新陈代谢，加快吸收，缓解各种代谢产物对扭伤部位的刺激，从而达到活血化瘀止痛的目的。

踝关节扭伤多有外伤史，因此在治疗前应排除骨折与脱位以及有无韧带断裂，同时还要观察局部肿胀是否严重，若有上述情况则应暂不作手法治疗，应等肿胀消退或骨折脱位痊愈后方可采用手法治疗。

针灸治疗扭伤有较好疗效，若扭伤后立即采用手足同名经对应取穴法，随咳进针，同时令患者活动患部，常有针入痛止之效。可配合推拿、药物熏洗等疗法。

二、医 话

（一）桡骨远端骨折

桡骨远端骨折是指距桡骨远端关节面 3 cm 以内的骨折，是松质骨和密质骨的交界处，力学结果较弱，占据 8% 到 15% 的骨科急诊病例，是骨科较为常见的骨折之一。若处理不当，或者处理不及时，可能会对患者腕关节功能造成不可修复的负面影响。骨折手法复位配合小夹板固定治疗桡骨远端骨折在我国已经有较长的历史。目前，中医正骨手法为了纠正骨折侧方移位，恢复关节面的平整和掌倾角与尺偏角，以"提按挤压""拔伸牵引""掌屈尺偏"为基本要点。但是，目前在固定治疗过程中，桡骨远端骨折的闭合手法复位、小夹板固定仍有些技术难点，特别是在骨折断端复位固定过程中的断端短缩、再移位及畸形愈合的问题，严重影响了骨折的治疗效果和预后功能恢复。基于上述难点，刘育才主任医师在传统骨折整复手法基础上改良了复位手法及小夹板压垫固定，以期为防治骨折再移位提供有意义的指导。

1. 手法复位

第一步：折顶屈曲。助手和医者站于患者前后，患者患肢旋前体位，医者和助手对骨折断端用力作对抗牵引 2～5 分钟，以此松解骨折断端的嵌顿，并矫正桡骨远端的短缩畸形，恢复桡骨高度。随后，医者双侧大拇指挤压骨折断端并顺势将患腕关节向下牵拉，使患者的腕关节尽量接近极度的屈曲，以此恢复患者的掌倾角。

第二步：挤压。两名助手做轻度的骨折断端对抗，医者将自己双手的掌根部放置于患者骨折断端的掌侧和背侧，并作纵向挤压，使得骨折断端平整，以此矫正骨折断端的背侧成角移位。对于有骨折块桡偏移位的患者，可以再挤压尺桡关节进行复位。

第三步：尺偏。在上手法后，将患腕关节保持中立位，然后医者将其尽量尺偏，以此矫正尺偏角。最后，在助手保持屈曲、尺偏的状态下，医者触诊再一次检查骨折复位情况。

2. 小夹板外固定

两名助手维持对抗牵引状态下，医者在患者桡骨骨折远端外侧放一压垫，在尺骨茎突外侧下段放一压垫，患处外敷膏药，再予小夹板外固定，共用三根扎带固定。操作时先在夹板中间段固定，调节好夹板两端及压垫的位置后，再固定远端和近端。最后，用普通医用绷带缠绕在夹板外，悬吊患肢于胸前。

3. 骨折愈合评定标准

桡骨远端骨折局部压痛阴性，纵向叩击痛阴性，且骨折局部无反常活动；影像检查 X 线片可见骨折处有骨痂连续通过，骨折线逐渐消失；功能检查上肢向前平举 1 千克重物可持续 1 分钟以上，且患者无不适感即为临床愈合。

（二）锁骨骨折

锁骨呈 S 形架于胸骨柄与肩峰之间，是连接上肢与躯干之间的唯一骨性支架。锁骨位于皮下，表浅，受外力作用时易发生骨折，发生率占全身骨折的 5%~10%。

主要表现为局部肿胀、皮下淤血、压痛或有畸形，畸形处可触到移位的骨折断端，如骨折移位并有重叠，肩峰与胸骨柄间距离变短。伤侧肢体功能受限，肩部下垂，上臂贴胸不敢活动，并用健手托扶患肘，以缓解因胸锁乳突肌牵拉引起的疼痛。触诊时骨折部位压痛，可触及骨擦音及锁骨的异常活动。幼儿青枝骨折畸形多不明显，且常不能自诉疼痛部位，但其头多向患侧偏斜、颌部转向健侧，此特点有助于临床诊断。有时直接暴力引起的骨折，可刺破胸膜发生气胸，或损伤锁骨下血管和神经，出现相应症状和体征。

本病的辅助检查方法主要是影像学检查，锁骨骨折常发生在中段。多为横断或斜形骨折，内侧断端因受胸锁乳突肌的牵拉常向上后移位，外侧端受上肢的重力作用向内、下移位，形成凸面向上的成角、错位缩短畸形。

疑有锁骨骨折时需摄 X 线像确定诊断。一般中 1/3 锁骨骨折拍摄前后位及向头倾斜 45°斜位像。拍摄范围应包括锁骨全长、肱骨上 1/3、肩胛带及上肺野，必要时需另拍摄胸片。前后位像可显示锁骨骨折的上下移位，45°斜位像可观察骨折的前后移位。

婴幼儿的锁骨无移位骨折或青枝骨折有时在原始 X 线像上难以明确诊断，可于伤后 5~10 天再复查拍片，常可呈现有骨痂形成。

外 1/3 锁骨骨折中，一般可由前后位及向头倾斜 40°位 X 线像做出诊断。锁骨外端关节面骨折，常规 X 线像有时难以做出诊断，常需摄断层 X 线像或行 CT 检查。

锁骨内 1/3 前后位 X 线像与纵隔及椎体相重叠，不易显示出骨折。拍摄向头倾斜 40°~45°X 线像，有助于发现骨折线。在检查时，不能满足于 X 线正位片未见骨折而诊断为软组织损伤，需仔细检查是否有锁骨内端或对局部骨折征象，以便给予正确的诊断。

CT 检查多用于复杂的锁骨骨折，如波及关节面及肩峰的骨折。尤其对关节面的骨折优于 X 线检查。

患者有上肢外展跌倒或局部被暴力直接打击等外伤史，伤后肩部出现疼痛，上肢不敢活动。X 线片可确诊，并显示骨折移位及粉碎情况。

视骨折类型、移位程度酌情选择相应的治疗。

1. 手法治疗

（1）青枝骨折

多为儿童，对无移位者以"8"字绷带固定即可，对有成角畸形者，复位后仍以"8"字绷带维持对位。对有再移位倾向的较大儿童，则以"8"字石膏绷带为宜。

（2）成年人无移位的骨折

以"8"字石膏绷带固定 6~8 周，并注意对石膏的塑形以防发生移位。

（3）有移位的骨折

均应在局部麻醉下先行手法复位，之后再施以"8"字石膏固定，其操作要领如下：患者端坐，双手叉腰挺胸、仰首及双肩后伸。术者立于患者后方，双手持住患者双肩前外侧处（或双肘外侧）朝后上方用力，使其仰伸挺胸，同时用膝前部抵于患者下胸段后方形成支点，如此可使骨折获得较理想的复位。在此基础上再行"8"字石膏绷带固定。为避免腋部血管及神经受压，于缠绕石膏绷带的全过程中，助手应在蹲位状态下用双手中指、食指呈交叉状置于患者双侧腋窝处。石膏绷带通过助手双手中指、食指缠绕，并持续至石膏绷带成形为止。在一般情况下，锁骨骨折并不要求完全达到解剖对位，只要不是非常严重的移位，骨折愈合后均可获得良好的功能。

2. 药物治疗

骨折初期（伤后 1~2 周）。骨断筋伤，气肿于形，辨证为血瘀气滞证。治疗当以行气活血、消瘀止痛为主。可予以院内制剂八味活血片 1.2 g tid 活血化瘀，棱莪活血颗粒 12 g tid 消瘀止痛（糖尿病患者慎用此药）。中药汤剂可予以桃红四物汤加减或活血止痛汤加减。

骨折中期（伤后 2~4 周）。瘀血渐消，血肿机化，辨证为瘀血凝滞证。治疗当以调营和卫、续筋接骨为主。可予以院内制剂竭归接骨颗粒 18 g tid 续筋接骨。

骨折后期（伤后 4~6 周及以后）。骨折初步愈合，筋骨未健，筋脉痿软，辨证为肝肾亏虚证，治疗当以补益肝肾、强筋壮骨为主。可予以院内制剂地仲健骨颗粒 5 g tid 强筋壮骨。

手术治疗指征包括开放骨折，合并血管、神经损伤的骨折，有喙锁韧带断裂的锁骨外端或外 1/3 移位骨折，骨折不连接。内固定方法可视骨折的类型和部位等不同，选择"8"字钢丝、克氏针或钢板螺钉固定。

本病如无并发症，预后良好。

（三）肱骨外科颈骨折

肱骨外科颈位于解剖颈下方 2~3 cm，是肱骨头松质骨和肱骨干皮质骨交界的部位，很易发生骨折。各种年龄均可发生，老年人较多。

患肩肿胀，前、内侧常出现瘀血斑。骨折有错位时，上臂较健侧略短，可有外展或内收畸形。大结节下部骨折处有明显压痛，肩关节活动受限。若骨折端有嵌插，在保护下可活动肩关节。注意与肩关节脱位鉴别。如合并臂丛、腋动静脉及腋神经损伤，可出现相应体征。

1. 影像学表现

影像学表现分为内收或外展型、伸展型和屈曲型等三个类型。

（1）内收或外展型损伤。最常见。X 线正位片所见骨折线为横行，骨折轻度向内或向外成角，远折端呈内收或外展状态。侧位片上均无明显向前或向后成角、错位改变。肱骨外科颈骨折常合并肱骨大结节骨折，表现为撕脱的蝶形骨折片。

（2）伸展型损伤。是间接外力引起的损伤。X 线特点为骨折线横行，骨折向前成角，远折端向前错位，肱骨头后倾，关节面向后。

（3）屈曲型损伤。是较少见的间接外力引起的损伤。骨折向后成角畸形，远折端向后上移位。

手或肘部着地摔伤史或肩部直接暴力击伤史，肩部疼痛，活动加重。X 线片可确诊，且可显示骨折类型及移位情况。

2. 肱骨外科颈骨折与肩关节脱位鉴别要点

（1）外科颈骨折。肩外形—正常，贴胸试验—阴性，肱骨头位置—正常。

（2）肩关节脱位。肩外形—方肩，贴胸试验—阳性，肱骨头位置—移位。

3. 手法治疗

（1）无移位骨折。

线形或嵌插无移位的骨折，用超肩夹板固定患肢，三角巾悬吊胸前 3 ~ 4 周（定期调整骨折外固定夹板），早期进行功能锻炼。

（2）外展型骨折。

轻度畸形或嵌入及年老体弱者，不需复位，腋下安放棉垫，患肢贴胸固定 3 ~ 4 周后，进行肩关节功能锻炼。畸形大或移位明显者，需手法复位、超肩夹板外固定，4 ~ 6 周后活动肩关节及肘关节。

（3）内收型骨折。

治疗原则同外展型，复位手法相反。超肩夹板固定后，腋下可置小枕，防止患者内收，保持上肢外展位。

4. 手术治疗

骨折间有软组织嵌入或骨折合并肩关节脱位，手法复位或外固定失败者；治疗时间较晚已不能手法整复者，特别是青壮年患者，可行开放复位，并根据情况适当选用钢板螺丝钉、拉力螺钉或克氏针等内固定治疗。

5. 肱骨外科颈骨折的药物治疗

骨折初期（伤后 1~2 周）。骨断筋伤，气肿于形，辨证为血瘀气滞证。治疗当以行气活血、消瘀止痛为主。可予以院内制剂八味活血片 1.2 g tid 活血化瘀，棱莪活血颗粒 12 g tid 消瘀止痛（糖尿病患者慎用此药）。中药汤剂可予以桃红四物汤加减或活血止痛汤加减。

骨折中期（伤后 2~4 周）。瘀血渐消，血肿机化，辨证为瘀血凝滞证。治疗当以调营和卫、续筋接骨为主。可予以院内制剂竭归接骨颗粒 18 g tid 续筋接骨。

骨折后期（伤后 4~6 周及以后）。骨折初步愈合，筋骨未健，筋脉痿软，辨证为肝肾亏虚证，治疗当以补益肝肾、强筋壮骨为主。可予以院内制剂地仲健骨颗粒 5 g tid 强筋壮骨。

（四）腰椎压缩性骨折

腰椎压缩性骨折是指以腰椎椎体纵向高度被外力"压扁"为主要表现的一种脊柱骨折，是脊柱骨折中最常见的一种类型。好发于腰 1 腰 2 椎体。多由前曲外伤造成。

椎体前半部压缩，脊椎后部的椎弓及附件正常，椎体通常呈楔形样改变，双凹样变。整体压缩样变，年轻患者多因垂直巨大暴力引起，老年患者因骨质疏松轻微暴力即可引起，骨折以腰背部肿痛、活动受限为主要症状，少有神经症状。此种骨折有时症状轻微，伤后患者仍能正常行走，甚至能继续参加一定体力劳动，常被人忽略或被医生误认为脊柱扭伤，未予以重视，给予及时治疗，造成慢性脊柱炎，产生长期腰背部酸软疼痛，活动乏力。

腰椎压缩性骨折按形成原因可分为外伤性和自发性两类。前者指遭受纵向压缩力，人体直立坠落或重物直接砸伤，或铰链折力使脊柱极度屈伸等间接暴力所致的腰椎压缩性骨折。后者是指因骨质疏松、退行性变、感染、肿瘤等病理性原因引起腰椎自发性或轻微暴力作用下所形成的骨折。

患者腰部胀痛，不能站立或行走，翻身困难，脊柱的各个方向运动受限。体格检查时发现脊柱畸形，伤处血肿和叩击痛，甚至轻微抬高下肢即引起腰部疼痛。检查前应详细询问外伤史、受伤原因、受伤姿势、受伤部位、伤后有无感觉（即运动障碍）、现场抢救（即处理情况）。腰椎损伤者可触及后突成角畸形，有利于损伤定位，结合病史，注意有无脏器合并伤及脊髓损伤，如有上述损伤出现，应及时准确对症处理。

1. X 线检查

X 线正侧位及双斜位片可确定脊柱损伤情况。阅读 X 线片时应注意椎体是否有压缩、裂缝，粉碎性骨折的程度及骨折移位情况，并定量计算。还应注意椎管、椎间孔是否变形，椎体附件是否骨折，椎间隙是否等宽、棘突是否在同一直线上，注意椎骨轮廓、骨小梁结构及上下椎对比。

对可疑骨折或者怀疑有椎管及脊髓损伤的病人，则需要通过 MRI、CT、同位素骨扫描等检查。MRI 可鉴别新鲜骨折及陈旧性骨折，最终做出正确诊断。腹部彩超检查腹腔脏器及血管有无损伤。血常规、大小便、心电图了解患者整个身体情况。

2. 诊断要点

根据患者受伤史、腰椎骨折的症状、体征、结合 X 线、CT、MRI 等检查，可做出明确诊断。

3. 鉴别诊断

注意有无复合伤。常合并腹腔脏器损伤及休克，仔细检查应有相应的症状与体征，CT 或 MRI 检查可协助了解这些损伤情况。注意是否合并脊髓损伤要系统而详细检查，结合 CT、神经肌电图检查来判断，如有脊髓损伤，可见相应的症状和体征。

4. 辨证分析

由于外力作用于腰椎，而发生腰椎骨折。腰部经脉及筋骨受损，骨断筋伤，血溢脉外，造成血瘀气滞，经络瘀阻不通，不通则痛。肾主腰脚而三阴三阳，十二经八脉，出现瘀血阻滞筋脉，以致气血不能畅通，不通则痛，均可出现腰脊部疼痛，经脉受损，气血不能濡养筋脉，筋不能束骨，故发生椎体两侧高度不一，脊柱侧弯等症状。

5. 治　则

活血化瘀，消肿止痛，接骨续筋，滋补肝肾。

6. 手法治疗

（1）腹部垫枕。

元代《回回药方》云："令病人仰卧，以一硬枕放于脊梁下。"《医宗金鉴·正骨心法要旨》云："但宜仰睡，不可俯卧，侧眠，腰以下以枕垫之，勿令左右移动。"手法复位完成后，患者平躺于硬板床上面，以伤椎后凸位置为中心，在此位置垫一软枕，其规格为宽 15～20 cm，长度 40～45 cm，厚度为 2.5～3.5 cm。按患者的受损情况以及椎体压缩程度逐渐将厚度加大，一周内厚度可达到 10～15 cm。为了使垫枕准确对应于后凸畸形处，软枕宜制作成"塔形"结构，垫枕时间为四周。

（2）过伸复位

元代危亦林与在《世医得效方》中曾记载吊足坠身，使骨归白。《医宗金鉴》中也有相关论述。患者取俯卧位，助手双手放于患者腋窝下面，另一助手握住患者双侧踝部做对抗牵引。牵引力度因人而异，先做水平牵引，待腰部肌肉放松之后，缓缓将下肢抬高，使腰背部处于过伸位，过伸幅度逐渐加大，使患者慢慢适应，时间持续 5 分钟左右。然后术者用双手掌根部或双手拇指指腹对准骨折部位棘突处用力按压，并以适当的力度向前推挤，最后再用轻柔的手法按摩患者的腰背部，并使腰背部肌肉群放松，然后医生及助手协助患者翻身，平躺于硬板床上。

7. 中药治疗

按照中医骨折辨证三期用药原则治疗。

（1）骨折早期。

骨折的第 1～2 周，局部经脉及筋骨受损，血溢脉外，瘀血阻滞，气机失调，气血不通，不通则痛，舌红苔薄，脉弦数。治以活血化瘀、消肿止痛。内服八味活血片，每天三次，每次三片，棱莪活血颗粒每天三次，每次一袋，糖尿病患者忌用；对于年老体弱患者选用参归紫金颗粒，每天三次，每次一袋。或内服中药活血止痛汤：

苏木 15 g	当归 15 g	乳香 10 g	川芎 12 g
陈皮 12 g	赤芍 15 g	没药 10 g	土鳖虫 10 g
红花 10 g	桃仁 10 g	三七 10 g	

骨折早期，局部损伤较重出血较多，导致腹膜后血肿，血肿刺激腹腔神经节，使肠蠕动减慢，可出现腹部胀痛，胃纳不适，便秘，舌红苔黄腻脉弦数。治以活血化瘀，行气通便。内服桃红四物汤加大承气汤：

桃仁 15 g	红花 10 g	当归 10 g	川芎 15 g
生地黄 20 g	赤芍 15 g	生大黄 8 g	厚朴 15 g
枳实 10 g	芒硝 10 g		

（2）骨折中期。

骨折后的 3～6 周，局部瘀血逐渐消散吸收，疼痛随之逐渐减轻，断骨连而不坚，腰背部酸软疼痛，舌淡红苔薄，脉濡缓。治以接骨续筋、和营止痛、舒筋活络。内服接归接骨颗粒，每天三次，每次一袋。或内服中药接骨紫金汤加减：

土鳖虫 10 g	骨碎补 15 g	自然铜 15 g	乳香 15 g
没药 10 g	血竭 15 g	当归尾 9 g	硼砂 9 g
地龙 15 g	巴豆霜 15 g		

（3）骨折后期。

骨折后的 7～12 周，久卧耗气，气血不足，筋骨失养，舌淡苔薄脉濡弱或细弱。治以补益气血、强筋壮骨。内服地仲健骨颗粒，或中药八珍汤加减：

当归 20 g	川芎 15 g	党参 30 g	白术 15 g
茯苓 30 g	白芍 15 g	生地黄 30 g	黄芪 15 g
甘草 6 g	熟地黄 20 g	桑寄生 20 g	山茱萸 30 g

8. 外治法

骨折早期用红冰止痛酊外喷每 3～5 次，每次 5～10 毫升，六黄止痛膏或六黄散外敷。骨折中期用六香止痛活络膏外敷。骨折后期用连艾活血洗剂熏蒸或外熨。

9. 西药治疗

口服止痛药如双氯芬酸钠或洛芬待因缓释片，口服钙剂醋酸钙或碳酸钙，口服预防治疗骨质疏松药阿仑磷酸钠或阿尔法骨化醇。注射用药，骨折早期可予血栓通或血塞通活血化瘀，消肿止痛；骨折中后期可予骨肽注射液、骨瓜提取物注射液、鹿瓜多肽注射液以续筋接骨。

10. 辅助治疗

（1）针刺。

伤后一天病情稳定，患者无针刺禁忌，即可给予针刺治疗。主穴以骨折部位为中心，上下两侧椎旁选穴。如腰 1 压缩性骨折，局部取两侧三焦俞、肾俞、气俞，脊柱正中取悬枢、命门，远端取阳陵泉、委中、承山，手法用泻法，早期可不留针或短时间留针。

（2）拔罐放血。

患者骨折三天后病情稳定，腰部胀痛明显，疼痛固定不移。适用于腰椎前柱骨折，压缩不超过 1/3 的脊柱稳定型骨折。禁用于腰椎后柱及附件有严重移位的骨折或伴有严重骨质疏松的患者。主要以骨折为中心上下两侧取穴，先拔罐三分钟，再点刺放血，再拔罐三分钟左右，时间长短根据出血多少而定。如治疗效果不明显，可三天后再操作一次。

（3）穴位注射。

骨折一周后，以骨折为中心，上下两侧取穴，每次选用 2～4 个穴位，每穴注射一毫升药物，隔天一次。骨折早期用丹红注射液、参芎注射液；骨折中后期选用黄芪注射液、当归注射液。

11. 功能锻炼

让病人仰卧于硬板床上，在伤椎后凸畸形处垫一枕头，保持脊柱过伸位，先静卧 2～3 天，待骨折处出血停止，疼痛减轻及腹部胀气消退后，病人对躯体症状能够耐受，即可嘱病人行背伸锻炼，利用背伸肌的强大肌力及练功的姿势，使脊柱过伸，则椎体前纵韧带的张力必然增大，借助于前纵韧带及纤维环的张力，使压缩的椎体自行复位，恢复原状。

（1）仰卧位锻炼。

第一种，五点支撑法。患者用头部、双肘、双足作为支撑点，使腰背部及下肢呈弓形撑起，使背部尽力腾空后伸，一般在受伤后一周内可达到练功要求。

第二种，三点支撑法。病人双手置于胸前，用头顶及双足支重，全身呈弓形撑起，腰背部尽力后伸，患者宜在伤后 2～3 周达到此要求。

第三种，四点支撑法。病人双手及双足支撑，全身腾空后如拱桥状，此种练功难度较大，青壮年患者经过努力，在伤后 5～6 周可达到此要求。但年老及体弱患者较难完成。

（2）俯卧位锻炼。

第一步，患者俯卧，两上肢置于身体两侧，抬头挺胸，两臂后伸，使头胸及两上肢离开床面。第二步，在双膝关节伸直的同时，后伸下肢，并使其尽量翘起，两下肢也先后交替后伸翘起，然后再后伸。第三步，头、颈、胸部及两下肢同时抬高后伸，仅使腹部着床，整个身体呈反弓形，如飞燕点水姿势。

12. 手术治疗

对于椎体前方压缩达到或大于 50% 的患者，特别是青壮年患者，需要手术治疗，手术复位固定使骨折椎体解剖复位，术后两周即可戴支具下地活动。

（五）跟骨骨折

跟骨骨折在跗骨骨折中最常见，约占全部跗骨骨折的 60%。多由高处跌下，足部着地，足跟遭受垂直撞击所致。跟骨骨折以足跟部剧烈疼痛、肿胀和淤斑明显、足跟不能着地行走、跟骨压痛为主要表现。本病成年人较多发生，常由高处坠下或挤压致伤。经常伴有脊椎骨折，骨盆骨折，头、胸、腹伤。跟骨为松质骨，血循供应比较丰富，骨不连者少见。但如骨折线进入关节面或复位不良、后遗创伤性关节炎及跟骨负重时疼痛者很常见。

1. 临床表现

本病患者主要有以下的表现：1. 外伤后足跟疼痛，不能站立、行走。2. 局部肿胀、压痛、畸形或摸到骨擦音。

2. 检　查

X 线平片（包括正、侧位及跟骨轴线位片）一般即可明确诊断，诊断困难者可行 CT 扫描或 MRI 检查，尤其是 CT 扫描在该骨折分型诊断及预后判定上作用较大。本病的辅助检查方法主要是影像学检查。

3. 诊　断

患者足跟可极度肿胀，踝后沟变浅，整个后足部肿胀压痛，易被误诊为扭伤。X 线检查，除摄侧位片外，应拍跟骨轴位像，以确定骨折类型及严重程度。此外，跟骨属海绵质骨，压缩后常无清晰的骨折线，有时不易分辨，常须依据骨的外形改变、结节—关节角的测量，来分析骨折的严重程度。仅个别病例需 CT 或 MRI 检查。

（1）跟骨结节纵形骨折。

多为高处跌下时，足跟外翻位结节底部着地，结节的内侧隆起部受剪切外力所致。很少移位，一般不须处理。

（2）跟骨结节水平（鸟嘴形）骨折。

为跟腱撕脱骨折的一种。如撕脱骨块小，不致影响跟腱功能。如骨折片超过结节的 1/3，且有旋转及严重倾斜，或向上牵拉严重者，可手术复位，螺丝钉固定。

（3）跟骨载距突骨折。

为足内翻位时，载距突受到距骨内下方冲击而引起，极少见。一般移位不多，如有移位可用拇指将其推归原位，用短腿石膏固定 4 ~ 6 周。

（4）跟骨前端骨折。

较少见。损伤机制为前足强烈内收加上跖屈。应拍 X 线斜位片，以排除跟骨前上突撕裂骨折，短腿石膏固定 4~6 周即可。

（5）接近跟距关节的骨折。

为跟骨体的骨折，损伤机制亦为高处跌下跟骨着地，或足跟受到从下面向上的反冲击力量而引起。骨折线为斜行。X 线片正面看，骨折线由内后斜向前外，但不通过跟距关节面。因跟骨为骨松质，因此轴线位观，跟骨体两侧增宽；侧位像，跟骨体后一半连同跟骨结节向后上移位，使跟骨腹部向足心凸出成摇椅状。

4. 分　型

临床上最常用 Sanders 分型。

Ⅰ型：无明显移位的骨折，这种情况不分骨折线的多少，只是看骨折端移位的程度。

Ⅱ型：后关节面 2 片段骨折，根据骨折线的定位分为 ⅡA、ⅡB、ⅡC 三个亚型。

Ⅲ型：伴有中央片段损伤的后面 3 片段骨折，按照两个骨折线的位置分 ⅢAB、ⅢAC、ⅢBC。

Ⅳ型：后面 4 片段骨折，或多于 4 片段骨折。

5. 治　疗

（1）非手术治疗。

① 根据骨折三期治疗原则，分为早期、中期和晚期。早期活血祛瘀、通经活络；中期调和营卫、接骨续筋；晚期补益肝肾强、壮筋骨。

早期：外用六黄散外敷 qd、红冰止痛酊 10 ml tid 通络止痛。方药用活血止痛汤加减。口服参归紫金颗粒 5.0 tid、八味活血片 1.2 g tid 活血化瘀。物理治疗予电针刺足三里、承山、三阴交、解溪、昆仑、阿是等穴，足跟部中药熏药、灸法治疗。

中期：外用六香止痛膏外敷 qd、红冰止痛酊 10 ml tid 通经活络。方药用接骨紫金汤加减。口服活血壮骨颗粒 5 g tid 强筋续骨。物理治疗予电针刺肾俞、足三里、三阴交、血海、昆仑、阿是等穴，足跟部中药熏药、灸法治疗。

晚期：外用六香止痛膏外敷 qd、红冰止痛酊 10 ml tid 通经活络。方药用八珍汤加减。口服地仲健骨颗粒 5 g tid 补肝肾强筋骨。物理治疗予电针刺肾俞、足三里、三阴交、血海、昆仑、阿是等穴，足跟部中药熏药、灸法治疗。

② 无移位的跟骨骨折包括骨折线通向关节者，用小腿石膏托制动 4～6 周，待临床愈合后即拆除石膏，用弹性绷带包扎，促进肿胀消退。同时做功能锻炼。但下地行走不宜过早，一般在伤后 12 周以后下地行走。

③ 有移位的骨折，如跟骨纵行裂开、跟骨结节撕脱骨折和跟骨载距突骨折等，可在麻醉下行手法复位，然后用小腿石膏固定于功能位 4～6 周，后结节骨折需固定于跖屈位。

④ 60 岁以上老年人的严重压缩粉碎性骨折采用功能疗法。即休息 3～5 天后用弹性绷带包扎局部，再做功能锻炼，同时辅以理疗按摩等。

（2）手术治疗。

跟骨舌状骨折、跟骨体横形骨折波及关节并有移位者可在麻醉下用骨圆针撬拨复位，再用小腿石膏固定于轻度跖屈位 4～6 周。

有移位的跟骨横形骨折、舌状骨折以及跟骨后结节骨折应行切开复位，加压螺丝钉内固定。术后石膏固定于功能位 4～6 周。

青壮年的跟骨压缩骨折甚至粉碎性骨折有人主张早期即行切开复位并植骨，以恢复跟骨的大体形态及足纵弓。视情况用或不用内固定，术后用小腿石膏固定 6～8 周。

跟骨严重粉碎性骨折有人主张早期行关节融合术，包括跟距、跟骰关节。但多数人主张先行功能疗法，以促进水肿消退，预防肌腱、关节粘连。待后期出现并发症时，再行足三关节融合术。

（3）康复治疗。

无论手术与否，石膏固定期间均应作股四头肌及足趾的主动活动。拆石膏后骨折已愈合或关节已融合，更应积极锻炼踝关节及足部功能，包括器械的应用。

（六）项痹病

颈椎病是现代常见的病证，发病后颈部活动受限，颈枕部或颈肩背部疼痛，或手臂麻木，或伴有眩晕、耳鸣，或突然猝倒等症表现，故在中医学上应属痹证范畴，与落枕等颈部急性疼痛相对而言，是颈部慢性疾病，现代医学认为颈椎病主要是颈椎间盘退行性病变，多见于长期埋头或伏案工作等职业者，由于长期处于低头体位、颈部组织疲劳、气血不和而发病。现今临床上比较一致地分为颈型、神经根型、脊髓型、椎动脉型、交感型以及互相掺杂的混合型等类型。

1. 颈型颈椎病

多为单侧发病或一侧较重一侧较轻，颈部疼痛，左右回顾不利，以青壮年为多见。属早期颈椎病，经治疗及休息后，症状即得到缓解或消失。因过于劳累或睡眠时头颈位置异常，以致颈部肌群张力增高，经络气血循行受阻，颈部疼痛，活动受限，常累及胸锁乳突肌、斜方肌等。少数患者可出现上肢、头部放射性疼痛。

诊断：检查颈部活动度，查前屈后伸、左右旋转、左右侧屈活动度，检查颈部两侧及后侧肌群有无肌紧张及压痛点。如伴有头痛者，多为风寒之邪外袭，头颈沉重无力，多为湿邪痹阻，气血不通。X线摄片可能有颈椎生理曲度变直。

2. 神经根型颈椎病

此型在临床上最为多见，颈椎间盘膨隆或突出、骨节失稳、骨质增生、骨刺形成等均能造成神经根的刺激或压迫，而发生各种症状。病变的部位不同，其临床症状表现亦各异。常见根性神经痛，并放射至肩背、手臂等部位，头颈放在任何体位均难减轻痛感。麻木、握力减退或感觉改变。

诊断：疼痛程度较剧，其性质有隐痛，有刺痛，有固定部位痛，有触电样放射痛，有持续性痛，有间歇性痛等不同。椎间盘病变者，压颈试验疼痛加重，提牵颈椎疼痛减轻。骨质增生椎间孔狭窄者，压颈加重，牵颈则不见减轻。颈椎病退变节段多发生于颈椎 4/5、5/6、6/7，颈椎 7/胸椎 1 节段，除肩臂疼痛外，肱二、三头肌肌力可能减退，前臂桡侧及拇指有麻木感。颈椎 3～4 和 4～5 椎间盘退变，疼痛上引枕部或头部。颈椎 6～7 或颈椎 7～胸椎 1 椎间盘退变，其疼痛可影响背部及胸前，手臂尺侧或中小指麻木感。或有肌肉萎缩，握力减退。影像学检查有助于明确诊断。

3. 脊髓型颈椎病

此型是颈椎病中相对严重的病症，除神经根症状外，脊髓受压或刺激，或脊髓受伤，上肢及下肢的感觉和运动都会出现障碍。受压或刺激，上肢症状明显、下肢症状不明显者，治疗效果较佳。如脊髓压伤变性，下肢肌肉出现紧张无力、行动不利或排尿困难则难以治疗。颈椎间盘退行性病变、失去弹性而突出，颈椎椎体后方骨质增生、骨嵴凸起，小关节的增生，黄韧带增厚或钙化等多种原因，均可压迫或刺激脊髓而发病。椎管先天性狭窄也可导致本病。

本病临床表现分轻中重的不同：

轻型主要为上肢的一侧或两侧麻木无力，时轻时重，或为剧烈疼痛。

中型主要为下肢麻木疼痛，行走时有踩棉上的弹性感觉。或一侧，或两侧，或一侧的上下肢，或一侧上肢对侧下肢。呈现感觉改变或运动障碍。

重型则四肢疼痛，麻木无力，活动困难。甚或影响到大小便功能。

诊断：常规检查如前。一般脊髓型颈椎病颈部症状并不严重。肢体麻木、萎弱无力、运动功能障碍同时有颈椎病史者，常有发作，而后出现脊髓束症状。生理反射异常，上肢肱二头肌、三头肌，下肢膝反射、跟腱反射亢进或迟钝、消失。病理反射方面以霍夫曼氏征为阳性。严重病例则出现踝、髌阵挛，或巴宾斯基征阳性。屈颈试验阳性，颈部 MRI 可进一步协助诊断。

4. 椎动脉型颈椎病

本病为椎动脉受压或受刺激及血管狭窄、扭曲等而发病，主要表现为椎—基底动脉供血不足。由于颈椎间盘退变、椎体不稳、钩椎关节松动错缝等因素，以致脉络血流不畅而发为本病。刘氏骨伤科认为外邪侵袭或劳损为外在因素，肝肾不足、气血亏虚为内在因素，共发为本病，表现为眩晕，体位改变时眩晕加重、恶心、呕吐或有耳鸣。

诊断：X 片可见椎体钩椎关节骨赘增生，椎间孔变窄，椎体梯形改变或生理曲度变直。TCD（多普勒脑血管图）及椎动脉 B 超可提示椎—基底动脉迂曲及流速改变以辅助诊断。

5. 交感神经型颈椎病

本型不仅有颈椎病的症状，同时有全身症状，如交感神经症状。常见如骨质增生、韧带的钙化、肌肉僵痛等均可以引起交感神经的反应。颈椎关节退变、结构失稳、刺激或压迫脊神经时，也会触发交感神经症状。由于经络不和、气血失调等原因，而发生头痛、眩晕、视物模糊、眼部胀痛、心慌心悸、胸闷气促等症状。

诊断：患者是在有颈椎病的基础上，颈椎骨与关节以及椎间盘与韧带等有不同病变存在，其他无特殊因素而发生上述症状，这是本病诊断要点。其次是症状时轻时重，有时症状又不甚显著。如病程长，症状未见明显好转，甚至加重等病史，应另作检查和治疗。

6. 治　疗

（1）手法治疗。

以颈肩部为重点，作拿捏、揉法、滚法，以胸锁乳突肌、斜方肌上侧为重点，至颈肩部有发热感为宜。继而作提弹手法，自上而下 3~5 次，使震动感传至头部为宜，拇指点揉法点揉合谷、风池、风府等穴。

对于颈型颈椎病，可予头部上提，牵引颈部，使颈椎椎体间隙增宽，以缓解疼痛。对于神经根型颈椎病，如患者伴有颈肩臂痛，点揉冈上肌、肱二头肌长头疼痛点，同时掌根推肱二头肌及肱三头肌。

对于脊髓型颈椎病，双手拇指沿颈椎棘突旁侧，由下而上点揉，指力控制要柔和恰当，使颈项肌筋松弛；用手部大小鱼际肌交替按揉颈椎与上部胸椎棘上与棘间。

对于椎动脉型颈椎病，分推印堂，用拇指由印堂推向两侧，并按揉太阳穴，点揉风池、风府、太阳以及合谷穴。

对于交感型颈椎病，伴有眼部胀痛，按揉面部睛明、攒竹穴，而后两手拇指按摩印堂，同时从前额眉棱骨起八字分推至枕后。若伴有心慌心悸，嘱患者取坐位或俯卧位，按摩背部脊两旁俞穴，然后用手掌从肩后至腰部由上而下平推，以疏通经络。

最后以轻手法按摩放松颈肩部肌肉使肌肉舒展，结束治疗。

（2）辅助治疗。

针刺完骨、风池、颈夹脊、肩井等穴位，若伴有头晕头痛，加用百会、印堂、太阳、合谷等穴位，对于风、寒、湿、热之邪侵袭项背，予拔罐疗法，对于气滞血瘀证，予放血疗法活血化瘀。

（3）刘氏骨伤科内服药物。

肝肾不足予自制药物地仲健骨颗粒，气滞血瘀予棱莪活血颗粒，风寒湿证予麻葛通痹颗粒，湿热阻滞予川仁祛风止痛片。

（4）刘氏骨伤科外用药物。

六黄止痛膏贴敷患处可舒筋通络止痛。阳虚及风寒湿证患者，予中药热罨包外敷大椎穴温经通络。

7. 预　防

（1）抱枕反臂牵拉。

本法为刘氏骨伤科中患者肩颈疼痛的锻炼方法，对颈椎病有良好的预防和治疗作用。

姿势：患者站立位，两足分开与两肩同宽，双下肢半蹲位呈马步姿势，腰背挺直，双手合掌反抱头枕部，双肘分开持平，双掌将头枕部向前推，头枕向后靠，形成对抗力，从而达到锻炼颈项肌目的。

（2）注意颈部保暖，低枕位平躺休息，避免长时间埋头伏案，经常变换体位。

（七）肱骨外上髁炎

肱骨外上髁炎是由于肱骨外上髁处伸肌总肌腱末端反复牵拉劳损引起局部疼痛的疾病，又称为网球肘。前臂伸肌群长期、反复牵拉，引起伸肌群止点处的慢性劳损，表现为局部部分肌腱纤维断裂，局部组织变性、水肿、充血，无菌炎症刺激周围组织，出现反复疼痛不适，病理检查可见末端病变表现。

1. 诊　断

（1）该病多无明显外伤史，好发于前臂长期反复或者较大强度旋后运动的动作，如网球运动员、木工、瓦工等人员。

（2）疼痛逐渐出现，一开始可为酸痛，前臂旋后工作，如握锹、拧毛巾时肘外侧处疼痛加重，休息可缓解，以后疼痛可逐渐加重，疼痛持续时间延长，甚至夜间疼痛明显以至影响睡眠。

（3）肱骨外上髁处常无明显肿胀或皮温升高，早期伸肌群张力可增高，晚期可有肌肉萎缩，肌张力下降，在肱骨外上髁处有局限性压痛点，伸肌总肌腱止点处拨动时疼痛明显加重。部分病人可有前臂伸肌群肌力下降。Mills征、前臂抗阻旋后试验、伸腕抗阻试验阳性。

（4）肌骨彩超：伸肌总肌腱肿胀增厚，回声减弱，内部可见强回声钙化灶或附着处骨皮质不规则改变，可见较丰富血流信号。X线检查：早期肘部X线无骨质改变，伸肌腱止点处可有软组织纹理紊乱、增粗表现，晚期可见肱骨外上髁处皮质粗糙、增生，伸肌腱止点处钙化影。

2. 治　疗

治疗上，早期症状严重时避免前臂旋后活动，可适当三角巾悬吊保护。

（1）冰敷。早期及局部疼痛明显时冰敷1天3～5次，1次15～20分钟，疼痛缓解即停。中晚期局部注意保暖。

（2）包扎。可予以弹力绷带局部包扎，或者采用粘膏支持带、肌效贴消肿止痛，缓解局部肌肉紧张并防止进一步损伤。

（3）理疗。局部采用超声波、超短波、红外线、磁疗等理疗方法改善局部血运，缓解局部炎症及疼痛，促进组织恢复。

（4）按摩。患者坐位或仰卧位，上肢自然放松，前臂旋前位，术者一手握其腕部，另一手手掌沿其前臂至上臂，重点在于外侧，依次采用抚摸、揉、揉捏等手法进行整体放松，然后用刘氏点拨手法以拇指指尖拨动前臂伸肌群及肱骨外上髁处肌腱，将紧张或条束感组织拨散开，若损伤日久，可予以重手法拨动，牵拉伸肌群，对肘关节屈伸旋转，松动肘关节，指针手三里、手五里、曲池、孔最、外关等穴1～2分钟，最后以抚摸手法放松结束。

（5）针灸。取同侧肩髃、手三里、曲池、手五里、外关、双侧阳陵泉、阿是穴等，采用刘氏毫针疗法，病程较久可温（火）针，可配合局部艾灸。

（6）中药。口服八味活血止痛片 1.2 g tid，局部外敷红冰止痛酊，局部外敷术星活络止痛膏 qd 或六黄止痛膏 qd。

（7）封闭疗法。症状反复不愈，亦可局部痛点注射 5～10 mg 曲安奈德+1% 利多卡因 2 ml 进行封闭。

（8）手术治疗。若保守治疗无效，可视情况予以伸肌总肌腱止点行手术松解粘连。

（9）功能锻炼。疼痛缓解后，进行功能锻炼，以力量练习为主，加强前臂伸肌群力量的训练，可采用等张运动、抗阻训练等。

（八）腰椎间盘突出症

腰椎间盘突出症中医称为腰痛病，西医认为是因人体椎间盘退化，纤维环破裂、髓核突出，压迫相应的神经根，造成局部充血水肿的炎症性改变，而产生临床以腰痛向下肢一侧或两侧下肢后外侧放射性疼痛，并伴有麻木、或有热感、冷感等症状，腹压增加时疼痛加重，腰部活动受限为主要表现的疾病。中医认为多因劳损、寒湿侵袭、年岁增大肾气不足等原因，使经气阻痹所致，不通则痛。

1. 诊　断

（1）有腰部外伤、慢性劳损或受寒湿史。大部分患者在发病前有慢性腰痛史。

（2）任何年龄均可发生，但以壮年及老年多见。

（3）腰痛向臀部及下肢放射，腹压增加（如咳嗽、喷嚏）时疼痛加重。

（4）专科查体：腰骶关节或腰 4～5 椎间棘突旁有深压痛，可引发或加重下肢放射痛，沿疼痛放射线路处可有压痛点。坐骨神经牵扯征（屈颈试验、直腿抬高试验及直腿抬高加强实验）阳性。肌力减弱：神经根受压后可发生运动功能和感觉障碍，下肢无力，病情日久，股后侧及小腿肌肉萎缩。腱反射改变：腰 2、3 神经根受压，膝反射减弱，腰 4 神经根受压，膝、跟腱反射减弱，腰 5 骶 1 神经根受压后跟腱反射减弱，压迫过久相应腱反射消失。腰部运动障碍：腰椎运动功能受影响，多数背伸障碍明显。脊柱侧弯：部分患者有不同程度脊柱侧弯，多数弯向患侧，少数弯向健侧、腰椎生理前凸减弱或消失。

（5）下肢放射性痛：腰痛伴坐骨神经走向区放射痛，常在腰痛减轻或消失后出现，表现为沿臀部、大腿后面腘窝、小腿外侧直至踝部、足底部的牵扯性刀割样、烧灼样疼痛，麻木，多呈持续性、阵发性加剧，行走、活动、喷嚏、咳嗽、屏气用力、弯腰时加重，休息可减轻。

（6）下肢麻木：多数局限于小腿外侧足背外侧缘麻木或感觉减退。

（7）马尾神经综合征：多见巨大椎间盘突出或破裂出现大小便功能异常及鞍区感觉障碍，性功能减退。

（8）摄片检查：脊柱侧弯，腰椎生理前凸消失，病变椎间盘可能变窄，相邻椎体边缘有骨赘增生。CT、MRI 检查可显示椎间盘突出的部位及程度。

2. 中医证型

在腰痛病治疗中，常见为以下四型。

（1）血瘀气滞证。腰腿痛如刺，痛有定处，日轻夜重，腰部板硬，俯仰旋转受限，痛处拒按。舌质暗紫，或有瘀斑，脉弦紧或涩。

（2）寒湿阻滞证。腰腿冷痛重着，转侧不利，静卧痛不减，受寒及阴雨加重，肢体发凉。舌质淡红或淡白，苔白或腻，脉沉紧或濡缓。

（3）湿热阻滞证。腰部疼痛，腿软无力，痛处伴有热感，遇热或雨天痛增，活动后痛减，恶热口渴，小便短赤。苔黄腻，脉濡数或弦数。

（4）肾虚腰痛。腰酸痛，腿膝乏力，劳累更甚，卧则减轻。肾阳亏虚者面色㿠白，手足不温，少气懒言，腰腿发凉，或有阳萎、早泄，妇女带下清稀，舌质淡，苔薄白，脉沉细。肾阴亏虚者咽干口渴，面色潮红，倦怠乏力，心烦失眠，多梦或有遗精，妇女带下色黄味臭，舌红少苔，脉弦细数。

以上四型是临床中常见的腰痛病分型，医者在治病过程中，要熟知临床诊治要点，灵活运用，部分患者会出现虚实夹杂，本虚标实之症，在治疗过程中要做如前人所言："病有千端，法有万变，圆机活法，存乎其人。"

3. 西医病理分型

（1）单侧椎间盘突出。下腰痛，伴一侧下肢放射痛，脊柱侧弯，腰生理前凸减小或消失，病变椎间盘患侧椎旁压痛，可沿坐骨神经向下肢放射，直腿抬高试验阳性。CT检查：椎间盘向椎管一侧突出。

（2）双侧椎间盘脱出。下腰痛，伴双侧下肢放射痛，腰生理前凸减少或消失，病变椎间盘两侧椎旁均有压痛，可沿坐骨神经向下肢放射，双下肢直腿抬高试验阳性。CT检查：椎间盘左右突出，并可见游离块。

（3）中央型椎间盘脱出。除出现腰腿痛的症状外，还可出现会阴部麻木和大小便功能障碍等马尾神经压迫症。CT检查：椎间盘向正中方向突出。

（4）上下型椎间盘脱出。大部分患者仅有腰痛症状，X光检查病变椎间盘可见Schmori结节。

以上是西医对腰椎间盘突出症的病理分型，中医师也应该熟知，在治疗的过程中，除了中医诊治外，还应当学习现代的医学知识，如患者伴有腰痛症状及会阴部麻木，提示患者有马尾神经压迫，就应该考虑手术治疗，不应墨守成规，贻误患者病情。

4. 中医鉴别诊断

（1）本病可与骨痨之龟背痰鉴别，后者多由正气亏虚，感受外邪而致，多见全身乏力，午后低热，夜间盗汗，两颧潮红，舌红，苔少，脉沉细而数。

（2）本病可与骨疽鉴别，后者多由气血郁结，痰湿聚集而成，多见饮食不振，精神萎靡，消瘦，舌红，苔黄腻，脉滑濡。

（3）本病可与骨痈疽鉴别，骨痈疽侵及腰背者，多由痈疽疔疖，外邪入侵，热毒余邪未尽，流注于腰背而成，多见神情疲惫，肢软无力，形寒畏冷，全身消瘦，面色㿠白，舌淡，苔少，脉细而弱。

（4）本病属"痹证"范畴，当与痿证鉴别。其鉴别要点首先在于痛与不痛，痹证以痛为主，痿证则为肢体力弱，无疼痛症状。其次痿证的活动障碍为无力运动，痹证则因痛而影响活动。再者，痿证病初既有肌肉萎缩，而痹证则是由于疼痛甚或关节僵直不能活动，日久废而不用导致肌肉萎缩。

（5）本病当与背痛、尻痛、胯痛鉴别。腰痛是指腰背及其两侧部位的疼痛，背痛为背膂以上部位疼痛，尻痛是尻骶部位的疼痛，胯痛是指尻尾以下及两侧胯部的疼痛，疼痛的部位不同可予鉴别。

5. 西医鉴别诊断

（1）第三腰椎横突综合征。第三腰椎横突综合征起病可缓可急，可有外伤史，引发放射性疼痛，波及髋部及大腿前侧，少数放射至会阴部或大腿外侧及膝部，检查可发现第三腰椎横突尖端压痛明显，局部肌肉痉挛或肌紧张。瘦长型患者多可扪及第三腰椎横突过长。结合 X 线片、CT 片及 MRI 片可明确鉴别。

（2）臀上皮神经卡压综合征。临床表现为腰痛及臀部疼痛，可扩散到大腿及腘窝，但极少涉及小腿；在髂后上棘外上方髂嵴缘下有明显压痛点，有时可扪及条索节结或小脂肪瘤；可伴有臀肌痉挛。局部封闭可立即消除疼痛。腰部无体征，直腿抬高及加强试验阴性，可排除腰椎间盘突出症。结合 X 线片、CT 片及 MRI 片可明确鉴别。

（3）骨盆出口综合征。骨盆出口综合征主要临床表现为坐骨神经干刺激症状，起始于臀部的沿坐骨神经行走的放射性疼痛，并伴有其支配区的运动、感觉或反射障碍。起病可缓可急，多有外伤、劳累、着凉或受潮史。疼痛向大腿后方，小腿后外侧放射，但很少达跟部及足底部，而且多无明确的根性界限。在伸髋位被动内旋下肢（Feibeng 征）或内收、屈曲及内旋髋关节（Thiele 试验）均可使症状加重；直腿抬高试验、屈颈试验多不典型。腰部无阳性体征。结合 X 线片、CT 片及 MRI 片可明确鉴别。

（4）腰椎管狭窄症。系由各种原因引起椎管前后、左右内径缩小或断面形状异常，引起脊髓或神经受压所造成的腰腿痛，主要表现有两侧坐骨神根性症状和间歇性跛行，有时虽无间歇性跛行，神经根压迫症状能随腰部前曲或下蹲而减轻或消失。结合 X 线片、CT 片及 MRI 片可明确鉴别。

（5）梨状肌综合征体征。直腿抬高试验可呈阳性，部分患者出现臀肌萎缩，梨状肌有触痛点并可引起沿坐骨神经的放射痛，梨状肌下口处 Tinel 征阳性，梨状肌紧张试验阳性（Freiberg 手法）内旋患肢诱发坐骨神经结合 X 线片、CT 片及 MRI 片可明确鉴别。

（6）腰骶管内肿瘤。腰骶管内肿瘤可表现为腰、骶、臀、腿痛，也可压迫马尾神经，导致双下肢感觉、运动障碍，因此要与椎间盘突出相鉴别。前者的发病较缓慢，症状体征进行性加重，可在 CT、MRI 检查中发现。

临症辨病，除要知晓本病的诊断依据及治疗原则外，还应多学习了解与它相似疾病，人体在发病的过程中，部分症状有相似之处，要做到疾病了然于胸，能明确地诊断疾病，以免对患者造成误诊，延缓患者的病情康复，甚至导致病情加重、死亡。

6. 治疗方法

（1）中医治疗。

适应证：确诊后排除大小便功能障碍、广泛肌力和感觉减退或瘫痪的病例，均可首先采用非手术治疗。

禁忌证：有广泛肌肉瘫痪、感觉减退以及马尾神经损害者（如马鞍区感觉减退及大小便功能障碍等），有完全或部分截瘫者。

1）中医药物治疗。

①血瘀气滞证。

腰腿痛如刺，痛有定处，日轻夜重，腰部板硬，俯仰旋转受限，痛处拒按。舌质暗紫，或有瘀斑，脉弦紧或涩。

辨证论治：因腰部负重劳累至腰肌劳损，筋伤同时伤及气血经络，经络受损，血溢脉外，蓄积于腰部，阻滞气血运行，不通则痛。腰痛如刺，疼痛固定于腰部两侧，痛处拒按，夜间更甚，均为瘀血腰痛特点。舌质暗紫，苔薄白，脉弦紧。

治法：行气活血，通络止痛

方药：身痛逐瘀汤加减

桃仁 15 g	红花 12 g	当归 15 g	川芎 15 g
地龙 12 g	香附 12 g	羌活 12 g	秦艽 12 g
五灵脂 12 g	没药 8 g	牛膝 15 g	甘草 10 g

900 ml 水煎服，一日一剂，每日 3 次，每次 300 ml，3 餐饭后温服。

配合本院制剂棱莪活血颗粒、八味活血片。

② 寒湿阻滞证。

腰腿冷痛重着，转侧不利，静卧痛不减，受寒及阴雨加重，肢体发凉。舌质淡红或淡白，苔白或腻，脉沉紧或濡缓。

辨证论治：患者感受寒湿之邪，侵袭腰部，寒性收引，湿性黏滞，痹阻经络，致使经脉气血运行不畅而发生腰部冷痛不适，寒湿为阴邪，得阳运始化，静卧则寒湿邪气更易停滞，故虽卧疼痛不减；潮湿寒冷天气则寒湿更盛，疼痛加剧，舌质淡红，苔白，脉沉紧，均为寒湿停聚之象。

治法：祛风通络，散寒除湿

方药：甘姜苓术汤加减

干姜 12 g	茯苓 12 g	白术 8 g	苍术 8 g
肉桂 5 g	独活 12 g	伸筋草 10 g	舒筋草 10 g
乳香 5 g	没药 5 g	甘草 6 g	

900 ml 水煎服，1 日一剂，每日 3 次，每次 300 ml，3 餐饭后温服。

配合本院制剂双蛇活络颗粒。

③ 湿热阻滞证。

腰部疼痛，腿软无力，痛处伴有热感，遇热或雨天痛增，活动后痛减，恶热口渴，口干、口苦、小便短赤。舌质红，苔黄腻，脉濡数或弦数。

辨证论治：患者感受湿热之邪，湿热壅于腰部经络，筋脉弛缓，经气不通，故腰部坠胀疼痛而有热感，苔黄腻，脉濡数，均为湿热之象。

治法：清热祛湿，通络止痛

方药：龙胆泻肝汤加减

龙胆 20 g	黄芩 20 g	栀子 20 g	牡丹皮 20 g
柴胡 20 g	生地 30 g	当归 10 g	茯苓 15 g
盐泽泻 15 g	薄荷 20 g	车前草 30 g	车前子 30 g
金钱草 30 g	滑石 30 g	甘草 5 g	

1200 ml 水煎服，两日一剂，每日 3 次，每次 200 ml，3 餐饭后温服。

配合本院制剂川仁祛风止痛片 4 g tid。

④ 肾虚腰痛。

腰酸痛，腿膝乏力，劳累更甚，卧则减轻。肾阳亏虚者面色㿠白，手足不温，少气懒言，腰腿发凉，或有阳萎、早泄，妇女带下清稀，舌质淡，脉沉细。肾阴亏虚者，咽干口渴，面色潮红，倦怠乏力，心烦失眠，多梦或有遗精，妇女带下色黄味臭，舌红少苔，脉弦细数。

⑤肾阳亏虚。

辨证论治：腰为肾府，肾主骨髓，因腰部长时间负重劳累后或年岁偏大，耗伤肾之精气，腰脊失养，故酸软无力，其痛绵绵，喜温喜按；劳则耗气，故遇劳更甚。肾阳不足，经脉痹阻，不能温养四肢及督脉，故手足不温。舌质淡，苔薄白，脉沉细，为阳虚有寒之象。故本病辨证当属肾阳虚证，经脉痹阻。

治法：温补肾阳，温阳通痹

方药：煨腰散

| 附子 30 g | 肉桂 10 g | 小茴香 10 g | 补骨脂 30 g |
| 杜仲 30 g | 菟丝子 30 g | | |

1200 ml 水煎服，两日一剂，每日 3 次，每次 200 ml，3 餐饭后温服。（本方要加药引猪腰一副，并把所有药物与猪腰合煮 2 小时）

配合本院制剂地仲健骨颗粒 5 g po tid。

⑥肾阴亏虚。

辨证论治：因腰部长时间负重劳累后耗伤肾之精气，腰脊失养，或长年肾阴不足，故酸软疼痛，其痛绵绵，喜温喜按；劳则耗气，故遇劳更甚。肾阴虚则阴精不足，虚火上炎，故五心烦热、失眠。舌质红，苔少，脉弦细，为阴虚有热之象。故本病辨证当属肾阴亏虚，经脉痹阻。

治法：滋阴补肾，通络止痛

方药：左归丸加减

| 熟地 20 g | 山药 12 g | 枸杞 12 g | 茱萸肉 12 g |
| 川牛膝 9 g | 菟丝子 12 g | 鹿角胶 12 g | 龟板胶 12 g |

9000 ml 水煎服，1 日一剂，每日 3 次，每次 200 ml，3 餐饭后温服。

配合本院制剂活血壮骨颗粒辨证使用外用药物。

血瘀气滞型：本院自制六黄止痛膏 外用

寒湿阻滞型：本院自制术星风湿活络膏 外用

湿热阻滞型：本院自制六黄止痛膏 外用

肾阳亏虚：中药热罨包 外用

2）针刺治疗毫针刺法。

针刺疗法作为我国中医传统疗法，在治疗腰痛病的过程中有极好的作用，古籍"言痛则不通，通则不痛，气机不畅则痛，淤血阻络则痛，湿邪痹阻则痛，人体经络沟通上下，联系表里，毫针外刺于穴位，手法捻转，得气于内，气至则循经传导，破气化瘀除湿，以凑止痛之功"就已指出针灸对于治疗疾病的作用。经我多年行医经验，及细读古代典籍，"刺之要，气至而有效；效之信，若风之吹云，明乎若见苍天""若当针，亦不过一两处，下针言'当引某许，若至，语人'。病者言'已到'，应便拔针，病亦行差""气速至而效速，气迟至而不治"等，总结并探索出一套独具特色并行之有效的"得气即止"针灸手法，摒弃了电针及留针等现在大多数针灸医生使用的方法，而是采用"进针—行针—得气—出针"的针灸手法。此法精髓在于得气，而欲得气，必手法行针使然，故贵在手法。常语"不痛不胀不如不扎"，临症选穴进针后，通过手法行针使患者局部有强烈的酸麻胀痛感，甚者更有触电感，大呼"受不了"，然此种呼之切者，出针术毕，则效尤信，痛楚大减。

本病取与腰腿痛有密切关系的经络有足太阳膀胱经、足阳明胃经、足少阴肾经、足少阳胆经、督脉和带脉等。主穴：腰夹脊、肾俞、委中、承山，据证配穴并施以不同手法，每日一次，每次选择 3~5 个穴位，常见有：腰阳关、腰眼、大肠俞、环跳、绝骨、昆仑等穴位。

3）手法治疗。

运用医院特色"刘氏"手法推拿治疗。

① 解除腰背部肌肉痉挛。患者俯卧，沿华佗线夹脊穴、太阳膀胱经、患侧臀部和下肢依次用轻柔的按法、点穴、分揉、拨筋（拨腰大肌），再施以提弹法，以上手法反复三次，尤其是病变节段阿是穴。持续推拿 10 分钟左右，活血通络，揉筋缓急，消肿止痛。

② 拔伸踩压（刘氏特色疗法）。患者俯卧，双手放按摩床侧缘，腰部放松。术者用双手同时牵拉患者腿部，持续拔伸牵引加大牵引力度，助手双手用力抱住患者双腋下作对抗牵引，本操作持续 3~5 分钟，然后用脚尖踩住腰椎间

盘突出部位（L4～L5、L5～S1），抬高患侧腿部，使腰部反弓，加压用力踩压反复3～5次。以理筋整骨，使椎间隙增宽，降低椎间盘内压力，甚至出现负压，促使突出物回纳，扩大椎间孔和神经根管，减轻无菌性炎症和水肿，减轻突出物对神经根的压迫。

③嘱患者侧卧，上方的腿屈髋屈膝，下面的腿伸直，身心放松，旋转腰部几次并确认患者放松后突然侧扳，感觉到微错位的上下关节突复位时的震动感和听见清晰的弹响声，再嘱患者转换为另一侧卧姿势，重复以上侧扳手法。调整小关节紊乱，从而相对扩大神经根管和椎间孔。由于斜扳和旋转复位时，腰椎及其椎间盘产生旋转力，可以改善突出物与神经根的位置关系。

④再嘱患者俯卧，放松腰部。再次按压、点揉患侧相应穴位及阿是穴等，此时按压及点揉力度应较前面为重，时间不宜过长，一般5分钟即可，用双手有节奏地按压和单手空拳拍打腰部，使腰部振动，最后用滚法结束治疗。

4）梅花针疗法。

穴位：胸10～腰5夹脊，阿是穴周围，疼痛循经部位。

主要刺激部位为皮部，通过皮部以激发经气，调和气血，通经络，促进机体功能恢复正常。

5）对于寒湿阻络、血瘀气滞证型，给予拔罐疗法。

6）中药熏洗治疗。每日一次，每次20分钟，10次为一疗程。

7）腰椎牵引治疗。一日一次，每次20分钟。

依据病情不同，可以适当给予患者艾灸、中药熏药、TDP、经络导平仪治疗。

（2）西药治疗。

在中医药疗法基础上，对症状明显者，适当给予患者血塞通、露醇注射液、甲钴胺注射液等药物，或使用少量地塞米松等糖皮质激素静脉点滴（高血压病、消化道溃疡者禁用）以促使神经根炎症的消退，改善微循环，营养神经。

（3）功能锻炼。

指导患者行"飞燕式"锻炼，俯卧床上，双臂放于身体两侧，双腿伸直，然后将头、上肢和下肢用力抬起，不要使肘和膝关节屈曲，要始终保持伸直，如飞燕状，反复锻炼 20 ~ 40 次/日。

腰椎间盘突出症属于中医学"腰痛病""痹病"范畴。《素问·刺腰痛论篇》中提道："衡络之脉令人腰痛，不可以俯仰，仰则恐扑、得之举重伤腰。"又云："肉里之脉令人腰痛，不可以咳、咳则筋缩急。"《医学心悟》也说："腰痛拘急，牵引腿足。"说明本病可由外伤引起，症状为腰痛合并下肢痛，咳嗽时加重，这与西医所说的腰椎间盘突出症的症状基本相同。《素问·痹论篇》曰："风寒湿三气杂至，合而为痹也。"表明风寒湿邪是"痹证"的病因。而本病究其本为肾气不足，腰府不坚，加之风寒湿热邪、跌扑劳损而致气血凝滞，经络痹阻，不通则痛。在治疗过程中除了做到对症施治外，也要指导患者的功能锻炼及调护，如要告知患者避免弯腰抬重物，久坐久站等能引起疾病加重的情况，在家要睡硬板床、腰部保暖。也要注意鉴别诊断，避免误诊、漏诊，真正做到"病有千端，法有万变，圆机活法，存乎其人"。

（九）急性腰扭伤

有腰部扭伤史，多见于青壮年。腰部一侧或两侧剧痛，活动受限，翻身、起坐和行走困难，呈强迫姿势。腰肌和臀肌痉挛，有的可触及条索状硬块，伤部压痛。腰椎生理弧度变直或呈反弓畸形。CT、X 线检查可排除骨折及骨质病变。

1. 证候分类

（1）气滞血瘀。

闪挫及强力负重后，腰部剧烈疼痛，腰肌痉挛腰部不能挺直，俯仰屈伸转侧困难。舌暗红或有瘀斑、瘀点，苔薄，脉弦紧或涩。

（2）湿热内蕴。

劳动时姿势不当或扭闪后腰部板滞疼痛，有灼热感，可伴腹部胀痛，大便秘结，尿黄赤。舌质红、苔黄腻，脉濡数。

急性腰扭伤与腰椎间盘突出症都具有腰部疼痛、活动受限症状，但腰椎间盘突出症多伴有坐骨神经症状，如下肢痛麻等，但急性腰扭伤只有腰部症状，无神经症状，通过腰椎 CT、MRI 可明确诊断。

2. 治　疗

（1）药物治疗。

气滞血瘀证。治宜行气活血、化瘀止痛。内服院内制剂棱莪活血颗粒或八味活血片，外用院内制剂六黄止痛膏。内服中药汤剂桃红四物汤加减。

湿热内蕴证。治宜清泻湿热。内服院内制剂川仁祛风止痛片，外用院内制剂六香止痛活络膏。内服中药汤剂龙胆泻肝汤加减或八正散加减。

（2）中医外治法。

按摩。先行放松肌肉，常用手法为表面摩、揉、推、按等。若有关节错缝，可作侧卧斜扳法或俯卧板腿法。

侧卧斜扳法。术者站于患者的右侧，患者取侧卧位，下面的腿伸直，上面的腿屈曲位，术者一手扶于患者的肩部，一手扶于患者的髋部，作反向用力，听到"咔"一声即可。

俯卧板腿法。术者站于患者的右侧，患者取俯卧位，术者左手置于患者腰骶部，右手置于患者膝部，左手用力按抵腰部，右手抬起双腿，使患者腰部反弓，可反复操作 3~5 次。

针灸。针刺得气后采用泻法，强刺激提插捻转后快速出针，取腰夹脊、肾俞、大肠俞、命门、腰阳关、委中、承山、腰痛、阿是穴。

拔罐放血。沿腰部督脉先行拔 3~5 个火罐（留罐时间 5 分钟），再用针灸或梅花针在拔火罐处刺络放血，再行火罐，抽出瘀血。

中药熏药。腰伤三天以后，可用我院自制的活血化瘀中药熏洗方，熏洗腰部。

急性腰扭伤是一个常见的腰部疾病，在中医证候分类中，分为气滞血瘀和湿热内蕴两大类，但临床中以气滞血瘀多见，气滞血瘀的患者多有腰部扭伤或者强力负重的病史，所以在八纲辨证中可辨为表证、实证、阳证，在治疗中内服及外用药物多以活血化瘀止痛类药物为主，中医外治法多以泻法为主，如针刺的泻法、拔罐放血疗法等。

（十）梨状肌综合征

常发生于中老年人，有外伤或受凉史，臀部疼痛，严重者患侧臀部呈持续性"刀割样"或"烧灼样"剧痛，多数伴有下肢放射痛、跛行或不能行走。臀部梨状肌部位压痛明显，并可触及条索状硬结，直腿抬高在 60°以内疼痛明显，超过 60°后疼痛减轻，梨状肌紧张试验阳性。

1. 西医诊断

以坐骨神经痛为主要表现，疼痛从臀部经大腿后方向小腿和足部放射。由于疼痛症状较剧烈且影响行走，故病人就诊时间也较早，肌力的下降多不太严重。检查时病人有疼痛性跛行，轻度小腿肌萎缩，小腿以下皮肤感觉异常。有时臀部（环跳穴附近）可扪及索状（纤维瘢痕）或块状物（骨痂）。"4"字试验时予以外力拮抗可加重或诱发坐骨神经痛，臀部压痛处 Tinel 征可阳性。有髋臼骨折病史者 X 线片上可显示移位之骨块或骨痂。

2. 证候诊断

（1）气滞血瘀。臀痛如锥，拒按，疼痛可沿大腿后侧向足部放射，痛处固定，动则加重，夜不能眠。舌暗红苔黄，脉弦。

（2）风寒湿阻。臀腿疼痛，屈伸受限。偏寒者得寒痛增，肢体发凉，畏冷，舌淡苔薄腻，脉沉紧。偏湿者肢体麻木，酸痛重着，舌淡苔白腻，脉濡缓。

（3）湿热蕴蒸。臀腿灼痛，腿软无力，关节重着，口渴不欲饮，尿黄赤。舌质红，苔黄腻，脉滑数。

（4）肝肾亏虚。臀部酸痛，腿膝乏力，遇劳更甚，卧则减轻。偏阳虚者面色无华，手足不温，舌质淡，脉沉细；偏阴虚者面色潮红，手足心热，舌质红，脉弦细数。

3. 治疗方案

（1）手法治疗。

① 松解类手法，包括揉、按、揉、点、压、弹拨、擦、振及被动运动等

放松肌肉类手法。取穴及部位：环跳、承扶、风市、阳陵泉、委中、承山、太溪、昆仑、涌泉及臀部、下肢等。

②整复类手法，包括按揉松筋法、弹拨筋络法、肘尖点按法、理筋整复法、舒筋活血法等。

按揉松筋法：患者俯卧，自然放松，术者迭掌按揉患部肌肉，反复按揉使局部肌肉由僵硬变为松软，且有发热感为度。

弹拨筋络法：术者以双手拇指用力触及梨状肌，俯卧位局部点按弹拨揉，然后沿与肌纤维走行方向相垂直的方法来回弹拨 10 次左右。

肘尖点按：术者屈肘以肘尖在痛点明显处按压 3 分钟，力量务必由轻到重，再由重到轻缓缓抬起，有较好的解痉止痛之效。

理筋整复法：施掌推法或深按压法，顺肌纤维方向反复推压 5 ~ 8 次，力达深层，再以肘尖深压梨状肌 2 ~ 3 分钟。

舒筋活血法：医者一手扶髋臀部，一手托扶患侧下肢，作屈膝屈髋、外展及旋外等被动运动，反复数次，使之滑利关节，松解粘连，最后施擦法擦热局部。

③特色手法治疗。

拔伸牵拉弹拨复位法：患者取健侧卧位，健侧下肢屈曲，患侧下肢伸直，第一助手固定患者肩、脊，第二助手双手握住患侧下肢踝部，两名助手呈对抗性牵引，牵引力在同一直线上。术者位于患者背侧，术者以双手拇指用力触及梨状肌，俯卧位局部点按弹拨揉，然后沿与肌纤维走行方向相垂直的方法来回弹拨，可感到梨状肌肌肉松弛，表明已经复位。

④手法治疗注意事项。

手法操作应由轻到重，循序渐进，忌用蛮力，以防造成新的损伤。

急性期应慎用弹拨、推压等重手法，尽量采取抚摩、按揉等轻手法，待症状缓解再逐渐加力。

臀部软组织因手法刺激，易出现不同程度的肢体疲劳感及短时疼痛加重等生理性保护反应，可酌情服用活血化瘀的中药。

病程较长者，梨状肌压迫神经干，导致下肢出现废用性肌萎缩，应嘱患者加强肢体功能锻炼。

（2）辨证用药。

① 气滞血瘀。

治则：行气活血，祛瘀止痛。

代表方剂：逐瘀止痛汤加减。丹参、当归、牛膝、枳壳、三七、红花、没药、五灵脂、酒大黄、骨碎补、续断、元胡、香附、土鳖虫等。

中成药：棱莪活血颗粒等。

② 风寒湿阻。

治则：祛风散寒除湿，活血止痛。

代表方剂：独活寄生汤加减。独活、桑寄生、杜仲、牛膝、泽兰、狗脊、木瓜、五加皮、肉桂、茯苓、细辛、防风、秦艽等。

中成药：双蛇活络颗粒。

③ 湿热蕴蒸。

治则：清利湿热，通络止痛。

代表方剂：加味二妙散。苍术、黄柏、防己、车前子、扁蓄、蚕沙、泽泻、忍冬藤、赤芍、伸筋草、地龙、木瓜等。

中成药：川仁祛风止痛片。

④ 肝肾亏虚。

治则：滋补肝肾，舒筋通络，强筋壮骨。

阳虚证：

推荐方药：右归饮加减。山药、杜仲、萸肉、附子、桂枝、枸杞子、鹿角胶、川芎、当归、牛膝、狗脊、桑寄生、续断、菟丝子等。

阴虚证：

推荐方药：左归饮加减。熟地、山药、枸杞子、女贞子、炙甘草、茯苓、补骨脂、杜仲、骨碎补、当归等。

中成药：地仲健骨颗粒。

（3）针灸疗法。

① 针刺法。患者呈侧卧位，屈曲患肢，伸直健肢，在梨状肌表面投影处由髂后上棘至尾骨尖作连线，在距髂后上棘 3 cm 处作一标点，该点至股骨大转子的连线即是，沿肌纤维走向顺序排列针 3 针，深度约 2～3 寸，再刺患侧

大肠俞、秩边、居髎、承扶、三阴交等穴。气滞血瘀型腰痛病配肝俞、血海、大椎、支沟、阳陵泉；风寒湿型腰痛病配阴陵泉、地机、华佗夹脊、腰阳关、委阳、阿是穴；肝肾亏虚型腰痛病以肾阳虚为主配太溪、命门，以肝肾阴虚为主配太溪、志室、承山等。根据不同证型采取补泻手法，达到尽快缓解疼痛的目的。急性期以泻法，慢性期以平补平泻法，以有酸麻感向远端放射为宜。针灸一天 1 次，每次 30 分钟。还可选取电针治疗以解痉止痛。

② 灸法。直接灸、艾条灸、温针灸、火针等。

（4）其他外治法。

① 中药熏药、中药涂擦、中药热罨包治疗。

② 刺络拔罐法。委中、环跳用三棱针深刺 1 寸，并在其周围点刺数针放血、拔罐 5 分钟，吸出 5～10 mL 血性分泌物或血液。

③ 针刀疗法。

④ 封闭疗法。

⑤ 穴位注射。

（5）物理治疗。红外线照射、蜡疗、超声药物透入、电磁疗法等。

（6）运动疗法。

① 做髋关节的内外旋、内收外展的被动锻炼。在做锻炼的时候患者仰卧床上，患肢屈膝屈髋，亦可做双手推膝关节及患侧髋的内旋活动，每日 5～10 分钟。

② 患侧下肢力量锻炼。如空蹬练习法，患者仰卧位，先做踝关节跖屈背伸活动，然后屈髋屈膝用力向斜上方进行蹬腿动作，每日 3～5 次，每次 15～20 下。

③ 腰背肌功能锻炼。如五点支撑法、三点支撑法、燕飞法等。

锻炼应遵循循序渐进的原则，以不劳累和额外增加痛苦为度，禁止做蛙跳动作。

（7）其他治疗。在急性期根据疼痛程度，选择性使用脱水、止痛、消除神经根炎症药物等对症治疗（如甘露醇注射液、注射用七叶皂苷钠注射液等）。

（8）手术治疗。可采用梨状肌松解术治疗。

（9）护理。

① 一般护理。

患者入院后给予常规检查，了解全身情况。保持病区内的安静、清洁、适宜温度，给患者提供舒适的休息环境。急性期患者应卧床休息，保持患肢在外展外旋位，避免髋关节的旋转动作，使梨状肌处于放松状态，有利于水肿的消除和疼痛的尽快缓解。向患者详细介绍治疗的目的、方法及注意事项，取得配合。

② 疼痛护理。

观察患者疼痛性质、部位及规律，做好疼痛评估。注意臀部及下肢的防风、保暖，避免不良刺激。必要时遵医嘱给予通络止痛、活血化瘀的药物。用药时应向患者说明药物的功效、注意事项及不良反应。

③ 心理护理。

深入病房主动与患者沟通，鼓励患者提出疑问，及时解除心理障碍。向患者讲解有关梨状肌综合征的相关知识，耐心、细致地帮助患者正确地对待疾病，消除个别患者因疾病引起的恐惧或对治疗效果的疑虑。也有患者对治疗的期望值过高，护士也应因人而异地进行心理护理，使患者保持正确、良好的心态，积极地配合治疗。

④ 治疗后的护理。

嘱患者平卧休息后，适度下床活动。观察治疗处是否干燥、清洁，周围皮肤有无红肿、疼痛等局部炎症反应；臀部、腿部疼痛程度变化和下肢活动感觉情况。给予患者高蛋白、高维生素、高纤维饮食，嘱其多饮温开水，多食新鲜水果、蔬菜，保持大便通畅。

（十一）第三腰椎横突综合征

第三腰椎横突综合征是腰痛或腰腿痛病人常见的一种疾病，好发于青壮年体力劳动者，由于第三腰椎横突较长，且水平位伸出，附近有血管、神经经过，有较多肌筋膜附着。因腰部受风寒湿、湿热病邪侵袭，或急性腰扭伤、慢性劳损而致第三腰椎横突附着肌肉筋膜粘连挛缩，使血管神经刺激和压迫而发病。一侧或双侧慢性腰痛，晨起或弯腰疼痛加重，久坐直起困难，有时可向下肢放射性至膝部。第三腰椎横突处压痛明显，并可触及条索状硬结。X线检查有时可见第三腰椎横突肥大。

1. 证候分类

（1）血瘀气滞证。腰痛如刺，痛有定处，痛处拒按，腰肌板硬，转摇不能，动则痛甚。舌暗红，脉弦紧。

（2）风寒阻络证。腰部冷痛，转侧俯卧不利，腰肌硬实，遇寒痛增，得热缓解。舌淡，苔白腻，脉沉紧。

（3）湿热痹阻证。腰部疼痛，腿软无力，痛处伴有热感，遇热或阴雨天痛增，活动后痛减，恶热口渴，小便短赤。舌红，苔黄腻，脉濡数或滑数。

（4）肝肾亏虚证。腰痛日久，酸软无力，遇劳更甚，卧则减轻，腰肌萎软，喜按喜揉。偏阳虚者面色无华，手足不温，苔淡，脉沉细；偏阴虚者面色潮红，手足心热，舌质红，少苔，脉弦细。

2. 治　疗

（1）刘氏推拿手法。患者俯卧位，由足太阳膀胱经自上而下，施行揉按和擦法，然后双手大拇指分开，其余四指并拢，双手大拇指分别放于竖脊肌上，其余四指放于侧腹部，大拇指用力自上而下行刘氏腰部拨法，再点按肾俞、大肠俞、腰阳关、委中等穴，第三腰椎横突痛点局部用弹、拨、提弹手法以缓解肌肉痉挛、松解粘连。屈髋屈膝牵拉法：患者仰卧位，用双手扶住膝部做屈髋屈膝被动活动 3~5 次。髂前点拨理筋法：患者仰卧位，用四指并排点拨髂前、腹股沟处髂腰肌，点按五枢、维道穴及冲门穴。

（2）刘氏拔罐放血。患者俯卧位，暴露拔罐放血部位，选取痛点，用梅花针叩击痛点致皮肤出血后，用火罐于皮肤出血处行拔罐放血疗法。

（3）针灸。选第三腰椎横突断或横突下，深度 6~8 cm，行提插捻转手法 1~2 分钟，然后向一个方向大幅度捻转至滞针为度，再用电针做电疗刺激，配穴人中（平补平泻）、命门（补法）、双侧委中（泻法、放血）、双侧太溪（补法）等，主穴配穴每 10 分钟行手法 1 次，并留针 40 分钟，每天 1 次，7 天为一疗程。

（4）中成药。

① 气血凝滞证。

治法：活血化瘀，舒筋理气。

内服：身痛逐瘀汤加减。口服刘氏棱莪活血颗粒、八味活血片，外用红冰止痛酊按摩，外贴六黄止痛膏。

② 风寒湿阻证。

治法：祛风散寒，通络止痛。

内服：独活寄生汤加减。口服刘氏双蛇活络颗粒，外用红冰止痛酊按摩，外贴术星风湿活络膏。

③ 湿热蕴结证。

治法：清热除湿，宣通经络。

内服：四妙散加减。口服刘氏川仁祛风止痛片，外用红冰止痛酊按摩，外贴六香止痛活络膏。

④ 肝肾亏虚证。

治法：补益肝肾，强筋健骨。

内服：六味地黄汤或金匮肾气丸加减。口服刘氏地仲健骨颗粒，外用红冰止痛酊按摩，外贴六香止痛活络膏。

（十二）腰背肌筋膜炎

腰背肌筋膜炎是指因寒湿、慢性劳损等使腰背部肌筋膜及肌组织水肿、渗出及纤维变性出现的一系列临床症状。老年人、长期伏案工作及体力劳动者多见。有外伤后治疗不当、劳损或外感风寒等病史。腰背部酸痛，肌肉僵硬发板，有沉重感，阴雨天及劳累后症状加重。腰背部压痛点固定或广泛，背部肌肉僵硬，沿骶棘肌走向可触及条索样改变。X线检查无阳性体征。

1. 证候分类

（1）气血凝滞证。晨起腰背部板硬刺痛，痛有定处，痛处拒按，活动后减轻。舌暗紫，苔少，脉弦涩。

（2）风寒湿阻证。腰背部疼痛板滞，转侧不利，疼痛牵及臀部、大腿后侧，阴雨天加重，伴恶寒怕冷。舌淡，苔白腻，脉弦紧。

（3）湿热蕴结证。腰背部灼热疼痛，热天或雨天加重，得冷稍减或活动后减轻；或见发热、身重、口渴、不喜饮。舌红、苔黄腻，脉濡数或滑数。

（4）肝肾亏虚证。腰背隐痛，时轻时重，劳累后加重，休息后缓解。舌淡，苔少，脉细弱。

2. 治　疗

（1）刘氏推拿手法。患者俯卧位，由足太阳膀胱经自上而下，施行揉按和擦法，然后双手大拇指分开，其余四指并拢，双手大拇指分别放于竖脊肌上，其余四指放于侧腹部，大拇指用力自上而下行刘氏腰部拨法，再点按肾俞、腰阳关、八髎等穴，痛点局部用弹、拨、提弹手法。最后术者以掌根或小鱼际肌着力，在患者腰骶部施行揉摸手法，自上而下，反复进行 3~4 次，使腰骶部微热感，以活血、温经、通络。隔日 1 次，7 次为一疗程。

（2）刘氏拔罐放血。患者俯卧位，暴露拔罐放血部位，选取痛点，用梅花针叩击痛点致皮肤出血后，用火罐于皮肤出血处行拔罐放血疗法。

（3）针灸。选用阿是、肾俞、腰阳关、委中、昆仑等穴，亦可使用电针，或用艾灸或隔姜灸。

（4）中医辨证论治

① 气血凝滞证。

治法：活血化瘀，行气止痛。

内服：身痛逐瘀汤加减。口服刘氏棱莪活血颗粒、八味活血片，外用红冰止痛酊按摩，外贴六黄止痛膏。

② 风寒湿阻证。

治法：祛风散寒，除湿通络。

内服：舒筋活血汤加减。口服刘氏双蛇活络颗粒，外用红冰止痛酊按摩，外贴术星风湿活络膏。

③ 湿热蕴结证。

治法：清热除湿，舒筋止痛。

内服：四妙散加减。口服刘氏川仁祛风止痛片，外用红冰止痛酊按摩，外贴六香止痛活络膏。

④ 肝肾亏虚证。

治法：补益肝肾，强筋健骨。

内服：六味地黄汤加减。口服刘氏地仲健骨颗粒，外用红冰止痛酊按摩，外贴六香止痛活络膏。

（十三）腰椎滑脱

腰椎滑脱是由于先天性发育不良、创伤、劳损等原因造成相邻椎体骨性连接异常而发生的上位椎体与下位椎体部分或全部滑移。常见于中老年人，女性居多。慢性腰痛，多为痠痛、胀痛或有沉重感，久坐、久站后症状明显，躺下休息后减轻，可有双下肢麻痹，痠痛无力，或大小便障碍。

根据腰椎 X 光片表现，结合临床，将腰椎滑脱症分为以下两种类型。

（1）前滑脱型。由腰椎椎弓峡部不连续，或退变、断裂，导致小关节不稳，可见腰椎曲度加大，上位腰椎椎体相对下位腰椎椎体向前方滑动移位。

（2）后滑脱型。由于腰椎退行性改变，椎曲变直或反弓，椎弓峡部多无断裂，上位腰椎椎体相对下位腰椎椎体向后方滑动移位。

1．证候诊断

（1）风湿痹阻证。腰腿痹痛重着，转侧不利，反复发作，阴雨天加重。舌质淡红或暗淡，苔薄白或白腻，脉迟缓。

（2）寒湿痹阻证。腰腿部冷痛重着，转侧不利，痛有定处，虽静卧亦不减或反而加重，遇寒痛增，得热则减，小便利，大便溏。舌质胖淡，苔白腻，脉弦紧或沉紧。

（3）气滞血瘀证。腰腿痛剧烈，痛有定处，刺痛，腰部板硬，俯仰艰难，痛处拒按。舌质紫暗，或有瘀斑，舌苔薄白或薄黄，脉沉涩或迟。

（4）湿热痹阻证。腰腿痛，伴有热感或见肢节红肿，口渴不欲饮，烦闷不安，小便短赤，或大便里急后重。舌质红，苔黄腻，脉濡数或滑数。

（5）肾阳虚衰证。腰腿痛，缠绵日久，反复发作，腰腿发凉，喜暖怕冷，遇劳加重，少气懒言，面色㿠白，小便频数。舌质淡胖嫩，苔白滑，脉沉细。

（6）肝肾阴虚证。腰腿乏力，酸痛绵绵，不耐劳，劳则加重，卧则减轻，形体消瘦，面色潮红，心烦失眠，手足心热，大便干结。舌红少津，脉细数。

2. 治　疗

（1）中医整脊治疗。治疗原则：理筋、调曲、练功。

① 理筋疗法。

中药热敷疗法或熏蒸法：辨证应用中草药水煎后在腰部行中药热敷疗法或熏蒸法，每次 30 分钟，每日 1 次。

针刺法：取肾俞、腰眼、八髎、夹脊等穴，如伴有下肢麻痛者则加环跳、委中、承山、光明等穴。可配合脉冲治疗仪治疗，每天 1 次，每次 20～30 分钟。

推拿法：腰背、下肢用点、揉、推、滚等推拿手法，时间 15～20 分钟为宜，如属前滑脱型滑脱部位禁用按压法。推拿手法治疗宜柔和，切忌暴力。

针刀治疗。

其他外治疗法：如走罐、拔罐、红外线照射等。

② 正脊调曲法。

正脊骨法。前滑脱型，让患者仰卧，屈膝屈髋，术者一手抱膝一手抱臀部，将患者下肢抱起，膝紧贴胸部做腰部屈曲运动。本症不宜使用旋转复位法，慎用斜扳法。

牵引调曲法。根据腰椎曲度和腰骶轴交角大小和滑脱类型，辨证牵引调曲，主要运用三维牵引调曲法和四维牵引调曲法。在运用此法时需要注意患者的自我感觉，行三维牵引调曲法、四维牵引调曲法要注意力线的支点必须正确。

3. 中医辨证论治

① 风湿痹阻证。

治法：祛风除湿，蠲痹止痛。

推荐方药：独活寄生汤（《备急千金要方》）加减。独活、桑寄生、牛膝、杜仲、熟地、当归、川芎等。

② 寒湿痹阻证。

治法：温经散寒，祛湿通络。

口服双蛇活络颗粒散寒祛湿、通络止痛。

③气滞血瘀证。

治法：行气活血，通络止痛。

推荐方药：身痛逐瘀汤（《医林改错》）加减。秦艽、川芎、桃仁、红花、羌活、没药、五灵脂、香附子、牛膝、地龙、当归等。或口服棱莪活血颗粒活血止痛。

④湿热痹阻证。

治法：清热祛湿，通络止痛。

推荐方药：清火利湿汤（《中医骨伤证治》）加减。茵陈、黄柏、薏苡仁、栀子、苍术、防己等。或口服川仁祛风止痛片清热除湿、通络止痛。

⑤肾阳虚衰证。

治法：温肾壮阳，通痹止痛。

推荐方药：温肾壮阳方（《中医骨伤证治》）加减。巴戟天、熟地黄、枸杞子、制附子、补骨脂、仙茅等。或口服地仲健骨颗粒。

⑥肝肾阴虚证。

治法：滋阴补肾，强筋壮骨。

推荐方药：养阴通络方（《中医骨伤证治》）加减。南沙参、北沙参、麦冬、五味子、桂枝、生地、丹参、川芎、益母草等。或同类功效的中成药。

（3）西药治疗。

患者疼痛严重者，可配合非甾体类消炎药，麻木明显者可配合营养神经类药物。

（4）练功疗法。

练功疗法是巩固疗效的关键。主要锻炼腹肌、臀大肌，拉伸髂腰肌、竖脊肌，以维持腰椎力线的平衡。前滑脱型选用健脊强身十八式中的第十七式、第十八式之二；后滑脱型选用健脊强身十八式中的第十六式。

（5）弹力腰围支持疗法。

治疗后选用型号合适的弹力腰围进行固定，功能锻炼及卧床时取下弹力腰围。

（6）预防与护理调摄。

①椎弓峡部退变与腰骶角变小关系密切。穿高跟鞋的妇女，容易造成腰骶角变小；尤其是经产育后的中年妇女，不宜再穿高跟鞋，以免加重椎弓峡部的应力，造成椎弓峡部退变。

②临床上滑脱复位后引起复发者，往往是因为没有坚持练功。因此，患者自己练功利于本病康复及巩固疗效，练功活动时不能做腰部的过伸和旋转动作，不宜肩挑和扛抬重物。

（十四）膝痹病（膝关节退行性骨性关节炎）

由劳损或年高，膝失精血充养、经气不利所致。以膝部长期固定疼痛、活动时关节内有声响等为主要表现的肢体痹病类疾病。主要原因是关节软骨受破坏，关节软骨基质软化并失去弹性、丧失强度，并引起软骨下骨的硬化或囊性变及骨赘形成。病情加重影响整个关节结构，晚期导致关节畸形和功能丧失。

1. 临床表现

（1）有胶着现象。负重时加重，休息后疼痛缓解，静止一段时间后再活动，局部出现短暂的僵硬感和疼痛，持续一段时间活动，症状消失，连续活动后又出现疼痛。

（2）疼痛。疼痛多位于膝关节内侧、髌股之间或髌骨周围部位，也可以不固定。夜间也会疼痛，负重和劳累时疼痛加重，疼痛常与气温有关，天气变化时加重，故有"老寒腿"之称。

（3）关节强硬和畸形。此为重要体征，早期偶尔出现，以后则经常发作且逐渐恶化；畸形以膝内翻最为常见，称为O形腿。还有X形腿、K形腿等名称，这些都是膝关节骨关节炎晚期的征象。

（4）肿胀、跛行和滑脱感。肿胀可由膝关节内积液所致，也可以为软组织变性增生所致，跛行是因疼痛及畸形所致。滑脱感多因关节内游离体脱落，关节滑囊缘卷入关节也可出现滑脱感觉。患者常诉有"打软腿"的感觉，可能有"交锁""弹响"的情况，引起突然而强烈的疼痛，常伴恐惧感。

（5）功能障碍。包括膝关节的僵硬、不稳等，日久关节周围的肌肉可见萎缩，长期的关节疼痛可以使患者不自觉地保持屈曲状态，使关节产生挛缩，影响患者的日常生活和工作。

膝关节正、侧位 X 照片，显示髌骨、股骨髁、胫骨平台关节缘呈唇样骨质增生或有骨刺生成，胫骨髁间隆突变尖，关节间隙变窄，软骨下骨质致密，有时可见关节内游离体。

2. 鉴别诊断

（1）中医。

本病属"痹证"范畴，当与痿证鉴别。其鉴别要点首先在于痛与不痛，痹证以痛为主，痿证则为肢体力弱，无疼痛症状。其次痿证的活动障碍为无力运动，痹证则因痛而影响活动。再者，痿证病初既有肌肉萎缩，而痹证则是由于疼痛甚或关节僵直不能活动，日久废而不用导致肌肉萎缩。

（2）西医。

① 类风湿性关节炎。最早侵犯小关节，如手关节，疼痛左右对称，可表现为多关节疼痛，通过 C 反应蛋白、血液学检查、类风湿因子检查可诊断。

② 风湿性关节炎。可侵犯大关节，表现为游走性疼痛，患者可伴有风湿热，服用阿司匹林后疼痛可明显缓解。

③ 牛皮癣性关节炎。通过病史可诊断。

④ 痛风性关节炎。通过病史可诊断。

⑤ 感染性关节炎。疼痛较严重，表现为夜间疼痛、体温升高、关节肿胀、膝关节拒动、存在深压痛，通过关节穿刺取液化验可诊断，如未及时治疗会遗留严重后遗症。

3. 中医综合疗法

（1）中医内治法。

一般认为，老年性组织变性和长期膝关节积累性劳损为本病的主要原因。中医认为，膝骨性关节炎属于"骨痹""膝痛"范畴，所谓"痹者闭也，以气血为邪之所闭，不得通行而痛也"。《张氏医通》曰："膝为筋之府……膝痛无有不因肝肾虚者。"《诸病源候论》曰："肝主筋而藏血。肾主骨而生髓，虚劳血损耗髓，故伤筋骨。"可见本病与肝肾不足关系密切，因中老年人随着年龄的增长，肝肾渐亏，不能生骨充髓，髓腔不充，骨失所养，而使骨骼发生退行性改变；加之久行久站，关节边缘外生骨赘，肝血不足，则不能濡筋养络而筋弱，故致关节疼痛，屈伸不利。加之外伤、劳损及风寒湿邪等乘虚而入发为本病。其病因病机为本"痿"标"痹"，故治疗当以补益肝肾为主，兼以益气活血，达到标本兼治的目的。

① 风寒湿痹证。

肢体关节酸楚疼痛、痛处固定，有如刀割或有明显重着感或患处表现肿胀感，关节活动欠灵活，畏风寒，得热则舒。舌质淡、苔白腻，脉紧或濡。

治法：祛风散寒，除湿止痛。

方药：防己黄芪汤加减。

防己 15 g	黄芪 30 g	白术 15 g	生姜 10 g
大枣 5 枚	防风 8 g	秦艽 15 g	茯苓 15 g
桂枝 12 g	葛根 15 g	甘草 6 g	

900 ml 水煎服，一日一剂，每日 3 次，每次 300 ml，饭后温服。

本院制剂：给予双蛇活络颗粒 5.0 g po tid，外用术星风活络膏、红冰止痛酊。

② 风湿热痹证。

起病较急，病变关节红肿、灼热、疼痛，甚至痛不可触，得冷则舒；可伴有全身发热或皮肤红斑、硬结。舌质红，苔黄，脉滑数。

治法：清热疏风，除湿止痛。

方药：大秦艽汤加减。

秦艽 15 g	当归 15 g	羌活 12 g	防风 10 g
白芷 15 g	熟地黄 15 g	茯苓 12 g	川芎 12 g
白芍 18 g	独活 12 g	石膏 30 g	黄芩 15 g
生地黄 15 g	白术 15 g	细辛 5 g	甘草 5 g

900 ml 水煎服，一日一剂，每日 3 次，每次 300 ml，饭后温服。

本院制剂：川仁祛风止痛 4 g po tid，外用六香止痛活络膏、红冰止痛酊。

③瘀血痹阻证。

肢体关节刺痛，痛处固定，局部有僵硬感，或麻木不仁，舌质紫暗，苔白而干涩。脉弦或细涩。

治法：活血化瘀，舒筋止痛。

方药：身痛逐瘀汤加减。

桃仁 15 g	红花 12 g	当归 15 g	川芎 15 g
地龙 12 g	香附 12 g	羌活 12 g	秦艽 12 g
五灵脂 12 g	没药 8 g	牛膝 15 g	甘草 10 g

900 ml 水煎服，一日一剂，每日 3 次，每次 300 ml，饭后温服。

本院制剂：八位活血片 1.2 g po tid 或棱莪活血颗粒 12 g po tid，外用六黄止痛膏、红冰止痛酊。

④肝肾亏虚证。

膝关节隐隐作痛，腰膝酸软无力，酸困疼痛，遇劳更甚，舌质红，少苔，脉沉细无力。

治法：培补肝肾，舒筋止痛。

方药：独活寄生汤加减。

川芎 10 g	秦艽 30 g	桑寄生 30 g	生地黄 10 g
细辛 10 g	赤芍 10 g	杜仲 15 g	川牛膝 30 g
枳壳 15 g	茯苓 20 g	桂枝 10 g	当归 15 g
独活 30 g	红花 10 g	防风 15 g	五加皮 10 g
甘草 10 g			

900 ml 水煎服，一日一剂，每日 3 次，每次 300 ml，饭后温服。

本院制剂：地仲健骨颗粒 5 g po tid 或活血壮骨颗粒 5 g po tid，外用红冰止痛酊、六黄止痛膏。

（2）中药外治法。

借助药力和热疗综合作用于患膝，改善局部血液循环，消除关节周围症。中药膏剂外敷局部、中药熏洗等疗效显著。另外，亦有利用高压锅喷气，将药液装入锅内，调整合理温度和气流、速度，对膝关节进行喷洗，借助其温度及气压所产生的穿透力，使药物离子透入人体病变局部，使药物达到病变组织，从而获得药物和穴位刺激的双重治疗效应，以行气活血、濡养筋骨、祛风散寒燥湿。我院自制的活血化瘀中药熏洗方，连艾活血洗剂、艾甘风湿洗剂。

（3）手法治疗。

① 体位：患者先取俯卧位，下肢伸直放松，踝关节下垫低枕。

治疗者以拿法或滚法施于大腿后侧（腘绳肌）、小腿后侧约2分钟。推、揉或一指禅推腘窝部2分钟。

② 体位：患者先取俯卧位，下肢伸直放松，踝关节下垫低枕。

先以滚法施于患肢阔筋膜张肌、股四头肌、内手肌群约3分钟。

然后摩、揉或一指禅推法施于内外膝眼、阿是穴，每穴操作约40秒。

③ 体位：患者仰卧，下肢伸直放松，移除垫枕。

推髌骨，向上、下、内、外各方向推动髌骨，先轻柔推动数次，再将髌骨推至极限位，维持2~3秒，反复3次。

④ 膝关节拔伸牵引：治疗者双手握持小腿远端拔伸并持续2秒，力量以膝关节牵开感为度，反复5次；然后，以相同法作持续牵引30秒（如有助手，可由助手固定大腿远端，再行上述操作）。

被动屈曲，收展髋关节至极限（以患者能忍受为度），反复3次。

手法：擦、点、揉、搏、一指禅推法、拔伸、牵引等手法。

以上手法每日1次，10次为一疗程。

膝关节错缝术调整关节间隙，缓解疼痛，每周一次。

（4）针刺治疗。

① 体位。

坐位或卧位，膝关节屈曲90°。

② 取穴方法。

局部取穴：阳陵泉、阴陵泉、足三里、犊鼻、内膝眼、鹤顶、血海、阿是等穴位。

远端取穴：昆仑、悬钟、三阴交、太溪、后溪等穴位。

③ 针刺方法。

选穴需遵循"君、臣、佐、使"的原则，才能得到较好的疗效。皮肤消毒后，采用单手直刺进针，给予快速撵转强刺激，患者局部感酸、麻、胀较强为宜，不留针。针刺过程要将注意力高度集中在刺手，下针精准、快速，精、气、神的传递效果最佳，病人最易得气，而局部的酸麻胀痛感则会最佳；行针宜撵转而不提插，提插手法操作不便，且撵转法更易激发经气传导。针刺的深度必须遵循中医的辨证论治的思想，切不可固定不变。人是一种有生命的有机体，随时都有着不同的改变，因此在治疗疾病时要实时分析患者的疾病性质，灵活掌捏针刺深度。

（5）拔罐放血。内膝眼、鹤顶、血海、阿是等穴位先行拔 3～5 个火罐（留罐时间 5 分钟），再用针灸或梅花针在拔火罐处刺络放血，再行火罐，抽出瘀血。

（6）临床其他常用疗法。

关节腔注射玻璃酸钠，可增加关节润滑，保护关节软骨，促进关节软骨的再生、愈合，以改善关节活动。治疗方法：患者取仰卧位，患侧膝关节伸直。选择髌骨上内侧或下内侧为穿刺点，用玻璃酸钠行关节内注射。整个过程应严格按无菌操作进行。被动屈伸膝关节 10 次以上，促使药液均匀地分布在关节腔内。治疗期间可配合其他治疗手段，如：口服酮洛芬、美洛昔康、塞来昔布等止痛药，中药汤剂煎服，中药熏洗以及外敷中药膏剂治疗。嘱患者行少许轻微关节活动。每周注射 1 次，3～5 周为 1 个疗程，2 个疗程间歇 3 周。通过关节腔内注射外源性的玻璃酸钠可发挥如下作用。

提高关节滑液中玻璃酸钠含量，使其在软骨及滑膜表面重新形成已破坏的自然屏障，防止软骨基质进一步破坏及降解。

改善病理状态下滑液的生物学功能，减轻或消除关节摩擦及疼痛，发挥对滑膜及软骨的润滑及保护作用，改善关节功能。

玻璃酸钠还可与已释放于滑液中的糖蛋白形成聚合物，抑制炎症反应，修复损伤软骨。

抑制白细胞移动、趋化，减少滑膜的通透性及关节腔积液。

覆盖及保护痛觉感受器，与疼痛介质结合，缓解疼痛。

4. 中医康复方案

（1）早期康复方案。

① 临床表现和特点。

外伤闪挫、劳累或感受外邪诱发关节炎急性发作，主要表现为膝关节疼痛剧烈，肿胀，行走困难，静息痛，夜间痛。查体见：患膝肿胀严重，局部皮温增高，关节间隙压痛，髌骨边缘压痛，部分磨髌试验阳性，关节屈曲受限明显。治疗时间一般为 1～2 周。

② 临床治疗。

a. 物理治疗。根据病情选取。

护具：以护膝或弹力绷带固定制动休息，适当减少行走。

b. 运动疗法。

踝泵训练：早期患膝以静养为主，无痛条件下进行踝泵训练，每天尽可能达 1000 次。

压膝运动：患者取坐位或卧位，膝关节稍屈曲，足跟用力下压床面 5～10 秒，每天尽可能达 1000 次，以减缓腘绳肌萎缩。

直抬腿训练：每个动作 15 次/组，4 组/天，训练后冰敷 15～20 分钟。

（2）中期康复方案。

① 临床表现和特点。

经过治疗，关节疼痛，肿胀减轻，活动度改善，可短距离行走，上下楼疼，蹲起困难，关节僵硬，劳累后症状加重。查体见：膝关节微肿或不肿，关节间隙和髌骨边缘可有轻微压痛，部分磨髌试验阳性，股四头肌有不同程度的萎缩。一般疗程为 2～3 周。此期除了对症治疗，消除肿痛症状外，还应指导患者加强膝关节周围肌群肌力训练，控制体重，标本兼治。

② 临床治疗。

a. 物理治疗（同早期）。

b. 运动疗法。

继续压膝训练、踝泵训练、直抬腿训练和股四头肌、腘绳肌抗阻训练，每个动作 20 次/组，2～4 组/天。

关节活动度训练：每天注意伸、屈膝关节，保持关节活动度。

肌肉抗阻训练：选择沙袋、弹力带、巴氏球进行等长训练，多点等长抗阻伸膝训练，终末伸膝抗阻训练。

改良站桩训练，三体式站桩训练。

仰卧位空蹬自行车训练，坐位夹球训练。

五禽戏及易筋经等中医特色练功疗法。

（3）晚期康复方案。

① 临床表现和特点。

由于年龄较高，病程太长，或长期治疗，调护失当，膝关节出现内翻或外翻畸形，关节屈曲挛缩畸形，甚至关节僵直，明显影响日常生活能力。中医辨证以肝肾亏虚型为主，主要是对症治疗，期望能减轻部分症状，改善生活质量。

② 临床治疗。

a. 物理治疗。

物理治疗原则上主要是以对症治疗为主，基本方法同中期。同时辅以日常生活功能训练，可配合护膝、支具使用，期望能建立更多功能代偿，减少对日常生活的影响。理疗可缓解关节疼痛、僵直，可采取中药熏洗外治法、推拿手法。抚摩、揉、揉捏膝关节上下肌肉，弹拨肌肉肌腱附着点，指针膝关节周围穴如梁丘、血海、阳陵泉、阴陵泉、鹤顶等，电针刺梁丘、内外膝眼、血海、阳陵泉、阴陵泉、鹤顶。还可以采用超声、超短波、蜡疗、中药离子导入、灸法、关节内注射玻璃酸钠针等。多数患者年龄已高或畸形严重，需密切观察训练时的不良反应。此期如果中医康复治疗疗效欠佳，持续性关节疼痛而严重影响日常生活质量，关节内有游离体，可考虑关节镜下切除术或打磨术、滑膜切除术、关节镜清理、关节灌洗等。若效果不明显，可考虑关节置换。

b. 运动疗法。

膝关节活动范围训练：膝痹病晚期关节易于粘连，应强调每天坚持关节活动范围训练。

由于肌力、本体感觉、平衡能力下降明显，要鼓励患者做力所能及的等长肌力训练。

日常生活功能训练：训练用支具、护膝、手杖、拐杖、轮椅等，期望能建立更多功能代偿，减少对日常生活的影响。

总结：主要预防是避免身体肥胖，防止加重膝关节的负担，防止膝关节固定一种姿势而用力过大破坏软骨。膝关节遇到寒冷时，应注意保暖，必要时戴上护膝，防止膝关节受凉，游泳和散步是最好的运动。另外，仰卧起坐、俯卧撑、桥形拱身以及仰卧床上把两腿抬起放下的反复练习、模仿蹬自行车，都是患者适应的运动。

（十五）膝关节滑膜炎

膝关节滑膜炎是一种因劳损或年高，膝失精血充养，经气不利所致。以膝部长期固定疼痛、活动时关节内有声响等为主要表现的肢体痹病类疾病。以关节软骨的变性、破坏及骨质增生为特征，又称增生性膝关节炎、老年性膝关节炎。

临床上以中老年发病最常见，女性多于男性，病理特点为局灶性关节软骨的退行性变、软骨下骨质变密（硬化）、边缘性骨软骨骨赘形成和关节畸形。

1. 中医证候诊断

（1）风寒湿痹证。肢体关节酸楚疼痛、痛处固定，有如刀割或有明显重着感或患处表现肿胀感，关节活动欠灵活，畏风寒，得热则舒。舌质淡，苔白腻，脉紧或濡。

（2）风湿热痹证。起病较急，病变关节红肿、灼热、疼痛，甚至痛不可触，得冷则舒为特征；可伴有全身发热，或皮肤红斑、硬结。舌质红，苔黄，脉滑数。

（3）瘀血痹阻证。肢体关节刺痛，痛处固定，局部有僵硬感，或麻木不仁，舌质紫暗，苔白而干涩，脉弦或细涩。

（4）肝肾亏虚证。膝关节隐隐作痛，腰膝酸软无力，酸困疼痛，遇劳更甚，舌质红、少苔，脉沉细无力。

膝痹病的发生与体质因素、气候条件、生活环境及饮食等有密切关系。正虚卫外不固是本病发生的内在基础,感受外邪是本病发生的外在条件。邪气痹阻经脉为其病机根本,其病变多累及筋骨、肌肉关节。

痹证与痿证的鉴别。痹证是由风、寒、湿、热之邪流注肌腠经络,痹阻筋脉关节而致。鉴别要点首先在于痛与不痛,痹证以关节疼痛为主,而痿证则以肢体力弱,无疼痛症状;其次要观察肢体的活动障碍,痿证是无力运动,痹证是因痛而影响活动;最后,部分痿证病初即有肌肉萎缩,而痹证则是由于疼痛或关节僵直不能活动,日久废而不用导致肌肉萎缩。

X 线检查。骨关节炎的 X 线特点表现为非对称性关节间隙变窄,软骨下骨硬化和囊性变,关节边缘骨质增生和骨赘形成;关节内游离体,关节变形及半脱位。

膝关节 CT 检查。CT 影像主要表现为骨质增生、半月板疾患及关节软组织改变。(1)单纯性骨质增生,包括表现为髁间嵴骨质增生;关节面骨质增生;关节内游离体。CT 定位片可见髁间嵴明显变尖,横断位主要表现为髁间嵴边缘毛糙,甚至形成骨刺改变。(2)膝关节骨关节炎患者半月板损伤的 CT 影像为半月板局限性低密度区、半月板轮廓异常、边缘毛糙,半月板内裂隙征、半月板真空征。半月板局限性密度降低,在 CT 上表现为圆形、椭圆形或不规则低密度影,但半月板边缘完整,周围境界清晰。轮廓异常 CT 影像表现为半月板圆弧形边缘改变,外缘膨隆或局部凸出。(3)关节软组织改变包括关节囊肿胀、关节积液及窝囊肿。

膝关节 MRI 检查。软骨损伤 MRI 分别表现为高信号软骨内异常低信号影,软骨面毛糙、缺损、完全缺失、骨赘形成。软骨下骨单纯水肿在 T1WI 上表现为片状低信号,FS-T1WI-FLASH 上呈高信号,骨质吸收破坏呈斑片状长 T1 长 T2 影,境界清晰,骨质增生硬化在 MRI 各序列上均呈片状、条状、环状及分隔状低信号。

实验室检查。血常规、蛋白电泳、免疫复合物及血清补体等指征一般在正常范围。伴有滑膜炎者可见 C 反应蛋白(CRP)及血沉(ESR)轻度升高,类风湿因子及抗核抗体阴性。

关节腔积液穿刺涂片镜检及关节腔积液穿刺作细菌培养。

根据 Kell gren 和 Lawrecne 的放射学诊断标准，骨性关节炎分为五级。

0 级：正常。

Ⅰ级：关节间隙可疑变窄，可能有骨赘。

Ⅱ级：有明显的骨赘，关节间隙轻度变窄。

Ⅲ级：中等量骨赘，关节间隙变窄较明确，软骨下骨质轻度硬化改变，范围较小。

Ⅳ级：大量骨赘形成，可波及软骨面，关节间隙明显变窄，硬化改变极为明显，关节肥大及明显畸形。

根据临床与放射学结合，可分为以下三期。

早期：症状与体征表现为膝关节疼痛，多见于内侧，上下楼或站起时犹重，无明显畸形，关节间隙及周围压痛，髌骨研磨试验（＋），关节活动可。X线表现（0～Ⅰ级）。

中期：疼痛较重，可合并肿胀，内翻畸形，有屈膝畸形及活动受限，压痛，髌骨研磨试验（＋），关节不稳。X线表现（Ⅱ～Ⅲ级）。

晚期：疼痛严重，行走需支具或不能行走，内翻及屈膝畸形明显，压痛，髌骨研磨试验（＋），关节活动度明显缩小，严重不稳。X线表现（Ⅳ级）。

2. 西医鉴别诊断

（1）风湿性关节炎。有链球菌感染史，并常因链球菌感染后复发。表现为游走性，活动期血沉加快，抗 O 阳性。X线检查多无异常发现。

（2）类风湿关节炎。两者都累积指关节、膝关节等，然而类风湿以近指关节和掌指关节的病变为突出，且关节肿痛、滑膜炎症远较骨性关节炎明显，很少出现 Heberden 结节，且类风湿因子阳性，血沉增快。

（3）膝关节非特异性滑膜炎。主要表现为反复膝关节积液，浮髌试验阳性。膝关节肿胀程度与该膝关节疼痛及活动受限程度不一致，关节肿胀常非常严重，但关节疼痛却相对较轻，表现为闷胀感。X线片仅显示软组织肿胀，无骨赘形成。

（4）膝关节结核。病人常有消瘦、面色苍白、盗汗、低热症状，白细胞计数稍高；连续 X 线片常可显示进行性骨质破坏；结核菌素试验呈强阳性；

关节液检查或取得病变滑膜组织做活检可确诊。

（5）化脓性关节炎与创伤性关节炎。化脓性关节炎初期可见关节红肿疼痛，关节活动障碍，发热，白细胞计数明显增高。关节穿刺涂片镜检可见大量脓细胞，细菌培养能发现致病菌。创伤性关节炎有明确外伤史，伤后关节肿胀，疼痛，活动受限。关节穿刺可见血性关节积液。涂片镜检可见大量红细胞，无脓细胞。细菌培养无致病菌发现。

（6）色素沉着绒毛结节性滑膜炎。发病年龄多为 20～40 岁青壮年，膝关节是最常受累部位，常见情况是滑膜肥厚而膝关节肿胀，肿胀程度逐渐加重与间歇性关节积血有关。表现为髌上囊或腘窝的局部软组织包块，无膝关节弥漫性肿胀。此时，包块可能类似软组织肉瘤，如滑膜肉瘤，见于 50 岁左右的病人，MRI 可确诊。

（7）银屑病关节炎。亦易累及远指关节但 X 线表现与骨性关节炎不同。患者皮肤有银屑病皮疹。病变多发生在手、足关节，骶髂关节和脊柱也常受侵害，膝关节偶尔可见，早期就可呈强直性改变。脊柱中以颈椎多见。无皮下结节，血清检查（-），血沉可增快，有时血尿酸增高。

（8）神经性关节炎（夏科氏关节）。医学上所说的神经性关节炎，是指脊髓空洞症、脊髓痨、半身不遂、截瘫和周围神经损伤的神经系统疾病，可引起骨与关节软骨的广泛破坏。原发的神经病变可以造成关节深部感觉障碍，从而对关节的磨损、震荡、挤压、劳损不能察觉，因而也就不能自主地保护和避免。而神经营养障碍使修复能力低下，使患者在无感觉下造成关节软骨破坏、关节囊、韧带松弛，易形成关节脱位和连枷关节。

（9）痛风性关节炎。本病多见男性，好发部位以第一跖趾多见，其次为踝、膝、肘、腕、手指关节。起病急，数小时出现关节红、肿、热、痛，严重时不能触摸，尿酸结晶沉积于关节附近或皮下，形成痛风结节（痛风石），可以局部骨质破坏或畸形。血尿酸明显升高，常在 357 μmol（6 mg/dl）以上。活检可见到针状尿酸结晶。饮用啤酒或肝、肾内脏食物多可诱发本病。

3. 治疗方案

（1）中医辨证论治。

① 风寒湿痹证。

证候：肢体关节酸楚疼痛、痛处固定，有如刀割或有明显重着感或患处表现肿胀感，关节活动欠灵活，畏风寒，得热则舒。舌质淡，苔白腻，脉紧或濡。

治法：祛风散寒，除湿止痛。

方药：防己黄芪汤加减。

防己 15 g	黄芪 30 g	白术 15 g	生姜 10 g
大枣 5 枚	防风 8 g	秦艽 15 g	茯苓 15 g
桂枝 12 g	葛根 15 g	甘草 6 g	

煎服法：加水 1000 ml，煎至 600 ml，1 日 1 剂，每日 3 次，每次 200 ml 内服。

② 风湿热痹证。

证候：起病较急，病变关节红肿、灼热、疼痛，甚至痛不可触，得冷则舒；可伴有全身发热或皮肤红斑、硬结。舌质红，苔黄，脉滑数。

治法：清热疏风，除湿止痛。

方药：大秦艽汤加减。

秦艽 15 g	当归 15 g	甘草 5 g	羌活 12 g
防风 10 g	白芷 15 g	熟地 15 g	茯苓 12 g
川芎 12 g	白芍 18 g	独活 12 g	石膏 30 g
黄芩 15 g	生地 15 g	白术 15 g	细辛 5 g

煎服法：加水 1000 ml，煎至 600 ml，1 日 1 剂，每日 3 次，每次 200 ml 内服。

③ 瘀血痹阻证。

证候：肢体关节刺痛，痛处固定，局部有僵硬感，或麻木不仁，舌质紫暗，苔白而干涩，脉弦涩或细涩。

治法：活血化瘀，舒筋止痛。

方药：身痛逐瘀汤加减。

秦艽 15 g	川芎 12 g	桃仁 15 g	红花 10 g
甘草 6 g	羌活 12 g	没药 10 g	香附 12 g
牛膝 18 g	地龙 12 g	当归 15 g	赤芍 12 g

煎服法：加水 1000 ml，煎至 600 ml，1 日 1 剂，每日 3 次，每次 200 ml。

④ 肝肾亏虚证。

证候：膝关节隐隐作痛，腰膝酸软无力，酸困疼痛，遇劳更甚，舌质红，少苔，脉沉细无力。

治法：培补肝肾，舒筋止痛。

方药：独活寄生汤加减。

独活 12 g	防风 10 g	秦艽 15 g	细辛 5 g
肉桂 8 g	党参 30 g	茯苓 15 g	甘草 6 g
当归 15 g	生地 15 g	熟地 15 g	白芍 20 g
杜仲 15 g	牛膝 18 g	桑寄生 30 g	

煎服法：加水 1000 ml，煎至 600 ml，1 日 1 剂，每日 3 次，每次 200 ml。

（2）辨证使用中成药。

使用本院自制中成药。风寒湿痹证给予双蛇活络颗粒 5.0 g tid；风湿热痹证给予川仁祛风止痛片 4.0 g tid；瘀血闭阻证给予八位活血片 1.2 g tid 或棱莪活血颗粒 12 g tid；肝肾亏虚证给予地仲健骨颗粒 5 g tid 或活血壮骨颗粒 5 g tid。

静脉给药：① 注射用血栓通（冻干）300 mg，静滴，qd。② 参芎葡萄糖注射液 200 ml，静滴，qd。③ 鹿瓜多肽注射液 10 ml，静滴，qd。④ 复方骨肽注射液 10 ml，静滴，qd。

（3）西医治疗。

盐酸氨基葡萄糖片 0.48 g tid；美洛昔康胶囊 10 mg qd；洛芬待因缓释片 0.2 g bid；玻璃酸钠注射液 25 mg 关节腔灌注。

（4）中医优势治疗。

① 刘氏膝关节滑膜炎推拿手法。

a. 患者先取俯卧位，下肢伸直放松，踝关节下垫低枕。医者以推拿法或滚法施于大腿后侧（腘绳肌）、小腿后侧约 2 分钟。推、揉或一指禅推腘窝部 2 分钟。

b. 患者仰卧，下肢伸直放松，膝关节下垫低枕。先以滚法施于患肢阔筋膜张肌、股四头肌、内收肌群约 2 分钟。然后摩、揉或一指禅法施于内外膝眼、阿是穴，每穴操作约 40 秒。

c. 推髌骨。向上下内外各方向推动髌骨，先轻柔地推动数次，再将髌骨推至极限位，维持 2~3 秒，反复 3 次。

d. 膝关节拔伸牵引。医者双手握持小腿远端拔伸并持续 2 秒，力量以膝关节牵开感为度，反复 5 次；然后以同法作持续牵引约 30 秒。

e. 被动屈伸膝关节，至极限位（以病人能忍受为度），反复 3 次。

以上手法每日 1 次，10 次为一疗程。

f. 膝关节粘连传统手法松解术，每周一次。

② 针刺治疗。

a. 体位。坐位或仰卧位，膝关节屈曲 90°。

b. 取穴方法。

局部取穴：阳陵泉、阴陵泉、足三里、犊鼻、膝眼。

远道取穴：昆仑、悬钟、三阴交、太溪。

c. 针刺方法。进针前穴位皮肤碘酒消毒，再用 75%乙醇脱碘消毒；采用指切或夹持进针法，垂直于皮肤进针，针刺深度按部位不同在 10~25 mm 范围，捻转得气（局部痠、胀、重、麻感）后，接通电针治疗仪，使用连续波刺激 20 分钟，每周治疗 5 次。温针灸把艾条切成 1.5~2.5 cm 长条，放置于针尾部，点燃朝皮肤面艾条端，每次 1~2 柱（糖尿病及皮肤破损者禁用）。

d. 皮肤针。使用皮肤针重叩膝关节疼痛部位，使出血少许并加拔罐治疗。

注意事项：明显关节肿胀者可以远道取穴方式治疗。

③ 灸法治疗。

将点燃的艾条对准足三里、阳陵泉、犊鼻三穴上往复回旋熏灸，每穴施灸 20 分钟，或运用灸盒在中医辨证施治的指导下进行操作，时间 20 分钟，以皮肤潮红为宜。（糖尿病病人及皮肤破损处禁用）

④ 中药熏洗疗法。

使用本院制剂连艾活血洗药或艾甘风湿洗药，借助智能中药熏蒸仪进行治疗，每次 20 分钟，每周 5 次。

（5）其他治疗。

a. TDP 灯照射患部，每日一次，每次 15 ~ 20 分钟，10 次为一疗程。

b. 经络导频治疗仪治疗，正极取膝眼穴，负极取梁丘、阳陵泉、膝阳关及阿是穴，以病人舒适到耐受为度，每次 15 分钟，每周 2 次。

c. 中药涂擦治疗。运用本院制剂红冰止痛酊涂擦患部，每次 10 ml，每日 2 次。

d. 穴位注射。常选用复方骨肽注射液，穴位或痛点注射，隔日一次，十次为一疗程。

e. 中药外敷。采用本院制剂六黄止痛膏或术星风湿活络膏，2 日一次，5 次为一疗程。

f. 艾灸仪。每日一次，每次 15 ~ 20 分钟，10 次为一疗程。（糖尿病病人及皮肤破损处禁用）

g. 运动疗法：使用膝关节功能恢复仪治疗，每次 15 分钟，每日 1 次。

h. 小针刀治疗。

（6）功能训练。

踝关节主动屈伸锻炼（踝泵）。踝关节用力、缓慢、全范围的跖屈、背伸活动，可促进血液循环，消除肿胀。每日 2 次，每次 1 ~ 2 组，每组 20 个。

等长训练。股四头肌等长收缩、腘绳肌等长收缩练习，可减轻关节周围肌肉的抑制，提高肌力，具有防止肌肉萎缩、消除肿胀、刺激肌肉肌腱本体感受器的作用。

关节活动度训练。仰卧位闭链屈膝锻炼，要求屈膝过程中足跟不离开床面，在床面上活动，称为"闭链"。每日锻炼 4 次，每次约 1 小时。

（7）手术治疗。

对于病情较重、具有相应适应证的患者，可以选择关节镜清理、软骨移植和关节置换等治疗。

目前我国处于人口老龄化加重时期，膝关节滑膜炎成为中老年人常见骨科病症。由于该病病程长，软骨组织自身修复能力较差，在膝关节滑膜炎病程晚期，软骨发生不可逆的改变，造成患者丧失部分或全部的膝关节功能，不仅严重影响到患者的生活质量，而且给社会带来了沉重的经济负担。

由于膝痹病发病的特殊性，该病易受天气变化影响而病情反复发作，在治疗中病程较长，治疗收效缓慢。膝痹病日久可出现膝关节僵硬、变形、活动功能受限，给部分患者带来一定心理压力。

刘育才老师采用内服中药、局部推拿、针灸为主，配合电针、膝关节腔冲洗、中药熏洗等中医传统疗法在临床上广泛应用。

（十六）踝关节扭伤

踝关节扭伤是临床常见的疾病，在关节及韧带损伤中是发病率最高的疾病。踝关节是人体距离地面最近的负重关节，也就是说踝关节是全身负重最多的关节。踝关节的稳定性对于日常的活动和体育运动的正常进行起重要的作用。踝关节周围的韧带损伤都属于踝关节扭伤的范畴。踝关节扭伤可能导致的损伤包括外踝的距腓前韧带跟腓韧带、内踝三角韧带、下胫腓横韧带等。

踝关节扭伤的临床表现包括伤后迅即出现扭伤部位的疼痛和肿胀，随后出现皮肤瘀斑。严重者患足因为疼痛肿胀而不能活动。外踝扭伤时，患者在尝试行足内翻时疼痛症状加剧。内侧三角韧带损伤时，患者在尝试行足外翻时疼痛症状加剧。经休息后疼痛和肿胀可能消失，会出现因韧带松弛导致的踝关节不稳，反复扭伤。

患者有明显的踝关节扭伤史；伤后踝部疼痛、肿胀、活动障碍；可有明显的皮下瘀斑或皮肤青紫；患者呈跛行步态；内翻损伤者外踝前下方压痛明显，内翻应力实验阳性；外翻损伤者内踝前下方压痛明显，外翻应力实验阳性；X 线片：踝关节无骨折及明显脱位；内、外踝处可有小骨片撕脱。必要时须加照应力位 X 片，观察踝穴的对称性或行踝关节造影（可在血肿麻醉下进行）；若经临床检查和 X 线片检查高度怀疑踝关节韧带损伤，为了解损伤的程度，患者经济允许可行踝关节 MRI 检查。

结合中医骨伤理论、外伤机制和临床四诊表现，可分为两种损伤。

内翻损伤。此型临床最多见，这是与踝关节的解剖特点有关。维持踝关节内侧稳定的三角韧带远比维持踝关节外侧稳定的跟腓韧带、距腓前韧带、距腓后韧带结实得多，而且外踝要比内踝长 1～2 cm。受伤是踝关节极度内翻，踝关节外侧疼痛、肿胀、皮下青紫，外踝前缘、下缘压痛明显，踝关节活动受限，X 线片有时可见到外踝尖处有小骨片撕脱。

外翻损伤。踝关节极度外翻位损伤，踝关节内侧处疼痛、肿胀、皮下青紫，内踝周围压痛明显，踝关节活动受限，X 线片踝关节多无异常，有时需要加照外翻应力位片。

1. 证候诊断

（1）血瘀气滞证。

损伤早期，踝关节疼痛，活动时加剧，局部明显肿胀及皮下瘀斑，关节活动受限。舌红边瘀点，脉弦。

（2）筋脉失养证。

损伤后期，关节持续隐痛，轻度肿胀，或可触及硬结，步行乏力。舌淡，苔白，脉弦细。

2. 治疗方案

（1）手法治疗。

按摩。先行放松肌肉，常用手法为表面摩、揉、推、按等。若有关节错缝，可作侧卧斜板法或俯卧板腿法。

侧卧斜板法。术者站于患者的右侧，患者取侧卧位，下面的腿伸直，上面的腿屈曲位，术者一手扶于患者的肩部，一手扶于患者的髋部，作反向用力，听到"咔"一声即可。

俯卧板腿法。术者站于患者的右侧，患者取俯卧位，术者左手置于患者腰骶部，右手置于患者膝部，左手用力按抵腰部，右手抬起双腿，使患者腰部反弓，可反复操作 3~5 次。

（2）针灸。

针刺得气后采用泻法，强刺激提插捻转后快速出针，取腰夹脊、肾俞、大肠俞、命门、腰阳关、委中、承山、腰痛、阿是穴。

（3）拔罐放血。

沿腰部督脉先行拔 3~5 个火罐（留罐时间 5 分钟），再用针灸或梅花针在拔火罐处刺络放血，再行火罐，抽出瘀血。

（4）中药熏药。

腰伤三天以后，可用我院自制的活血化瘀中药熏洗方，熏洗腰部。

（5）固定治疗。

损伤早期或理筋手法之后，可将踝关节固定于损伤韧带的松弛位置。若为韧带断裂者，内侧断裂固定于内翻位，外侧断裂固定于外翻位，6周后解除固定下地活动。并坚持腓骨肌锻炼，可垫高鞋底的外侧缘。若为韧带的撕裂者，可局部外敷中药，外用弹力绷带固定。外翻损伤固定于内翻位，内翻损伤固定于外翻位，一般固定2～4周。

（6）练功治疗。

外固定之后，应尽早练习跖趾关节屈伸活动，进而可做踝关节背屈、跖屈活动。肿胀消退后，可指导做踝关节的内翻、外翻的功能活动，以防止韧带粘连，增强韧带的力量。

（7）药物治疗。

气滞血瘀证。治宜行气活血化瘀止痛，内服院内制剂棱莪活血颗粒或八味活血片，外用院内制剂六黄止痛膏；内服中药汤剂活血止痛汤加减。

筋脉失养证。治宜养血壮筋，滋补肝肾。内服院内制剂地仲健骨颗粒，外用院内制剂连艾活血洗药；内服中药汤剂补肾壮筋汤加减。

踝关节扭伤是一种常见的踝关节伤筋疾病，在中医证候分类中，分为气滞血瘀证和筋脉失养证两大类，但临床中以气滞血瘀多见，气滞血瘀的患者多有踝部扭伤的病史，所以在八纲辨证中可辨为表证、实证、阳证，在治疗中内服及外用药物多以活血化瘀止痛类药物为主，中医外治法多以泻法为主，如针刺的泻法、拔罐放血疗法等。

（十七）面　瘫

面瘫，俗称"歪嘴巴""歪歪嘴""吊线风"，是以面部表情肌群运动功能障碍为主要特征的一种常见病。一般起病突然，多在睡眠醒来时发现一侧（或两侧）面部板滞、麻木、瘫痪，不能作鼓颊、皱眉、蹙额、露齿等动作，眼睑不能闭合，迎风流泪，额纹消失，病侧肌张力减低，口角被牵向健侧，鼻唇沟变浅或消失。因口轮匝肌和颊肌瘫痪，所以说话漏风，不会吹气，口角流涎，进食常嵌在齿颊之间。少数病人初起时同侧耳内、耳后及面部先有轻度疼痛（或热痛），多见于面神经炎；严重时还可以出现患侧舌前 2/3 味觉减退或消失，或听觉过敏等。或病程延长，恢复较慢，患侧面肌痉挛而嘴角反向向病侧，称为"倒错现象"，并有肌肉跳动，面部牵板不舒的感觉。

少数病例，病前患侧耳内、乳突部或侧头部有明显的疼痛，不论同时存在血压高低与否，若不首先治痛（多属于面神经炎）或清热止痛，一意只治面瘫，面瘫难以治愈。

本病的治疗，首先辨证，实证以祛邪通络为主，邪祛正自安。久之必有全身或患部虚的症状，方能施补。有全身症状者，辨证取穴，配补患野腧穴；无全身症状者，患侧取穴，施补或先少泻后多补之法。

治疗面瘫常取穴位如下。

印堂穴。位于前额部，当两眉头间连线与前正中线之交点处。推拿印堂穴可起到醒神、消灭头痛、通血络等效用。

阳白穴。位于面部，瞳孔直上方，离眉毛上缘约 2 厘米处。平常配太阳穴、睛明穴、鱼腰穴治目赤肿痛、视物昏花、上睑下垂等。

太阳穴。位于耳廓前方，前额两侧，外眼角延伸线的上方。在两眉梢后凹陷处。太阳穴阳经的主治病症为头痛、偏头痛、眼睛疲惫、牙痛等疾病。

四白穴。位于人面部，瞳孔直下，当眶下孔凹陷处。找这个穴位时，可以先将双手食指和中指并拢，穴位放在紧靠鼻子两侧处，中指尖位于鼻子中部，即鼻长二分之一处，拇指支持患侧颌骨的凹陷处，然后放下中指，食指尖所指的处所便是四白穴。常配阳白穴、地仓穴、颊车穴、合谷穴治口眼歪斜；配攒竹穴治眼睑睏动。

迎香穴。位于面部，在鼻翼旁开约 1 厘米皱纹中（在鼻翼外缘中点旁，当鼻唇沟中）。此穴的主治疾病为鼻炎、鼻塞、阳经鼻窦炎、流鼻水、鼻病、牙痛、伤风等。

地仓穴。位于面部，口舌外侧，上直对瞳孔。

颊车穴。位于脸颊部，下颌角前上方约 1 横指（中指），当品味时咬肌隆起，按之凹陷处。治疗面瘫平常向地仓穴透刺。

承浆穴。位于面部，当颏唇沟的正中凹陷处。

颧髎穴。位于目外眦直下，颧骨下缘凹陷处。主治口眼歪斜，眼睑瞤动，目赤、目黄、齿痛及面神经麻木、三叉神经痛等。

翳风穴。耳垂后耳部，颞骨乳突与下颌骨下颌支后缘间凹陷处。治面瘫时可向下颌骨前方的上下方透刺。

合谷穴。一手的拇指第一个关节横纹正对另一手针灸的虎口边，拇指屈曲按下，指尖所指处便是合谷穴。合谷穴属于手阳明大肠经的穴道，是一个很重要又好用的穴位，通常颜面上的病，像牙痛、头痛、发烧、口干、流鼻血、脖子痛、咽喉痛以及别的五官疾病等都有疗效，但要注意的是体质较差的病人，不宜给予较强的针灸刺激，妊妇平常都不要推拿合谷穴。

1. 风寒阻络型

多见初期。起病突然，一侧面部板滞、麻木，歪向健侧，不会做蹙额、皱眉、吹气、鼓颊动作，患侧眼睑不能闭合，迎风流泪，说话漏风，语言不清或进食常嵌在齿颊之间。患处畏风寒，得暖则舒。舌苔薄白，脉浮。一般无外感表证。

治则：祛风散寒，舒筋活络。

取穴：取健侧灵骨、大白（温阳散寒）配以患侧动气针法，再配取健侧侧三里、侧下三里，针泻曲池（祛风散寒）和患野的太阳、下关（加灸）、颊车（加灸），或加泻迎香、四白或阳白等穴。若无艾条，下关和颊车穴可快速捻泻，令局部发热，或配烧山火手法。若属血虚受风者，可补三阴交，泻曲池和患野腧穴，养血祛风、舒筋活络。

刺血：耳背耳尖、患侧口颊内侧瘀点刺血。

先取健侧灵骨、大白、侧三里、侧下三里，配合患侧动气针法，一边行平补平泻一边活动患侧。半小时后针泻曲池和患野的穴位。针灸后加以刺血效果更佳。

2. 风热侵袭型

多见初期。发病急速，一侧面部瘫痪，歪向健侧，说话漏风，语言不清，口角流涎，患侧眼睑闭合不全，迎风流泪，结膜充血，鼻唇沟变浅，额纹消失，不会作鼓颊、吹气、皱眉、蹙额活动。面赤，舌红苔薄黄或薄白，脉象浮数。

治则：疏风清热，舒筋祛邪。

取穴：先取穴侧健的侧三里、侧下三里，配合动气针法；再患侧针泻合谷和面部有关腧穴。若患侧乳突部先有或伴有轻度疼痛者，必须配泻翳风以清宣郁热。

刺血：患侧口颊内瘀点刺血，耳背耳尖刺血。

医案：患者林某，男，49岁，15天前患感冒，发烧、头痛。5天前，感冒治愈后，出现两侧面颊活动不得，张口无力，口唇不能闭合，咀嚼不随，下唇失灵，进食常嵌在两侧颊齿之间，舌肌活动不利，咽下无力，语言不清，无力吸吮流质食物，两睑不能闭合，流溢热泪，头部发热。外观双侧面肌麻痹，舌暗淡红，无苔。舌体胖，舌尖不能伸出接触上下口唇，脉象浮数。

辨证：风热之邪，侵袭面络，邪气反缓之双侧面瘫证候。

治则：疏风清热，宣畅面络。

一诊：针泻合谷、内庭、风池、三阴交。其风池穴针感达于眼睑部。共奏疏风行血、清宣阳明之效。

二诊：两眼流泪及头部发热减轻，眼睑已能闭合，自觉心里舒服，言语清楚，下唇仍活动不利，口唇闭合不紧。针穴手法跟第一次一样，加泻承浆穴通调唇络。

三诊：头部发热及两眼流泪治愈，下唇活动较好。针泻合谷疏风清热，针泻患野的鱼腰、地仓、承浆，通调面络。

四诊：眼睑闭合不紧，下唇已能活动，能作吹哨动作。针穴手法同前三次一样，减鱼腰穴。

五诊、六诊：仅下唇微觉不舒，其他症状治愈，取穴手法同四诊一样。

七诊：近几天口眼歪斜，左侧面瘫治愈，右眼流溢热泪，不会作吹哨运动，咀嚼障碍，言语不清，舌绛，脉象浮数。针泻右太阳，地仓、颊车、风池、祛风散邪，通畅面部经络。

九诊：右侧面瘫减轻，针泻太阳、下关、颊车、地仓、合谷。

十诊：外观面瘫已不明显。针泻右地仓、合谷和承浆。

后又针了一个疗程全部治愈。

3. 阳明热盛型

多见于初期或面神经炎。起病较快，一侧面部瘫痪，歪向健侧，面部觉热，或先有轻度疼痛，或见耳下腮部疼痛，患侧眼睑闭合不全，流溢热泪，不能作吹气、鼓颊、露齿、皱眉动作，额纹消失，甚至说话漏风，语言不清，口角流涎，进食易嵌在齿颊之间，口渴欲饮。面红唇赤，舌红苔黄，脉象洪数。

治则：清泻阳明热邪，通调面络。

取穴：先取健侧的侧三里、侧下三里配合患部动气针法，半小时后针泻合谷、内庭或解溪，配泻面部有关腧穴。若伴有便秘者，加泻足三里；耳部腮部痛者，必须加泻翳风（加泻在患野取穴的处方中）。

刺血：耳尖耳背、患部口颊内瘀点刺血。

医案：患者李某某，女，28岁，因口眼歪斜8天就诊。

患者18天前开始右侧齿痛、咽干、口渴，8天前出现右侧口眼歪斜，面部麻木烘热，右眼睑闭合不全，迎风流泪，咀嚼障碍，食物从口角流出，不会作皱眉、鼓颊、吹风等动作，言语略有不清，右侧鼻唇沟变浅，额纹消失。舌红苔黄，脉象沉数。

辨证：阳明热盛、热郁面络之面瘫证候。

治则：清泻阳明热邪，宣畅面络。

一诊：先取健侧的侧三里、侧下三里配合动气针法。半小时后针泻合谷、内庭，清泻阳明热邪。

二诊：针泻右翳风、颊车、下关、太阳、清宣面络。

三诊：右眼流泪减轻，针泻合谷、内庭。

四诊：取穴手法同二诊一样。

五诊、六诊：同一诊一样取穴治疗。

七诊：右侧面颊明显减轻，口已不渴。针泻右下关、颊车、地仓、太阳。

八诊：咀嚼已较灵活，食物已不从口角流出，右眼闭合较好，说话清楚、蹙额、皱眉、鼓颊等动作近于正常，齿痛、咽干已愈。针泻右下关、颊车、太阳、地仓。

九诊：同一诊一样治疗。

十诊：基本治愈。

刺血：耳背耳尖、口颊内刺血。

手足阳明经脉经循行于面。本例始因胃热炽盛，故首先出现齿痛、咽干、口渴；断而阳明热邪循经上扰，热郁面络，故而数天后出现面瘫，面肌麻木烘热；舌红苔黄，脉象沉数，为内热之证。施用清泻阳明邪热之针，针泻手阳明经的合谷和足阳明经的内庭，以治其本，针泻面部腧穴，宣畅络以治其标。辨证取穴与患野取穴交替施幽，标本兼治，十诊治愈。合谷与内庭配伍，具有白虎汤之效。

4. 热胜风动型

多见于初期或中期，或见于面神经炎。起病较快，患侧面部瘫痪，局部觉热感紧感时觉轻微抖动，先有或伴有耳后近风池穴处疼痛，或痛向侧头部，患侧目赤，眼睑闭合不全，迎风流泪，不能作皱眉、鼓颊、吹气、露齿、蹙额等动作，鼻唇沟变浅。舌质红，舌苔薄黄，脉弦或弦数。

治则：清热息风，舒筋活络。

取穴：健侧的侧三里、侧下三里配合患部动气针法；针泻合谷、太冲清热息风，与泻患野有关腧穴的舒筋活络之法，交替施治。

刺血：耳尖耳背、患侧口颊内刺血。

医案：患者张某，男，46岁，因口眼歪斜10天就诊。

患者10天前开始左侧乳突部痛，继而左侧面肌瘫痪，又觉紧强板滞、抽动不舒，眼睑闭合不全，干涩流泪，鼻唇沟变浅，不会作皱眉、鼓颊及吹风活动，咀嚼障碍，舌肌略偏向右侧，言语略有塞涩。口苦，左侧乳突和下颌及耳根上缘作痛。舌心薄黄，脉数。

辨证：热胜风动，上扰面络，邪气反缓之面瘫证候。

治则：清热息风，舒筋活络。

取穴：取健侧侧三里、侧下三里配动气针法，半小时后针泻合谷、太冲与患野的太阳、颊车、地仓、下关，交替施治。

刺血：耳背耳尖、患部口颊内瘀点刺血。

二诊后，面部紧强板滞减轻；四诊后，咀嚼较为灵活，耳部前后仍痛；七诊痊愈。

本例面瘫，兼见患侧乳突，下颌及耳根上缘疼痛，口苦、脉数、舌心薄黄等，则属于面神经炎的征象。又有面部紧强、抽动之风动表现。故辨为热胜风动、上扰面络、经筋失调之面瘫证候。故而施用清热息风，舒筋活络以治其标之法，交替施治，七诊告愈。此例是面神经炎导致的面瘫。

5. 肝胆火逆型

多见于初期及面神经炎。起病较快，患侧面部瘫痪，眼睑不能闭合，流泪、目赤，不会作皱眉、蹙额、鼓颊、吹气等动作。先有或伴有患侧风池穴压痛、侧头痛、耳鸣、耳痛。伴有口苦、易怒、面赤、目赤等。舌红苔黄，脉象弦数。

治则：清胆泻火，平肝息风，通调面络。

取穴：针泻合谷、太冲、丘墟，针泻患野腧穴及风池（或翳风），交替施治。

医案：患者谢某，男，18岁，因右侧口角向左歪斜1个月就诊。

患者1个月前，开始右侧耳后疼痛，继而出现右侧头部（足少阳经循行处）痛，右侧面瘫，口角向左歪斜，眼睑不能闭合，溢出热泪，咀嚼障碍，食物易从口角流出，说话不清，皱眉、鼓颊、蹙额动作均不能完成，右侧鼻唇沟变浅。口苦、易怒、面红目赤。舌红苔黄，脉象弦数。曾用中药治疗效果不好。

辨证：肝胆火逆，上扰头面，邪气反缓之面瘫证候。

治则：清降肝胆之火，宣畅面部经脉。

取穴：针泻丘墟、太冲、合谷清降肝胆之火，与针泻患野的颊车、下关、地仓、太阳等通经活络散邪之法，交替施治。

刺血：胆俞、肝俞，患侧口颊内侧瘀点刺血。

四诊后，头痛、耳后疼痛和面瘫有所减轻；十一诊后，面瘫明显减轻，头痛、耳痛等基本治愈，十四诊痊愈。

本病系肝胆火逆，扰及头面经络之面瘫证候。故首先出现患侧耳后及侧头部痛，继而出现面瘫；其口苦、易怒、面红目赤，舌红苔黄和脉象弦数等，属肝胆郁热之征。故针泻丘墟（清胆，清宣少阳经气）、合谷（清宣阳明经脉），太冲（平肝、舒筋），辨证取穴，清阳明之热肝胆之火以治其本，与针泻患野腧穴，祛邪通经活络以治其标。两方交替施治，标本兼治而收效。

6. 气血亏虚型

多见于中期或后期久治不效的。患病日久，患侧面部肌肉纵缓不收，眼睑松弛闭合不全，迎风流泪，面颊及颏部肌肉下垂，口角流涎，说话漏风，语言不清，进食易嵌在颊齿之间，吹气、皱眉、蹙额、鼓颊动作无力。伴有气短心跳、头晕、精神疲倦后面肌纵缓更为明显等症状。面色萎黄，脉象细弱。

治则：补益气血，健壮筋脉。

取穴：针补合谷、三阴交补益气血，与针补患野腧穴健筋脉之法，交替施治。若属于标实者，患野腧穴改用泻法或先泻后补之法。

医案：患者李某某，男，60 岁，因口眼歪斜 5 个月就诊。

因劳动出汗受风而得。左侧面瘫向右侧歪斜。左眼不能闭合，迎风流泪，口向右侧歪斜，不能作皱眉、蹙额，鼓颊等动作，咀嚼障碍，进食易从口角流出。在当地用土单方治疗无效。服用中药祛风散寒多剂反而加重。并出现左侧面肌松弛，口角下垂。因久服中药又出现饮食减少，身困乏力，欲睡嗜卧，精神不振，头晕眼花，动则气喘汗出，心悸心跳等症状。舌淡苔白，脉象沉弱。

辨证：气血亏虚，筋脉失养之面瘫证候。

治则：补益气血，健筋壮虚。

取穴：针治 20 次。其中四、七、十，针下关、太阳、颊车、地仓、四白，先少泻后多补之法外，其余诊次针补合谷、三阴交。

三诊后全身沉困乏力，头晕眼花和动则气喘、汗出等有所减轻，饮食增加；七诊后，面瘫减轻；十三诊后，面瘫及其伴有症状基本治愈；十七诊后痊愈；十九、二十诊巩固疗效。

本例患者年已花甲，抗病力差，卫外不固。因劳动汗出，风邪乘虚侵袭面部筋脉而得，复因治疗不当，面瘫复重。服药伤及胃腑，则饮食减少；气血耗伤，则见动收气短、汗出，欲睡嗜卧，头晕眼花，身困乏力等虚亏症状；舌脉的改变，属于虚亏之征；面肌松弛，口角下垂，乃属功能失常、筋脉失用之故。所以针补合谷、三阴交补益气血，类似八珍汤之效，治其本。患野取穴为辅、辨证取穴为主，采用扶正治本之法而收效。

7. 中气不足型

患病日久，患侧面部肌肉纵缓不收，眼睑松弛闭合不全，泪液时下，面颊、额肌、眼睑、颏部肌肉下垂，口角流涎，说话漏风，言语不清，进食易嵌在颊齿之间。伴有气短乏力、四肢困倦、腹胀便溏、饮食减少、劳倦后面肌纵缓更甚等症状。面色萎黄，唇色淡红，舌苔薄白，脉象虚弱。

治则：补中益气，健壮筋脉。

取穴：针补合谷、足三里补中益气，与补患野有关腧穴健壮筋脉之法，交替使用。若属虚中挟实者，患野腧穴改用先泻后补之法。

8. 瘀血阻络型

多见于面部外伤或脑外伤。患侧面部肌肉纵缓不收。眼睑松弛闭合不全，迎风流泪，或见面肌隐痛、麻木、面肌及眼睑活动不灵，说话漏风、语言不清等。也有因损伤部位不同，有患侧面部上半部歪斜严重或有下半部严重者。一般来说患病起时多属实，患病日久多属虚。

治则：祛瘀通络。

取穴：针泻患处有关腧穴。若病久面肌松弛，上方改用补法或先泻后补之法。若患病日久出现气血亏虚症状者，以气血亏虚型面瘫治之。若出现气虚血瘀者可用面部董氏奇穴玉火穴、鼻翼穴，加针补合谷泻三阴交，配泻或补患处有关腧穴。

另外，本病患处取穴，多取患侧下关、颊车、太阳、地仓等穴。不能皱眉加阳白；上下口唇活动不便者加人中、承浆；耳后痛者加泻翳风；耳痛或耳鸣明显者加泻听会或耳门穴；鼻唇沟平坦加泻迎香；下眼睑拘急或弛缓者，加四白穴；侧头痛加泻风池穴（要使针感走达侧头部）；人中沟歪斜或并见流涎者加人中。其中所加人中、承浆、迎香、四白，是仅分别遗留症状时取治，虚补而实泻。

刺血：此症状的病人在患侧太阳与患侧口颊内刺血特效。

三、常用独特方剂及药物

刘老先生在使用他创立的制剂和用药上，严格遵循中医的四诊八纲来辨证施治，同病异治、异病同治的中医特点长期应用于临床，以下制剂和常用中药，如有与其他医家有相同之处，恳请多多谅解和包容。

（一）刘氏骨科常用剂型

1. 汤 剂

汤剂是指将药物用水或其他溶剂煎煮或浸泡后去渣取汁的方法制成的液体剂型。汤剂是我国应用最早、最广泛的一种剂型，可随临床中医的辨证施治，随症加减，具有制备简单易行，吸收快，能迅速发挥药效的特点，临床使用率较高。刘氏常用于为具有复杂病情的患者辨证施治。

2. 散 剂

散剂系指药物或与适宜的辅料经粉碎、均匀混合制成的干燥粉末状制剂。散剂是最古老的传统剂型之一，古代《伤寒论》《名医别录》《神农本草经》中均有大量散剂的记载。中药散剂系指药材或药材提取物经粉碎、混合均匀制成的粉末状制剂。散剂除了可直接作为剂型，也是其他剂型如颗粒剂、胶囊剂、片剂、混悬剂、气雾剂、粉雾剂和喷雾剂等制备的中间体。刘氏中药散剂多为外敷如接骨散、六黄散、和营定痛散等，具有活血化瘀、行气止痛、接骨续筋的功效。

3. 酒 剂

酒剂又名药酒，系用白酒浸提药材而制得的澄明液体制剂。（白酒含乙醇量约为 50%~60%）。酒剂，为了矫味，常酌加适量的冰糖或蜂蜜。酒本身有行血活络的功效，易于吸收和发散，因此酒剂通常主用于风寒湿，具有祛风活血、散瘀止痛、疏通经络的功能。如刘氏的舒筋活血酒（内服），红冰止痛酊（外用）。

4. 贴膏剂

贴膏剂是将中药提取浓缩或溶解，混合于黏性基质中，预先涂在裱褙材料上，供贴敷于皮肤之用的外用制剂。贴膏剂又称膏药，古称薄贴。粘贴在皮肤上，起局部或全身性的治疗作用。通过外贴还能起到内治作用，可驱风寒，和气血，消痰痞，通经络，祛风湿，治跌打损伤等，贴膏剂用法简单，携带贮存方便。刘氏外用膏药有六黄止痛膏、六香止痛活络膏、术星风湿活络膏等。

5. 片　剂

中药片剂是中药提取的浸膏或直接粉碎后与辅料混合压制成片状固体制剂。刘氏片剂以口服普通片为主，临床常用的有八味活血片、灵脂二乌祛痛片、川仁祛风止痛片，具有活血化瘀、行气止痛、舒筋活络、祛风除湿、散寒止痛、消肿止痛的功效。

6. 颗粒剂

中药颗粒剂系指药材的提取物与适量赋形剂或与部分药材细粉混匀，制成的干燥颗粒状剂型。习称冲剂、冲服剂。冲剂既保持了汤剂作用迅速的特点，又克服了汤剂临用时煎煮不便的缺点；且味道可口、体积小，服用、贮藏及运输均较方便，深受患者欢迎。刘氏运用于临床的颗粒剂有：地仲健骨颗粒、参归紫金颗粒、棱莪活血颗粒、竭归接骨颗粒、双蛇活络颗粒、活血壮骨颗粒等，具有补益肝肾、强筋壮骨、舒筋活络、活血化瘀、接骨续筋、祛风除湿、补气益血等功效。

7. 熏洗剂

刘氏的熏洗剂是粗散剂，也可叫做煮散剂，是将中药粉碎成粗颗粒，装于无纺布袋中水蒸或煎煮。水蒸者将热的包药布袋放患处熨，水煎者先用热气熏蒸患部，再将患部浸入药液洗浴一定时间。常用的熏洗剂有艾甘风湿洗药、连艾活血洗药，具有活血散瘀、行气止痛、祛风除湿、散寒止痛、舒筋活络等功效。

（二）刘氏骨科常用制剂

以下制剂均为刘育才老先生方剂。

1. 六黄止痛膏（外用）

【组成】大黄、木香、黄柏、乳香、没药、半夏、牡丹皮、地黄、延胡索、续断、雪上一枝蒿、生马钱子、黄芩、姜黄、白芷、当归、香附、黄连、赤芍、栀子、大血藤、合欢皮、冰片。

【功能主治】活血化瘀，散瘀消肿，行气定痛。主治闭合性骨折，关节脱位，软组织损伤，急性风湿性、类风湿性关节炎，痛风及疮疡肿毒的早、中期所致的肿胀疼痛。

【方解】此方为先生经验方。方中大黄，性味苦、寒，凉血解毒，逐瘀通经为君药。以木香、香附、姜黄有破血行气、理气止痛共为臣药，加强行气理气作用，以推动逐瘀血之功。佐以乳香、没药、合欢皮、延胡索活血化瘀镇痛；黄柏、黄连、白芷燥湿消肿活血；半夏消痞散结；牡丹皮、赤芍、栀子清热凉血，活血化瘀；当归、地黄养血益阴，兼能活血；续断补肝肾，强筋骨，续折伤；雪上一枝蒿、生马钱子、大血藤祛风湿，活血止痛；冰片外用开窍醒神，清热止痛。此方剂配伍特点有：中医认为"气为血之帅，血为气之母"，血无气不成，故以活血与行气相伍，既能行血分瘀滞，又能行气解郁结，二为养血与逐瘀同行，活血无耗血之忧，行气又无伤阴之虑。合用共达活血化瘀、行气止痛之功。

【规格】12 cm*16 cm

【用法用量】外用。敷患处，每片可保留 1～3 天。

【不良反应】偶见皮肤过敏。

【禁忌】（1）开放性骨折忌用。（2）创面溃疡忌用。

【注意事项】骨折病人贴药后，若发红、发痒应立即返回本院咨询医生；无骨折者则去掉敷药，或遵医嘱。运动员慎用。

2. 六香止痛活络膏（外用）

【组成】雪上一枝蒿、赤芍、三棱、生马钱子、莪术、川芎、甘松、当归、生川乌、生草乌、桃仁、土鳖虫、红花、乳香、没药、肉桂、白芷、续断、香附、木香、小茴香、骨碎补、八角茴香、栀子、丁香、生天南星、山奈、血余炭、苍术、冰片、龙血竭、蜈蚣。

【功能主治】活血通络，行气止痛。用于软组织损伤中、后期疼痛，骨折、脱臼后期疼痛及功能受限。

【方解】此方为先生经验方。方中雪上一枝蒿、生川乌、生草乌、生天南星辛温走窜，功善祛风散寒、通络逐痹，能促进血液循环，有局部麻醉镇痛的效果；当归、赤芍、栀子活血而和营；三棱、莪术破血行气，消积止痛；川芎为血中之气药，有活血行气、止痛之效；甘松、香附、木香加强行气止痛；桃仁、红花、乳香、没药、龙血竭活血化瘀，消肿止痛；肉桂、小茴香、八角茴香辛、甘、大热，散寒止痛，温通经脉；丁香、山奈行气止痛；骨碎补、续断疗伤止痛，补肾强骨；血余炭收敛止血，化瘀；苍术燥湿散寒，止风湿痹痛；冰片清热止痛；蜈蚣息风镇痉，通络止痛，攻毒散结。方中诸药合用，共奏祛瘀、消肿、舒筋活络、止痛之效。

【规格】8 cm*12 cm

【用法用量】外用，贴敷患处。可保留 1～3 天。

【不良反应】部分患者有皮肤过敏反应。

【禁忌】外伤及溃疡处禁用。

【注意事项】皮肤过敏者慎用。运动员慎用。

3. 术星风湿活络膏（外用）

【组成】干姜、苍术、生天南星、赤芍、生白附子、生半夏、生川乌、生草乌、千年健、肉桂、生马钱子、川芎、雪上一枝蒿、麻黄、八角茴香、当归、猪牙皂、小茴香、合欢皮、羌活、独活、松节、白芷、甘松、儿茶、萆薢、姜黄、丁香。

【功能主治】追风除湿散寒，活络止痛。用于风寒、风湿引起的关节、肌肉疼痛，慢性腰腿痛。

【方解】此方为先生经验方,以《太平惠民合剂局方》中的四生散为基础,生川乌、生草乌、生白附子、生半夏组成四生散,有祛风逐痰、散寒解毒、通络止痛之功;辅以干姜、肉桂、八角茴香、小茴香、丁香温中散寒止痛,通达下焦;羌活祛风散寒止痛,尤善治上半身及巅顶疼痛,独活尤善治下半身疼痛,二药合用为治全身风湿痹痛的主药,且善通痹止痛;苍术燥湿健脾,祛风散寒;赤芍清热凉血,散瘀止痛;千年健有治风寒湿痹、腰膝冷痛、拘挛麻木、筋骨痿软之功;生马钱子、雪上一枝蒿通络止痛,散结消肿;麻黄祛风散寒;白芷、儿茶除湿、生肌、活血止痛;松节除湿通络;当归补血活血;猪牙皂、合欢皮通关窍,散结消肿;甘松理气止痛;萆薢祛风除痹;姜黄破血行气,通经止痛。方中诸药合用,共奏祛风散寒除湿、舒筋活络止痛之功。

【规格】8 cm*12 cm

【用法用量】外用,贴敷患处。可保留 1 ~ 3 天。

【不良反应】偶见皮肤过敏。

【禁忌】外伤及溃疡处禁用。

【注意事项】皮肤过敏者慎用。运动员慎用。

4. 红冰止痛酊(外用)

【成分】地黄、樟脑、冰片、薄荷脑、生川乌、生草乌、红花、雪上一支蒿、延胡索、半夏、乳香、没药、当归、川芎、防风、白芷、龙血竭、三七。

【功能主治】活血止痛,行气通络。用于闭合性骨折、关节脱位、软组织损伤、陈旧性损伤及风寒湿痹所致的肿胀疼痛。

【方解】此方为先生经验方,方中樟脑、冰片、薄荷脑性偏寒凉,为凉开之品,有清热止痛、消肿之功;地黄清热凉血;生川乌、生草乌、雪上一支蒿祛风湿,止痹痛;川芎为"血中之气药",具有通达气血的功效,可活血行气、调畅气血,以助活血之功;延胡索、乳香、没药增强活血、行气,有止痛之效;当归滋阴补肝,养血活血通经;防风、白芷辛温发散,功善发表散寒止痛;半夏消痞散结;龙血竭、三七活血定痛,化瘀止血,生肌敛疮。方中诸药合用,共奏活血止痛、行气通络之功。

【规格】每瓶装 50 ml。

【用法用量】外用。将药液喷或擦患处，一日 2 ~ 4 次。

【禁忌】（1）孕妇禁用。（2）皮肤破损者禁用。

【注意事项】本品含毒性药，禁止内服。运动员慎用。

5. 艾甘风湿洗药（外用）

【组成】艾叶、甘松、干姜、连钱草、白芷、川桐皮、香加皮、桂枝、细辛、松节、生白附子、麻黄、赤芍、独活、羌活、生天南星、石菖蒲、川芎、椒目、制川乌、制草乌。

【功能主治】祛风除湿，散寒止痛，活血通络，通利关节。用于风寒湿痹疼痛、骨质增生疼痛、中老年慢性腰腿痛、坐骨神经痛、慢性劳损（肩周炎、腱鞘炎、腰肌劳损、肱骨小头炎、运动后肌肉酸痛、肌肉痉挛）以及骨折、脱臼、软组织损伤中后期。

【方解】此方为先生经验方，方中艾叶性辛、苦，温，温经止血，散寒止痛，为君药。甘松理气止痛，开郁醒脾，为臣药。川芎增加行气止痛之功，辅以连钱草清热解毒、散瘀消肿；羌活、独活祛风除湿逐痹；川桐皮、香加皮利水消肿，祛风湿，强筋骨；麻黄、桂枝、细辛、松节、干姜祛风散寒除湿，通络止痛；独活、羌活增强祛风通络之效；赤芍清热凉血，散瘀止痛；生天南星、制川乌、制草乌、生白附子都性温而燥，有较强的燥湿、消肿散结止痛之功；石菖蒲芳香化湿；椒目温中止痛，杀虫止痒。方中诸药合用，共奏祛风除湿、散寒止痛、活血通络之功效。

【规格】每袋装 300 g。

【用法用量】外用。布包煎，煮沸 10 分钟后，熏洗患处，一日 2 次，每袋可连续熏洗 3 ~ 4 日。

【禁忌】皮肤破损处禁用。

【注意事项】本品含毒性药，禁止内服。运动员慎用。

6. 连艾活血洗药（外用）

连钱草、艾叶、甘松、大血藤、香附、干姜、白芷、香加皮、舒筋草、小茴香、伸筋草、赤芍、麻黄、续断、荆芥、骨碎补、莪术、三棱、木香、川芎、山奈、当归、红花。

【功能主治】活血化瘀，行气止痛，散风寒，通经络。用于骨折、脱臼，软组织扭伤、挫伤，运动后肌肉酸痛、肌肉劳损，以及肌肉痉挛、慢性筋膜炎。

【方解】此方为先生经验方，方中连钱草辛、微苦，微寒，用于利湿通淋，清热解毒，散瘀消肿；艾叶辛、苦，温，温经止血，散寒止痛，二者共为君药。甘松、小茴香、干姜、山柰都可辅以温中散寒；木香、香附理气止痛；白芷、麻黄、荆芥三药合用解表散寒，祛风止痛；舒筋草、伸筋草祛风除湿，舒筋活络，《本草拾遗》言其能"通关节，去湿热"；骨碎补、续断均可补肝肾，强筋骨；莪术、三棱行气破血，消积止痛；赤芍清热凉血，散瘀止痛，加强活血祛瘀之力；与辛香之当归、川芎（血中气药）相配，补血而不滞血，行血而不伤血，温而不燥，滋而不腻。方中诸药合用，共奏活血化瘀、行气止痛、散风寒、通经络之功效。

【规格】每袋装 300 g。

【用法用量】外用。布包煎，煮沸 10 分钟后，熏洗患处，一日 2 次，每袋可连续熏洗 3～4 日。

【禁忌】皮肤破损处禁用，禁止内服。

7. 八味活血片

【成分】三七、当归、川芎、赤芍、生地黄、三棱、莪术、雪上一枝蒿。

【性状】本品为浅棕色至棕褐的片；气微，味微苦。

【功能主治】散瘀止痛、舒筋活血。用于跌打损伤所致的肢体关节疼痛。

【方解】此方为先生经验方，此方剂以四物汤为基础，方中三七甘、微苦，温，如肝经血分，功善止血，有散瘀止血、消肿定痛之效，为治瘀血诸证之佳品，为伤科之要药，此方为君药。当归甘、辛，温，归肝、心、脾经，为补血良药，兼活血作用，此为臣药。佐以赤芍、生地黄清热凉血，散瘀止痛。三棱、莪术相须而用，增强破血行气，消肿止痛；加一味雪上一枝蒿，尤善止痛；为治疼痛的良药。

【规格】每片重 0.4 g。

【用法用量】口服。一次 3 片，一日 3 次。

【禁忌】（1）妇女月经期忌服。（2）孕妇禁服。

8. 灵脂二乌祛痛片

【组成】五灵脂、槟榔、鸡血藤、补骨脂、当归、制川乌、制草乌、党参、川牛膝、川芎（酒）、独活、红毛五加皮、制何首乌、黄芪、茜草、枸杞子、狗脊、乌药、乌梢蛇、杜仲、巴戟天、威灵仙、甘草。

【功能主治】舒筋活络，行气活血，壮腰止痛。用于颈、腰椎间盘突出，腰肌劳损，坐骨神经痛，慢性腰腿痛。

【方解】此方为先生经验方，方中五灵脂苦咸温通，专入肝经血分，功擅通利血脉，散瘀止痛，为治疗瘀滞疼痛之要药，故此为君药。槟榔、川芎活血行气，因"气为血之帅""气行则血行"，故二者配伍使用，以加强活血祛瘀的作用，故为臣药。佐以制川乌、制草乌相伍使用，祛风通络，除湿止痛；乌梢蛇、红毛五加皮、威灵仙祛风止痛，温经通痹；补骨脂、枸杞子、杜仲、巴戟天、川牛膝、制何首乌、狗脊滋阴补肾、填精补髓，因中医认为"肝主筋，肾主骨"，损伤筋骨必伤肝肾，故补肾壮阳养骨；党参、黄芪补益元气，益在气旺则血行，祛瘀通络；当归、鸡血藤活血补血，通络不伤血；茜草凉血祛瘀，止血通经。甘草调和诸药，亦为使药。

【规格】每片重 0.4 g。

【用法用量】口服。一次 10 片，一日 3 次。

【禁忌】（1）孕妇禁用。（2）感冒、湿热性关节炎者忌服。

【注意事项】本品含毒性药，不可超量服用。

9. 川仁祛风止痛片

【组成】薏苡仁、川牛膝、秦艽、木通、忍冬藤、乌梢蛇、石膏、茯苓、牡丹皮、萆薢、黄柏、知母、槟榔、石菖蒲、防己、当归、川芎、苦参、苍术、蜈蚣。

【功能主治】清热凉血，清利湿热，祛风除湿，活血消肿止痛。用于急性风湿性关节炎、类风湿性关节炎、湿热流注关节肿痛、痛风肿痛等。

【方解】此方为先生经验方，方中薏苡仁甘淡凉，归脾、胃、肺经，利水渗湿，健脾除痹，解毒散结，治疗湿痹拘挛之良药，方中为君药。《丹溪心法》卷四"治筋骨疼痛因湿热者"，治疗宜以祛湿为主，辅以清热疏风止痛。茯苓、萆薢、木通利水渗湿；黄柏、苦参清热燥湿；石膏清热泻火；乌梢蛇、川芎、忍冬藤、蜈蚣祛风止痛；牡丹皮清热凉血，活血化瘀；槟榔、防己除痹止痛，利水消肿；川牛膝、秦艽逐瘀通经，通利关节。分别从除湿、祛风、清热等方面助君药之力。佐以苍术、石菖蒲燥湿健脾，以运化湿邪气；因湿邪偏胜，所用诸除湿药性多苦燥，易伤及气血阴津，以当归益气养血；知母清热养阴，能防诸苦燥药物伤阴，使祛邪不伤正。发散风湿与利湿清热相配，表里同治；苦燥渗利佐以补气养血，邪正兼顾。

【规格】每片重 0.4 g

【用法与用量】口服。一次 10 片，一日 3 次。

【禁忌】（1）孕妇忌服。（2）感冒、风寒湿筋骨痛、良性关节炎者忌服。

10. 地仲健骨颗粒

【组成】补骨脂、熟地黄、鹿角（片）、鸡血藤、淫羊藿、枸杞子、肉苁蓉、乌药、丹参（酒炙）、白术（炒）、制何首乌、狗脊、杜仲、党参、当归、黄芪、威灵仙、肉桂。

【功能主治】补肾壮阳，生精养髓，壮骨强筋，补元养血。用于颈、腰、髋、膝、脚跟等部位的骨质增生以及骨折、脱臼的中后期及慢性腰腿痛、肾虚腰痛、骨质疏松。

【方解】此方为先生经验方，方中鹿角、肉桂、补骨脂培补肾中元阳，温里驱寒，为君药。熟地黄、枸杞子滋阴益肾，养肝补脾，填精补髓，取"阴中求阳"之义，为臣药。再用杜仲、淫羊藿、肉苁蓉、狗脊补肝肾，强腰膝；制何首乌、鸡血藤补肝肾，益精血；配以当归、黄芪益气养血和血，共补肝肾精血；乌药行气止痛，温肾散寒；丹参活血祛瘀，凉血止痛；白术、党参健脾益气，《素问·经脉别论》说"食气入胃，散精于肝，淫气于筋"；威灵仙祛风湿，通经络。诸药合用，以温肾阳为主，阴阳兼顾，肝脾肾并补，活血化瘀。

【规格】每袋装 5 g。

【用法用量】开水冲服。一次 1 袋，一日 3 次；儿童遵医嘱。

【禁忌】外感风热者忌服。

11. 参归紫金颗粒

【组成】党参、当归、川芎（酒制）、骨碎补、乌药、香附（制）、丹参（酒炙）、续断、土鳖虫、红花、甘草、龙血竭、赤芍、五味子、茯苓、丁香、三七、乳香、没药、红毛五加皮。

【功能主治】补益元气，活血化瘀，行气止痛，舒筋健骨。用于老年及体弱者软组织损伤、骨折、脱臼。

【方解】此方为先生经验方，方中党参甘，平，归脾、肺经，健脾益肺，养血生津，故为君药。当归、川芎、赤芍养血和营、兼具活血作用，协党参补气养血，均为臣药。红花活血祛瘀以止痛；骨碎补、续断、土鳖虫破血逐瘀，疗伤止痛，补肾强骨；乌药、香附、丁香行气止痛，温肾散寒；酒制丹参更加增强活血祛瘀、通经止痛之功；龙血竭、三七活血定痛，化瘀止血；乳香、没药二药合用共达活血行气止痛、消肿生肌之功；加一味五味子，从而达到收敛固涩、益气生津、补肾宁心之效；红毛五加皮祛风除湿，补益肝肾，强筋壮骨。甘草为使，益气和中，调和诸药。

【规格】每袋装 5 g。

【用法用量】开水冲服。一次 1 袋，一日 3 次。

【禁忌】（1）孕妇禁服。（2）外感风热者忌服。

12. 棱莪活血颗粒

【组成】当归、续断（酒制）、三棱、川芎（酒制）、莪术、赤芍、红花、桃仁、枳壳、土鳖虫、乌药、八角茴香、大黄、延胡索、甘草、小茴香（盐制）。

【功能主治】活血化瘀，行气止痛，消瘀散积，通利血脉。用于跌打损伤所致的扭伤，胸胁部挫伤、青紫肿痛等。

【方解】此方为先生经验方，方中莪术、三棱辛、苦，温，归肝、脾经，二药一般相须而用，有破血行气、消积止痛之效，此处共为君药。当归补血活血，化瘀生新，行滞止痛；川芎既能活血祛瘀，又能行气止痛，与续断及原方加酒制服，乃增强活血通络之意，故均为臣药。佐以桃仁、红花活血祛瘀，消肿止痛；赤芍清热凉血，散瘀止痛；枳壳理气宽中，行滞消胀；大黄活血逐瘀，土鳖虫破血祛瘀，续经接骨疗伤；乌药、八角茴香、小茴香均可行气止痛，温肾散寒；延胡索活血，行气，止痛。甘草缓急止痛，调和诸药，是为使药。

【规格】每袋装 12 g。

【用法用量】开水冲服。一次 1 袋，一日 3 次，儿童减量。

【禁忌】孕妇及月经期妇女禁用。

【注意事项】糖尿病患者慎用。

13．竭归接骨颗粒

【组成】骨碎补、续断（酒制）、土鳖虫、自然铜（煅）、山药、当归、红花、川芎（酒制）、脆蛇、龙血竭、乌药、茯苓、熟大黄、小茴香（盐制）、丁香、甘草。

【功能主治】接骨续筋，活血止痛。用于躯干、四肢骨折、脱臼及软组织损伤。

【方解】此方为先生经验方，方中骨碎补苦，温，归肝、肾经，有活血散瘀、消肿止痛、续筋接骨之功，酒制之后的续断为治疗跌扑损伤、筋伤骨折之最，故两者均为君药。土鳖虫、自然铜协君药破血逐瘀，活血续伤，故为臣药。佐以当归、川芎养血活血，使血足而筋自荣，络通则风易散；脾为气血生化之源，故配山药、茯苓、甘草益气健脾，以化生气血；红花、龙血竭活血逐瘀以止痛；乌药、丁香、小茴香有温经散寒养血之功；脆蛇通络止痉；熟大黄既可下瘀血，又可清瘀热；甘草调和诸药，兼使药之用。

【规格】每袋装 18 g。

【用法用量】开水冲服。一次 1 袋，一日 3 次；儿童减量。

【禁忌】（1）孕妇忌服。（2）妇女月经期禁服。

【注意事项】糖尿病患者慎用。

14．双蛇活络颗粒

【组成】乌梢蛇、黄芪、薏苡仁、鸡血藤、金钱白花蛇、千年健、白芍、红毛五加皮、桂枝、羌活、独活、乌药、制草乌、制川乌、当归、川芎、甘草。

【功能与主治】活血追风，散寒除湿，通利关节，强筋健骨。用于风湿性四肢关节痛、游走性风湿痛、风寒湿痹疼痛、风湿性腰腿痛、类风湿性关节炎。

【方解】此方为先生经验方，方中乌梢蛇、金钱白花蛇二药祛风除湿、通经活络，力专散走，周行全身，以行药力，亦为君药。制草乌、制川乌大辛大热，长于祛风除湿，温通经络，并有较强的止痛作用，为臣药。佐以薏苡仁解毒散结，除痹排湿；千年健、红毛五加皮祛风湿，壮筋骨；羌活、独活、桂枝为辛散之品，祛风散邪，加强君药祛风之力；黄芪补益元气，意在气旺则血行，瘀去络通；当归、川芎、鸡血藤养血活血，并寓"治风先治血，血行风自灭"之意，故为佐。甘草调和诸药，为使药。

【规格】每袋装 5 g。

【用法用量】开水冲服。一次 1 袋，一日 3 次，饭前服用；儿童遵医嘱。

【禁忌】孕妇禁用。

【注意事项】本品含毒性药，不可超量服用。

15. 活血壮骨颗粒

【组成】黄芪、鹿角、熟地黄、地黄、鸡血藤、党参、丹参（酒制）、当归、补骨脂、杜仲、枸杞子、山药、肉苁蓉、牛膝、骨碎补、菟丝子、茜草、赤芍、续断、桂枝、土鳖虫、巴戟天（盐制）、槟榔。

【功能主治】补气养血，补益肝肾，强筋壮骨，活血通络。用于股骨头缺血性坏死早、中期，骨质疏松症，慢性腰腿痛。

【方解】此方为先生经验方，方中鹿角咸，温，归肾、肝经，温肾阳，补真阴，强筋骨，滋肾固精，行血消肿；熟地黄、地黄滋肾填精，因肾藏精，主骨髓，共为君药。黄芪味甘微温，入脾、肺经，补中益气，升阳固表，为臣药。鸡血藤、当归活血补血，补肝肾精血；山药补脾益阴；肉苁蓉、巴戟天、补骨脂温壮肾阳；菟丝子、牛膝、枸杞子、杜仲、骨碎补、续断益肝肾，强腰膝，健筋骨；茜草活血化瘀，丹参苦，微寒，善入血分，合桂枝、赤芍可调血分之滞；土鳖虫破血逐瘀，续筋接骨；槟榔利水行气，因气行血畅而瘀祛。

【规格】每袋装 5 g。

【用法用量】开水冲服。一次 1 袋，一日 3 次，饭前服用；儿童遵医嘱。

【禁忌】（1）孕妇禁服。（2）感冒、腹泻、阴虚火旺者禁用。

16. 接骨散（外用）

【组成】土鳖虫、当归、血竭、山药、续断、自然铜、骨碎补、乌药、川芎、小茴香、熟大黄、茯苓、红花、甘草等。

【功能主治】活血通络，接骨续筋，用于各类闭合性骨折。

【方解】此方为先生经验方，方中土鳖虫能活血消肿止痛，续筋接骨疗伤，为伤科常用药，为君药。血竭活血定痛，化瘀止血；自然铜散瘀止痛，续筋接骨，共为臣药。佐以当归养血益阴，清热活血。川芎、红花、熟大黄助君药活血逐瘀；山药补脾养胃，补肾涩精；续断、骨碎补补肝肾，强筋骨，续折伤；乌药、小茴香散寒止痛，温补肾阳；茯苓利水渗湿，健脾和胃；甘草调和诸药，为使药之用。此方加酒制，有增强活血通络之用。

【用法用量】外用，用酒或蜂蜜调敷患处。

【不良反应】部分患者有皮肤过敏反应。

【禁忌】外伤及溃疡处禁用。

17. 和营定痛散（外用）

【组成】黄芪、续断、土鳖虫、当归、血竭、姜黄、合欢皮、红花、萆薢、雪上一枝蒿、马钱子、千年健、松节、肉桂、白芷、丁香、生川乌、生草乌、生半夏、干姜、骨碎补、苍术、白附子、乌药、川芎、冰片、白及等。

【功能主治】和营定痛，用于各类软组织损伤及闭合性骨折中后期。

【方解】此方为先生经验方，方中黄芪补气升阳，行滞通痹；当归活血养血，共为君药。续断、骨碎补补益肝肾，续骨疗伤，为臣药。佐以生川乌、生草乌、生半夏、萆薢有祛风通络、温通筋脉之用；白附子辛温燥烈，能祛风燥湿，散结止痛；苍术、雪上一枝蒿、千年健、松节祛风除湿，通利关节；肉桂、干姜、乌药、丁香温中散寒，补肾助阳；马钱子、土鳖虫散结消肿止痛；血竭、合欢皮活血消肿；姜黄破血行气；红花活血通经，散瘀止痛；白芷、川芎祛风止痛；白及消肿生肌；冰片清热止痛。

【用法用量】外用，用酒或蜂蜜调敷患处。

【不良反应】部分患者有皮肤过敏反应。

【禁忌】外伤及溃疡处禁用。

18. 药热剂（外用）

【组成】干姜、甘松、白芷、苍术、细辛、羌活、独活、冰片、白附子、石菖蒲、麻黄、生半夏、桂枝、艾叶、川芎、香加皮、海桐皮、赤芍、小茴香、制川乌、制草乌。

【功能主治】祛风除湿，散寒，解痉止痛，活血通络，通利关节，坚筋壮骨。用于风寒湿痹疼痛、骨质增生疼痛、中老年慢性腰腿痛、慢性劳损（肩周炎、腱鞘炎、腰肌劳损、肱骨小头炎、运动后肌肉酸痛、肌肉痉挛）以及骨折、脱臼、软组织损伤后期。

【方解】此方为先生经验方，方中干姜、艾叶、小茴香温中散寒，为君药。羌活、独活、细辛、白芷、麻黄、桂枝等为辛散之品，祛风散邪，加强祛风之力，为臣药。白附子、制川乌、制草乌祛风定惊，解毒散结，止痛；甘松、石菖蒲祛湿消肿；生半夏消痞散结；川芎、赤芍入血分，养血活血；香加皮、海桐皮利水消肿，祛风除湿；冰片、赤芍清热凉血，散瘀止痛。

【用法用量】贴于发热袋上，再将药面贴于患部，每剂可贴 18~24 小时。

【不良反应】偶有患者皮肤过敏反应及皮肤起泡情况。

【禁忌】外伤及溃疡处禁用。

（三）刘氏骨科常用药物

1. 附　子

明人陈嘉谟《本草蒙筌》载："天雄，其气亲上，补上焦阳虚；附子，其气亲下，补下焦阳虚。"附子性大热，味辛、甘，有毒，为"回阳救逆第一要药"，能广泛用于亡阳虚脱、肢冷脉微、阳痿宫冷、心腹冷痛、虚寒吐泻、阴寒水肿、心阳不足、胸痹心痛、阳虚外感、寒湿痹痛等证。

附子，本是辛温大热，其性善走，故为通十二经纯阳之要药，外则达皮毛而除表寒，里则达下元而温痼冷，彻内彻外，凡三焦经络，诸脏诸腑，果有真寒，无不可治。人体如太极图，阴阳相对平衡，但阴主静而阳主动。故枢转太极的关键，是应改枢转阳气的功能，在经络，离不开心包经和三焦经的作用；在本草，需借用附子回阳的功效，这是附子回阳救急的经络基础。

《本草汇言》："附子，回阳气，散阴寒，逐冷痰，通关节之猛药也。诸病真阳不足，虚火上升，咽喉不利，饮食不入，服寒药愈甚者，附子乃命门主药，能入其窟穴而招之，引火归原，则浮游之火自熄矣。凡属阳虚阴极之候，肺肾无热证者，服之有起死之殊功。"刘老先生多次用附子治疗亡阳证，常与干姜、甘草配伍，就是有名的四逆汤，有减毒增效之功。亡阳不是单纯的心阳、肾阳衰败，也包括阳气虚脱，与人参配伍的参附汤、参附注射液临床用于急救。附子补火助阳，补火就是补命门之火，实际上就是人体的元阳（肾阳），对于全身的阳虚证，附子都可以使用。肾阳虚，首先不能温煦形体，出现畏寒身冷，腰膝冷痛；另外，生长发育迟缓，出现早衰；或者肾主水失常，出现水肿，或小便清频多，老年人甚至还会出现遗尿；肾主生殖，肾阳虚了，表现为生殖功能降低等；肾能够纳气，肾不纳气以后，呼吸急促，气出多进少为虚喘；肾虚不能温煦脾阳，脾肾阳虚则久泻不止等；刘老先生常用四逆汤加减用于肾阳虚衰、阴寒内盛引起的痛经、失眠、梅核气、胃痛、慢性腹泻等，小剂量四逆汤是亚健康人群的救星。刘老先生的经验方"煨腰汤"就是用白附片、肉桂、小茴香、杜仲、补骨脂、菟丝子加猪腰一副炖食，对肾阳虚的五更腰痛治疗效果良好。

附子气雄性悍，走而不守，能温通经络，逐经络中风寒湿邪，并有较强的止痛作用，尤善治寒痹痛甚者。凡风寒湿痹周身骨节终痛者均可用之，尤其是风寒湿痹兼有阳虚者。祛风湿附子不如乌头（川乌），临床以《太平惠民和剂局方》"三生饮"思路，用制川乌30克，制南星30克，制白附子30克，广木香12克为基础方，此处不用白附片用其母根川乌，虽减弱回阳功效但增强温经通络、散寒止痛功效；加白附子既温经散寒，更驱经络顽痰，加木香行气运脾，另加相应的引经药，对治面瘫、重症肩周炎及各类风寒湿痹具有极佳的临床疗效。

附子的用量与保存。《中国药典》2020版规定附子的常用量为 3～15 克，根据《伤寒论》用生附子（毒性约是制附片的两倍）一至三枚的情况，临床附子的用量为 15～60 克，必要时甚至可用 90～250 克。但都需先煎两小时，口尝无麻味，中途不能加冷水，可加开水。收成后的附片，亦不宜放于地面，放于离地 20 厘米以上的地方，以免降低附子补阳的作用。

【使用注意】本品孕妇及阴虚阳亢者忌用，老年人、儿童、肝肾功能不全者慎用。不能与半夏、瓜蒌（天花粉、瓜蒌壳、瓜蒌子）、贝母（川贝母、浙贝母、平贝母、伊贝母、湖北贝母）、白蔹、白及同用。生品外用、内服须炮制。若内服过量，或炮制、煎煮方法不当，可引起中毒。

2. 肉　桂

《神农本草经》："牡桂，味辛温。主上气咳逆，结气喉痹，吐吸，利关节，补中益气。久服通神，轻身不老。"

刘老先生理解为本品辛甘大热，能补火助阳，引火归原，益阳消阴。有类似附子温补肾阳、温运脾阳和温助心阳的作用，但无回阳救逆之功，为补火助阳之要药。刘老先生临床上常用治肾阳不足，命门火衰的畏寒肢冷、腰膝冷痛、夜尿频多、阳痿宫寒、滑精早泄等，以本品与鹿角胶、补骨脂、附子等同用。若治脾肾阳虚的肢冷，食少神疲，便溏，常与温补脾肾药物配伍，以本品与附子、人参、白术等同用。

本品甘热助阳以补虚，辛热散寒以止痛，善去痼冷沉寒。与高良姜、吴茱萸配伍用于寒邪内侵的脘腹冷痛。与沉香、乌药等配伍治疗寒疝腹痛。治疗风寒湿偏重的痛痹，如独活寄生汤中与杜仲、独活、桑寄生配伍使用。

本品辛散温通，能行气血、运经脉、消散瘀滞，用于寒邪凝滞的瘀血证。也能使因下元所致上浮之虚阳回归故里，故曰"引火归原"。

久病体虚气血不足者，小剂量肉桂加入补中益血方中，有鼓舞气血生长之效。

【使用注意】宜后下或焗服，官桂用量加倍。本品能助阳动血，故阴虚火旺、里有实热、血热妄行出血及孕妇忌用。本品不宜与赤石脂同用。

经方中的桂枝应为现在的肉桂。肉桂与桂枝两者都能温营血，散寒凝，辛开温通，振奋气血。但肉桂味厚，主下行而补肾火能消下焦之阴寒；桂枝气薄，主上行而发散，且能入心扶阳以助心阳。

3. 小茴香

《本草汇言》:"温中快气之药也。方龙潭曰,此药辛香发散,甘平和胃,故《唐本草》善主一切诸气,如腰肾虚气、寒湿脚气……其温中散寒,立行诸气,乃小腹少腹至阴之分之要品也。"

刘老先生认为本品辛温能散寒,入肝肾能温肾暖肝,行气止痛,配伍肉桂、沉香、乌药治疗阴寒内盛的疝气腹痛,先生用本品加盐炒热,布裹温熨腹部;治虚寒腰痛病,刘老先生常配伍肉桂、白附片、补骨脂、菟丝子、杜仲炖猪腰服用,治五更腰痛,效果良好。配伍行气止痛药治疗肝气郁滞、睾丸偏坠胀痛;配伍温经活血、行气止痛的延胡索、当归、川芎等治疗少腹冷痛、气滞血瘀的痛经。

本品辛温,能温中散寒止痛,并善理脾胃之气而开胃、止呕。用于脘腹冷痛、呕吐、食少,可配伍生姜、白术、陈皮等。刘老先生单用本品 120 克炒热布裹温熨腹部治疗嗝逆证收效良好。

【使用注意】本品辛温助火,热证及阴虚火旺者忌用;孕妇慎用。

4. 干 姜

《本草求真》:"干姜,大热无毒,守而不走,凡胃中虚冷,元阳欲绝,合以附子同投,则能回阳立效,故书有附子无姜不热之句。"

刘老先生认为本品辛热燥烈,主入脾胃而长于温中散寒、健运脾阳,为温暖中焦之主药。无论外寒内侵的实寒证,还是阳气不足、寒从内生的虚寒证均可使用。可用于寒邪所致的腹痛、呕吐、泄利、蛔厥证。

本品辛热,入心、肾经,有回阳通脉的功效。刘老先生临床中常用治阳气虚衰,心肾阳虚,阴寒内盛,四肢厥冷,脉微欲绝者,每与附子相须为用,以助附子回阳救逆之效,并可降低附子的毒性,如四逆汤。

本品辛热,入肺、脾经,上能温肺散寒以化饮,中能温脾运水以绝痰,用于肺寒咳嗽,痰多清稀,配伍五味子、细辛等。

炮姜,可以温经止血,配伍棕榈炭、乌梅等,用于虚寒吐血、便血、崩漏等。

刘老先生常用雄鲤鱼一条（一斤左右），取鱼肚内精囊腺，干姜、枸杞子各10克同煎，加适量调味品，空腹服食，隔日一次，连服5日，食疗肾虚阳痿。

【使用注意】本品辛热燥烈，阴虚内热、血热妄行、表虚有热汗出、自汗盗汗、热呕腹痛者忌用；孕妇慎用。

文献记载，干姜恶黄连、黄芩、夜明砂、杀半夏、莨菪毒。

5. 菟丝子

《神农本草经》：味辛，性平。主续绝伤，补不足，益气力，肥健，汁，去面皯。在古代，菟丝子是全草入药，称金丝接骨草，别名有无根藤、无娘藤等。传统鉴别菟丝子的方法是"水试"：菟丝子在水中加热煮沸至种皮破裂，露出黄白色细长卷曲状的胚，形如"吐丝"。

刘老先生认为本品补而不峻，微温不燥，既能补肾阳，又能益肾精，并能固精、缩尿、止带，对肾虚不固之证有标本兼顾之效。可随证配伍广泛用于肾阳不足、肾精亏虚所致的多种证候。刘老先生常用大剂量菟丝子、覆盆子治疗精子稀少的不育症患者，效果佳。菟丝子滋补肝肾，使精血上注而有明目之能，能润燥益阴，为养肝明目佳品。凡肝肾两亏所致精血不足，目失所养，眼目昏花，视力减退等，可配伍枸杞子、熟地黄、女贞子、补骨脂、桑椹、车前子等同用。菟丝子能补肾暖脾，既能助阳，又能益精，不燥不腻，为平补肝、肾、脾之良药。凡脾肾亏损而运化失职，有大便溏泄，且久不愈者，可配伍党参、山茱萸、白术、芡实等以补益脾肾而止泻。

【使用注意】本品阴虚火旺，大便燥结、小便短赤者不宜服；妊娠无肾虚者慎服。

6. 黄 芪

《本草从新》："黄芪，甘温，生用固表，无汗能发，有汗能止，温分肉，实腠理，补肺气，泻阴火，解肌热，炙用补中，益元气，温三焦，壮脾胃，生血生肌，排脓内托，疮痈圣药"

刘老先生理解为本品有良好的补脾益气之功，配伍白术、党参等用于脾虚倦怠乏力。又因兼能利尿消肿，故亦为气虚水肿之要药，常配伍茯苓、防己等用治脾虚水湿失运的浮肿尿少。

本品味清气浮，秉性升发，能补肺气，振奋元阳，兴奋中枢神经系统，又能升举阳气，统行血脉，具有强壮作用，为补气升阳之要药，单用或者与人参同用，如黄芪膏等。本品的补气升阳作用，还可促进津液的输布而收止渴之效，配伍天花粉、葛根等用治脾虚不能布津之消渴。

刘老先生在临床中常用本品甘温升补，既能补中益气，又能升阳举陷，用于治疗气虚引起的脏器下垂，先生常重用黄芪治疗胃下垂（黄芪 30 g，枳壳 3 g）、脱肛（黄芪 120 g，防风 9 g）、子宫脱垂（益气汤加制何首乌）、重症肌无力等。

本品能益气健脾，既可增强生化气血机能，又能益气固摄，使血行脉道不致外溢，补气以生血，重用炙黄芪配伍当归、熟地黄、白芍等用治各种气血亏虚证及气血两虚证。《本草蒙筌》曰："补气药多，补血药亦从而补气；补血药多，补气药亦从而补血。益气汤虽用当归，因势寡，功被参、黄所据，补血汤黄芪数倍于当归，亦从当归所引而补血。补血汤，黄芪一两，当归二钱，气药多而云补血者，气能生血，又有当归为引也，为补药之长，故名耆。"

刘老先生在临床中常用本品补益气血，扶助正气，用于治疗疮疡中期，正气虚不能托毒外达，脓成未溃者，配伍人参、当归、升麻等能收到托毒外出、生肌敛疮之效；疮疡后期，因气血亏虚而溃后久不敛口者，配伍人参、当归、肉桂等气血双补，可以生肌敛疮。黄芪用于疮疡需要使用生品。

本品"生用固表，无汗能发，有汗能止，温分肉，实腠理"。因本品味甘性温，归脾、肺二经，补脾则筋肉健，补肺而腠理固，实为固表止汗之良药。如表虚自汗，卫表不固，易感外风，配伍防风、白术等同用，如"玉屏风散"。

本品补气，配伍白术、荆芥炭、龙骨、牡蛎等治疗崩漏。本品既能补气以行血，因气为血之母，气行则血行，故临床上多用于血脉瘀滞诸证。治风寒湿痹之血脉痹阻者，本品常与祛风湿、活血药配伍，如蠲痹汤；刘老先生在临床上治疗痹症或中风后遗症因气虚血滞，肌肤筋脉失养，症见半身不遂或机体麻木，配伍活血通络制品，如补阳还五汤，先生用治疗气虚血瘀的偏瘫黄芪常用 120 g 以上；还可与活血止痛药配伍治疗骨折筋伤，瘀滞肿痛。黄芪在《名医别录》中讲本品能"逐五脏间恶血"，现代研究本品具有良好的活血之功，刘老先生在临床中常广泛用于胸痹心痛、冠心病、动脉血栓、脑血栓、脑梗等多种血脉瘀滞者，都是通过补气以使气旺则血行的原理，具有良好的活血之功。补血活血皆应重用黄芪，可根据具体情况用至 300 克。

本品配伍人参、龙齿、茯神等，用于心虚惊悸、虚烦不眠，黄芪注射液也可以用于失眠症，黄芪注射液还可以用于心肌相关的疾病、对肝脏有保护作用，黄芪制剂用于肾系疾病，单用黄芪治疗震颤麻痹合并低血压等。

本品在低剂量时具有明显的升阳举陷、升血压作用，一般用量在 10～30 克，100 克以下；大剂量 250 克以上反而有降压作用。治疗低血压，用量在 10～15 克。刘老先生在治疗中风后遗偏瘫中，以黄芪为君药，常用量 60～300 克，水蛭 10～15 克，效果良好。

【使用注意】补气升阳宜蜜炙，其他宜生用。黄芪性温，可助火、敛邪，凡表实邪盛、内有积滞、气实胸满、阴虚阳亢、痈疽毒盛者均不宜用；高血压、甲亢、出血性疾病、器官移植患者及自身免疫性疾病患者慎用；服用黄芪制品，忌同食茶及水果、海带等碱性食物。据文献记载，黄芪恶龟甲、白鲜皮，茯苓、防风为使。

7. 当　归

陈修园《神农本草经读》："当归，其主咳逆上气者，心主血、肝存血，血枯则肝木扶心火而刑金；当归入肝养血，入心清火，所以主之也。肝为风，心为火，风火为阳，阳盛则为但热不寒之温疟；而肺受风火之邪，肺气怯，不能为皮毛之主，故寒热侵袭在皮肤之中，当归能令肝血足而风定，心血足而火息，则皮肤中之寒热可除也。肝主藏血，补肝即所以止漏也。手少阴脉动甚，为有子，补心即所以种子也。"

本品甘温质润，功擅补血，为补血要药。主治因血虚引起的面色萎黄、眩晕、心悸等症，常以此为主药，如四物汤。治疗血虚兼见气虚，与黄芪同用，如当归补血汤。

本品补血活血，又能止痛，善于调经，为妇科调经要药。其补中有动，行中有补，无论血虚或血瘀所致的月经不调、痛经、经闭，皆为常用。

刘老先生认为本品功擅活血止痛、温散寒凝且能补血。主治因血虚、血瘀兼寒凝所致的各种疼痛，并应根据疼痛原因及部位做相应配伍。治血虚有寒之腹痛，与温中散寒之品配伍，如当归生姜羊肉汤以之与生姜、羊肉同用。当归四逆汤加桂枝、芍药等治疗寒凝血脉不利的痹痛；活血止痛汤中配伍乳香、苏木等治疗跌打损伤的瘀肿疼痛证；接骨散中与自然铜、骨碎补配伍治疗骨折疼痛。

本品既能活血消肿止痛，又能补血生肌。因其性温而偏补血扶正，故用治疮疡，以血气虚弱之疮疡脓成不溃或久溃不敛为宜。

本品补血润燥而治血虚津亏之肠燥便秘，配伍火麻仁、生何首乌等使用。

刘老先生用本品治疗咳逆上气，因肺虚外感风热而成咳喘，咳而气还聚于肺，肺则胀，是为咳逆也。先生在急慢性支气管炎中用麻杏石甘汤加当归、五味子、川芎，效果良好。邪气与正气相搏，正气不得宣通，但逆上咽喉之间，邪伏则气静，邪动则气奔上，烦闷欲绝，故谓之咳逆上气也。如苏子降气汤、金水六君煎、百合固金汤中都使用当归治疗咳逆上气，刘老先生认为当归是治咳的要药，与其他药配伍得当，效果良好。

【使用注意】补血用当归身，破血用当归尾，活血用当归头，全当归则有攻守之效；生当归补血调经而润肠通便，酒当归活血补血以调经，土炒当归补血而不致滑肠，当归炭止血活血。

本品甘温，湿盛中满、大便溏泄、出血性疾病患者不宜大量长期服用；孕妇及妇女崩漏经多者慎服；忌生冷黏腻。

8. 地　黄

《神农本草经》："干地黄，味甘、苦寒，主折跌绝筋，伤中，逐血痹，填骨髓，长肌肉。作汤，除寒热积聚，除痹，生者尤良。"

本品性寒，味甘、苦，善清营分、血分之热邪，具有凉血、止血、养阴等多种功效，尤宜于温热病热入营血所致的营阴受损、血热动血等证。既有良好的清热凉血作用，又能止血，用于脏腑热盛，迫血妄行的吐血、咯血、便血、尿血及崩漏等。本品甘寒质润，可用于各脏腑的阴虚燥热证。

刘老先生理解为生地黄具有活血化瘀之功效，却鲜有人知。对于跌打损伤、瘀血阻滞疼痛并疼痛部位发热者疗效尤佳，无论外用内服都可配伍使用。自古以来民间就有人用重剂地黄炖猪蹄治疗风湿性关节痛及坐骨神经痛等与瘀血阻滞有密切相关的疾病。《神农本草经》载地黄能"主折跌绝筋，伤中，逐血痹。"《药性论》："君，能补虚损，温中下气，通血脉。治产后腹痛，主吐血不止。又云生地黄，味甘，平，无毒。解诸热，破血，通利月水闭绝。不利水道，捣薄心腹，能消瘀血。病人虚而多热，加而用之。"先生治疗跌打损伤的外用制剂中均大剂量使用生地黄（干地黄）来活血化瘀，而不是用来清热凉血，本院使用刘老先生的外用方制剂六黄止痛膏、红冰止痛酊都使用了大剂量的生地黄活血化瘀。

【使用注意】鲜品用量加倍，其清热凉血作用更强；酒炒可以减弱其寒凉滋腻之性，炒碳可用于止血。脾虚湿盛，腹满便溏者慎用。文献记载恶贝母，畏芜荑。

9. 苍 术

《药品化义》："苍术，辛主散，性温而燥。燥可去湿，专入脾胃，主治风寒湿痹，山岚瘴气，皮肤水肿，皆辛烈逐邪之功也。统治三部之湿，若湿在上焦，易生湿痰，以此燥湿行痰；湿在中焦，滞气作泄，以此宽中健脾；湿在下部，足膝痿软，以此同黄柏治痿，能令足膝有力。取其辛散气雄，用之散邪发汗，极其畅快。合六神散，通解春夏湿热病；佐柴葛解肌汤，表散疟疾初起；若热病汗下后，虚热不解，以此加入白虎汤，再解之，汗止身凉。"

刘老先生理解为本品苦温燥湿以祛湿浊，辛香健脾以和脾胃。对湿阻中焦、脾失健运而数脱腹胀闷、呕恶食少、吐泻乏力、舌苔白腻等症，最为适宜。常与燥湿和中行气之品配伍，以之与厚朴、陈皮等同。若脾虚湿聚，水湿内停的痰饮或外溢皮肤的水肿，则茯苓、防己、泽泻、猪苓等同利水渗湿药同用。

本品能祛风湿，因长于祛湿，故痹证湿胜者尤宜。刘老先生的川仁祛风止痛片即以它为主要药物，风寒湿痹，配伍羌活、防风、秦艽等；湿热下注，足膝肿痛，如二妙丸中配伍黄柏等同用；湿瘟发热，一身尽痛，配伍石膏、知母等，如苍术白虎汤。

本品辛香燥烈，能开肌腠而发汗，祛肌表之风寒表邪，又因其长于祛湿，故以风寒表证夹湿者最为适宜。如神白散中与散寒解表药配伍使用。此外，本品能使脾胃健运，清阳上升，充养清窍而明目，治夜盲症，米泔水浸泡后与猪肝同食。

苍术气味芳香，不仅擅长燥湿，更能行气解郁，先生常配伍川芎，气血双调，用于气郁所致的多种难治治病，有"疏其气血，令其调达，而致平和"之效。

【使用注意】米泔水制或麸炒后可减缓燥性；阴虚内热，气虚多汗者忌用；血虚气弱、津液亏耗、表虚自汗者不宜用；哮喘及呼吸窘迫者慎用。

苍术与白术，古代是不分的，统称为"术"。传统中医认为其性味、功能有别：苍术辛苦温，性烈，为运脾要药，功能芳香化浊，燥湿止痛；白术辛苦甘温，性缓，为补脾要药，功能健脾燥湿，固表止汗。在实际临床应用上，由脾虚而生湿者用白术，因湿盛而发生脾虚者则用苍术。以病证之虚实而言：虚者用白术，实者用苍术。

10. 山茱萸

《名医别录》："主肠胃风邪，寒热疝瘕，头风，风气去来，鼻塞，目黄，耳聋，面疮，温中，下气，出汗，强阴，益精，安五脏，通九窍，止小便不利，明目，强力长年。"

刘老先生理解为本品甘温质润，其性温而不燥，补而不峻，既能补肾气，又能益肾精，为平补肾阴肾阳之要药。治疗肾阴虚，常配伍熟地黄、山药等同用，如六味地黄丸；治疗肾阳虚，常配伍肉桂、附子等同用，如金匮肾气丸。

本品酸涩，既能补肾益精，又能固精缩尿，于补益之中又具封藏之功，为固精止遗之要药。刘老先生在临床中常用治疗遗精、滑精，遗尿、尿频，常配伍覆盆子、金樱子、沙苑子、桑螵蛸等同用。

本品能补肝肾、固冲任以止血。治疗妇女肝肾亏虚，冲任不固之崩漏，月经过多，产配伍黄芪、白术、茜草碳、乌贼骨、棕榈炭等同用。

本品酸涩，敛汗力强，大剂量使用能治疗大汗不止，体虚欲脱，常配伍人参、附子、女贞子、旱莲草、龙骨、牡蛎等同用。

本品亦治消渴证，多与生地、天花粉等同用；本品配伍代赭石、生龙骨、生牡蛎可治疗偏头痛。先生曾单用山茱萸 60 克治疗肝肾本虚，阴阳之气将涣散的虚喘欲脱具有良效。

【使用注意】凡命门火炽，强阳不痿，素有湿热，小便淋涩、便秘、实汗、血热妄行者忌服；文献记载恶桔梗、防风、防己。

山茱萸应合核为用，使用时捣碎焙干用。沈括在其《梦溪笔谈》中指出："山茱萸能补骨髓者，取其核温涩能秘精气，精气不泄，乃所以补骨髓；今人或削取肉用，而弃之核，大非古人之意。如此皆近穿凿。若用《本草》中主疗，只当依本说。"沈括认为，山茱萸之所以能滋补骨髓，是取它的核，性温、味涩，能固精气，因精气不外泄，就能够起到滋补骨髓的作用。现药典规定为假种皮"山萸肉"入药。

11. 麻 黄

《神农本草经》："性温，味苦。主中风，伤寒头痛，温疟，发表出汗，去邪热气，止咳逆上气，除寒热，破症结积聚。"

刘老先生理解为本品味辛发散，性温散寒，善于宣肺气、开腠理、透毛窍，具有较强的发汗解表作用，为发汗解表第一要药，与桂枝相须为用。《本草正义》说"麻黄与桂枝并行，乃为散寒之用；若不与桂枝并行，其不专注散寒发汗也。"

本品辛散苦泄，温通宣畅，外开皮毛之郁闭，内降上逆之气。麻黄治疗的咳嗽和气喘，都是由于肺气壅盛不能宣降的咳逆气喘，风寒风热均可配伍使用。麻黄辛开苦降，能降肺气不宣的大便不通。

本品还能利尿消肿，用于风水水肿初起和肺失宣降所致小便不利。麻黄散寒能用治风寒痹证，寒从汗解。

【使用注意】发汗解表多生用，平喘止咳多蜜炙用；麻黄绒发汗力弱，多用于儿童、老人及体弱者。

本品发汗宣肺之力较强，用量不宜过大，不可使大汗淋漓，耗伤津液，自汗、盗汗者忌用。经期、孕期、哺乳期女性及肺肾虚喘者、高血压患者、运动员忌用。儿童、老年人、失眠者慎用。

麻黄汤又名还魂汤，用以治邪在太阴，卒中暴厥，口噤气绝，下咽奏效。

《千金方衍义》的还魂汤用《伤寒论》"太阳例"中麻黄汤，以桂心易桂枝入肝以招其魂；麻黄入肺以通其魄；杏仁入络以降其逆；甘草入腑以缓其暴，暴逆散而魂魄安矣。肝藏魂，肺藏魄。麻黄开肺气而通魄，魄通则为魂自回。所以《金匮》的还魂汤中不用桂枝亦可，还魂的主要任务就是追魄。刘老先生在治疗外感风寒中都以麻黄为君药配伍使用。

12. 葛　根

《神农本草经》："味甘，性平。主消渴，身大热，呕吐，诸痹，起阴气，解诸毒。"

刘老先生理解为本品甘辛性凉，具有发汗解表、解肌退热之功。用于表证发热，项背强痛的项痹病，可与羌活、防风、桔梗、鸡血藤、姜黄、麻黄等配伍使用效果好。项痹病表虚汗出，恶风，可加桂枝、白芍调和营卫、发汗解肌。

本品味辛性凉，有发表散邪、解肌退热、透发麻疹之功，故可用治麻疹初起，如升麻葛根汤中与升麻相须为用。若麻疹已现，但疹出不畅，可配伍牛蒡子、蝉蜕、荆芥等散风热、透疹。

本品甘凉，于清热之中，又能鼓舞脾胃清阳之气上升而有止渴之功。能用治热病津伤口渴，消渴证属阴津不足者，可与天花粉、鲜地黄、麦门冬等药配伍；口渴多饮，体瘦乏力，气阴不足者，又多配伍党参、黄芪、麦冬、天花粉、乌梅。

本品味辛升发，能升发清阳，鼓舞脾胃清阳之气上升而有止泻之效，治脾虚泄泻或湿热泻痢，配伍黄芩、黄连使用。

【使用注意】解肌退热、透疹、生津宜生用；升阳止泻宜煨用；表虚多汗、脾胃虚寒等证不宜用，低血压者慎用。

葛根与粉葛药典分别收载，葛根长于解肌、升阳止泻、止痛，粉葛长于食疗和生津止渴。

13. 桔　梗

《神农本草经》："主胸胁痛如刀刺，腹满肠鸣幽幽，惊恐悸气。"

本品辛散苦泄，宣开肺气而利胸膈，长于祛痰，并能止咳，为治疗咳嗽痰多之要药，无论寒热皆可应用；用于咽喉肿痛，失音，本品能宣肺利咽开音，善治咽痛音哑之证，无论外感、阴虚、热毒所致均可运用；本品能利肺排脓，常用治肺痈吐脓、咳嗽胸痛等证。本品在参苓白术散中能行气利肺，中和脾胃；在天王补心丹中具有镇静安神的作用。

刘老先生在临床上对胸胁痛如刀刺就是瘀血阻滞引起的疼痛状如刺痛。"刺痛"的原因不仅仅是瘀血所致，其他如痰饮、湿热、寒湿等阻滞等也能引起。现代教材认为桔梗不能用于瘀血所致之疼痛证，但血府逐瘀汤为桃红四物汤加桔梗、柴胡、枳壳、牛膝、甘草组成，为活血祛瘀、行气止痛的常用方剂，临床常用于肋骨骨折，胸中血府血瘀之证效果良好，是取桔梗行气止痛、载药上行，使气滞血瘀得以畅通而止痛。

【使用注意】桔梗用量过大易致恶心呕吐，阴虚久咳及咯血者不宜服用，孕妇慎用。

14. 威灵仙

《药品化义》："灵仙，性猛急，善走而不守，宜通十二经脉。主治风、湿、痰壅滞经络中，致成痛风走注，骨节疼痛，或肿，或麻木。"风胜者，患在上，湿胜者，患在下，二者郁遏之久，化为血热，血热为本，而痰则为标矣，以此疏通经络，则血滞痰阻，无不立豁。若中风手足不遂，以此佐他药宣行气道。酒拌，治两臂痛。因其力猛，亦能软骨，以此同川芎、当归、龟甲、血余，治临产交骨不开。

刘老先生认为本品辛散苦燥，既能祛风湿，又能通经络而善止痛。凡风湿痹痛，肢体麻木，筋脉拘挛，屈伸不利，无论上下皆可应用，尤宜于风寒邪偏盛者。治风寒腰背疼痛，又常与活血、温通散寒药配伍。

本品宣通经络止痛之功，亦可治跌打伤痛、头痛、牙痛、胃脘痛等。

本品性温，可用于痰饮咳嗽，配伍半夏治疗停痰宿饮，喘咳呕逆。

先生常用单味威灵仙，治疗骨性关节炎，腰背风湿痛，骨质增生症效果佳。

【使用注意】血虚所致的肢体麻木、拘挛者忌用；气血虚弱者、孕妇慎用。古威灵仙为玄参科植物，与现在的毛茛科威灵仙不同，现在的威灵仙不具有治疗骨鲠咽喉的作用。

15. 羌 活

《雷公炮制药性解》："羌活气清属阳，善行气分，舒而不敛，升而能沉，雄而善散，可发表邪，故入手太阳小肠经、足太阳膀胱经，以理游风。其功用与独活虽不同，实互相表里，用者审之。"

刘老先生认为本品为辛散祛风，味苦燥湿，多用于治疗外感风寒，四肢酸痛，恶寒发热无汗，有较强的发散风寒、祛风胜湿和止痛的疗效；也用于风寒湿痹，项强筋急，风湿骨节疼痛，风水水肿，痈疽疮毒，头痛，身痛等。凡外感风、寒、湿，致发热恶寒，头痛，肢节酸痛，一身尽痛，项背强酸痛等症时，可用九味羌活汤、羌活胜湿汤、荆防败毒散等方加减。

刘老先生在临床上治疗颈项强直、酸痛、上肢酸痛麻木的项痹病等症可与桂枝、桑枝、姜黄、威灵仙、蜈蚣等配伍。头痛、头目不利等症可与白芷、蔓荆子、升麻，葛根、川芎、柴胡、藁本、防风等配伍。

治久居湿地，脾胃虚弱者过食生冷，脾阳被郁，阳郁不得升而化火之症，与黄芪、白术、防风、黄芩、秦艽、独活、升麻、柴胡、葛根同用，以升其清阳，通畅三焦，消其之阴火。与广木香同用，治雾露之邪中于上焦，取其搜风之功。与理中丸加防风、蝉衣、茯苓、泽泻等配伍治反复腹泻难愈，先有身痒，继而出现腹痛、腹泻等症。

对于体质较弱，每遇天气变化，易犯落枕，头目眩晕，身重气短，四肢沉重，小便黄涩等症配伍防风、独活、藁本、川芎、蔓荆子等先升阳祛风胜湿，后辅以益气养血，以巩固疗效。

【使用注意】本品辛香温燥之性较强，故非风寒湿邪阴血亏虚者慎用；风热感冒、温病禁用。用量过多，易致呕吐，脾胃虚弱者不宜单独服用。孕妇、肝肾功能不全者慎用。

16. 鸡血藤

《本草纲目拾遗》："大补气血，与老人妇女更为得益。""统治百病，能生血、和血、补血、破血；又能通七窍，走五脏，宣筋络。"

刘老先生理解为本品苦而不燥，温而不烈，性质和缓，既能活血，又能补血，凡血瘀或血虚所致的月经病证均可应用，对两者兼有者尤宜。鸡血藤行而不伤，补而不滞，具有这个功效的药还有当归，与当归配伍为补血要药，用于血虚诸证。

刘老先生在临床中常用本品行血养血，舒筋活络，对于风湿痹痛、手足麻木、肢体瘫痪等，无论血虚或血虚兼瘀者均可运用。如治风湿痹痛，肢体麻木、颈椎病、腰椎间盘突出症，可与独活、威灵仙祛风湿药同用；治中风肢体瘫痪，常配黄芪、当归、川芎、水蛭、丹参、地龙等益气活血通络药，收到良好效果。

【使用注意】月经量多不宜使用。

17. 川　乌

《长沙药解》："乌头，温燥下行，共性疏利迅速，开通关腠，驱逐寒湿之为甚捷，凡历节、脚气、寒疝、冷积、心腹疼痛之类并有良功。"

刘老先生认为本品辛热开散苦燥，"疏利迅速，开通关腠，驱逐寒湿"，善于祛风湿、温经散寒，有明显的止痛作用，如刘老先生的双蛇活络颗粒配方，为治风湿寒痹证之佳品，尤宜于寒邪偏盛之风湿痹痛；治寒湿瘀血留滞经络，肢体筋脉挛痛，关节屈伸不利，日久不愈者，常与乳香、地龙配伍使用。

本品辛散温通，散寒止痛之功显著，故又常用于阴寒内盛痛。治心痛彻背，背痛彻心者，常配祛寒止痛之品；治寒疝，绕脐腹痛，手足厥冷者，在大乌头煎中与蜂蜜同煎。

本品止痛作用可治跌打损伤疼痛，多与通络活血疗伤药配伍，古方中配伍草乌、生南星、蟾酥外用作麻醉药。

【使用注意】孕妇忌用；不宜与贝母类、半夏、白及、白蔹、瓜蒌类（天花粉、瓜蒌子、瓜蒌壳）同用；内服一般应炮制用，生品内服宜慎；酒浸、酒煎服易致中毒，应慎用。

18. 巴戟天

《本草求真》："巴戟天，据书称为补肾要剂，能治五痨七伤，强阴益精，以其体润故耳。然气味辛温，又能祛风除湿，故凡腰膝疼痛、风气脚气水肿等症，服之更为有益。"

本品甘温不燥，主入肾经，其补肾助阳之力较为温和，且略兼益肾精作用，并能强筋骨。刘老先生在临床上治疗肾阳不足，命门火衰所致之阳痿、宫冷不孕，常配伍淫羊藿、鹿茸、仙茅、熟地黄、补骨脂、肉桂、枸杞子等同用；治疗下元虚冷，宫冷不孕，月经不调，少腹冷痛，常配伍肉桂、吴茱萸、高良姜等同用；治疗小便频数或尿不禁，常配伍益智、桑螵蛸、菟丝子等同用。

刘老先生认为本品味辛能散，具有祛风湿功效，既能祛风湿，又能补肾阳、强筋骨。治疗腰膝痹痛、软弱无力，常配伍草薢、肉苁蓉、杜仲、菟丝子等同用；治疗下焦久积风冷，肾脏虚衰，筋骨痿弱，腰膝无力，常配伍附子、牛膝等同用。

【使用注意】本品补肾多盐水炙用，祛风湿可以生用。阴虚火旺及湿热证等不宜服用。

19. 蕲　蛇

《开宝本草》："主中风湿痹不仁，筋脉拘急，口面㖞斜，半身不遂，骨节疼痛，大风疥癞及暴风瘙痒，脚弱不能久立。"

本品具走窜之性，性温通络，能内走脏腑，外达肌表而透骨搜风，以祛内外之风邪，为祛风湿要药，又能通经络，凡风湿痹证无不宜之，先生常用它治病深日久之风湿顽痹、经络不通、麻木拘挛以及中风口眼㖞斜、半身不遂者，常与防风、黄芪、羌活、当归等配伍。

本品入肝，既能祛外风，又能息内风，风去则惊搐自定，为治抽搐痉挛常用药。治小儿急慢惊风、破伤风之抽搐痉挛，多与息风止痉药配伍。

本品能外走肌表而祛风止痒，故风毒之邪壅于肌肤亦为常用之品，与祛风止痒药配伍以加强疗效，用于风疹瘙痒、疥癣等。此外，本品亦可用于头风疼痛，还可治瘰疬、梅毒、恶疮。

【使用注意】阴虚内热者忌服。乌梢蛇功效与蕲蛇相似而力缓，可以代替蕲蛇使用。

20. 三 七

《医学衷中参西录》记载："三七，诸家多言性温，然单服其末数钱，未有觉温者。善化瘀血，又善止血妄行，为血衄要药。病愈后不至瘀血留于经络，证变虚劳（凡用药强止其血者，恒至血瘀经络成血痹虚劳）。兼治：便下血，女子血崩，痢病下血鲜红久不愈（宜与鸦胆子并用），肠中腐烂、浸成溃疡。所下之痢色紫腥臭，杂以脂膜，此乃肠烂欲穿（三七能腐化生新，是以治之）。为其善化瘀血，故又善治癥痕疙瘩、女子癥瘕，月事不通，化瘀血而不伤新血，允为理血妙品。外用善治金疮，以其末敷伤口，立能血止痛愈。若跌打损伤，内连脏腑经络作疼痛者，外敷内服奏效尤捷。疮疡初起肿痛者，敷之可消（当与大黄末等分，醋调敷）。"又云："凡疮之毒在于骨者，皆可用三七托之外出也。"

刘老先生认为本品性温味甘微苦，入肝经血分，功善止血化瘀，具有止血不留瘀、化瘀不伤正的特点。广泛用于各种出血证，无论有无瘀滞，均可运用，尤其适用于有瘀滞者，内服外用均可。为治伤要药，先生的八味活血片以它为君药。

本品活血化瘀而消肿定痛，为治瘀血诸证之佳品。用于跌打损伤、瘀血肿痛，本品为首选药。可单味应用，或配伍血竭、乳香、没药、红花等同用效果更佳。先生认为无瘀无虚不能使用三七。

三七炙用或者与猪肉、老母鸡炖服，具有补虚强壮的作用，用于虚损劳伤。也可同黄芪、枸杞子、人参、当归炖仔母鸡，治疗骨折延迟愈合。

【使用注意】血热妄行或出血兼有阴虚口干者不宜单用；孕妇慎用；宜饭后服用。

21. 莪 术

《本草经疏》："蓬莪术行气破血散结，是其功能之所长，若夫妇人、小儿气血两虚，脾胃素弱而无积滞者，用之反能损真气，使食积不消而脾胃益弱。即有血气凝结、饮食积滞，亦当与健脾开胃、补益元气药同用，乃无损耳。"

刘老先生认为本品苦辛，散温通，既入血分，又入气分；既能破血逐瘀，又能行气止痛，可用治气滞血瘀所致的上述病证。尤善消癥瘕积聚，与三棱相须为用，配伍当归、香附等同用。

刘老先生常用本品破血逐瘀，消肿止痛，用于跌打损伤，胸肋骨折、瘀肿疼痛，常配伍柴胡、三棱、当归、川芎、苏木、桃仁等活血祛瘀药同用；治疗胁下痞块，配伍丹参、三棱、鳖甲等同用；血瘀经闭、痛经，配伍红花、牡丹皮、当归同用；治疗胸痹心痛病，配伍川芎、三七、丹参同用；治疗体虚瘀血久留，配伍黄芪、党参等同用。

本品具有较强的行气消积止痛之功，用于食积脘腹胀痛，配伍青皮、槟榔等同用。

【使用注意】宜饭后服用。治疗急性疼痛时，宜加醋煎煮或用酒磨服。本品药性峻猛、破血力强，有耗气伤血之弊，不宜过量久服。气血两虚、脾胃虚弱无积滞者及有出血倾向者慎用；孕妇及月经过多者忌用，对莪术、莪术油注射液过敏者忌用。

22. 土鳖虫

《本草通玄》：“破一切血积，跌打重伤，接骨。”

刘老先生理解为本品咸寒入血，主入肝经，性善走窜，能活血疗伤，续筋接骨，为伤科要药。治疗跌打损伤、筋伤骨折、瘀肿疼痛证，配伍自然铜、骨碎补、续断、血竭、乳香、没药等同用；治疗骨折筋伤中后期，如刘老先生的竭归接骨颗粒、接骨散都用为主要药物。

本品入肝经，能破血逐瘀通经、消癥瘕，用于血瘀经闭腹痛、常配伍大黄、水蛭、虻虫等同用；治疗癥瘕痞块，常配伍柴胡、桃仁、鳖甲等同用以化瘀消癥。

【使用注意】宜饭后服，汤药宜温服。服药恶心者，可以捣生姜浓汁喝，已经呕吐者，可喝粥养胃气。文献记载：本品畏皂荚、菖蒲。

经闭属于肾虚血枯者忌用，脾胃虚弱者慎用；忌油腻、生冷及对胃肠道有刺激性的食物；孕妇禁用。土鳖虫即蟅虫。

23. 延胡索

《本草纲目》：“延胡索，活血，利气，止痛，通小便。能行血中气滞，气中血滞,故专治一身上下诸痛,用之中的,妙不可言……盖延胡索能活血行气,第一品药也。"

刘老先生理解为本品辛散温通,作用温和,能"行血中气滞,气中血滞,专治一身上下诸痛",为止痛之要药。无论何种痛证,均可配伍应用,尤其内脏诸痛最为擅长。胃痛不可忍者,可单用为末,热证配伍川楝子,寒证配伍桂枝、高良姜等,气滞者配伍香附、砂仁等,血瘀者配伍丹参、五灵脂等,中虚者配伍党参、白术等;治胸胁疼痛、肝郁化热者,常配伍川楝子、栀子等,肝郁气滞者配伍柴胡、郁金等;治疗寒疝腹痛,可配小茴香、吴茱萸等;治气滞血瘀之痛经、月经不调、产后瘀滞腹痛,常配伍当归、红花、香附等;治跌损伤、瘀肿疼痛证,如先生的棱莪活血颗粒治疗,常与乳香、没药等同用;治疗风湿痹痛,配伍秦艽、桂枝等。

【使用注意】醋制可增强其止痛作用,治疗瘀血、疼痛等病症宜饭后温服,治疗因疼痛失眠者宜睡前服。本品辛温走散,凡月经先期、经血枯少、虚症崩漏、产后腹痛等血热、血虚、气虚证者慎用,孕妇慎用。

24. 血 竭

《本经逢原》:"治伤折打损一切疼痛,血气搅刺,内伤血聚,并宜酒服。乳香、没药虽主血病而兼入气分,此则专于肝经血分也。但性最急却能引脓,不宜多服。其助阳药中同乳香、没药用之者,取以调和血气而无留滞壅毒之患。"

刘老先生理解为本品为入血分而散瘀止痛,为伤科要药。治疗跌打损伤、骨断筋伤、筋骨疼痛,常配伍乳香、没药、自然铜、骨碎补、儿茶等同用,如先生的竭归接骨颗粒;治疗瘀血痛经、经闭、心腹刺痛、产后腹痛,常配伍当归、三棱、莪术等同用。

本品化瘀止血,止血不留瘀,治疗外伤出血,可以单用本品研末外敷或者配伍儿茶、乳香、没药等同用。本品还有敛疮生肌之效,用于疮疡久溃不敛,常配伍乳香、没药等同用。

【使用注意】无瘀血者慎用;孕妇及月经期、月经过多者忌用;皮肤过敏者慎用。临床处方中要注意血竭与龙血竭的区别,两者来源科属不同,龙血竭为地方标准。

25. 自然铜

《本草衍义补遗》:"自然铜,世以为接骨之药,然此等方尽多。大抵骨折在补气、补血、补胃,而铜非煅不可用,若新出火者,其火毒、金毒相扇,挟热毒香药,虽有接骨之功,燥散之祸,甚于刀剑,戒之。"

刘老先生认为本品味辛而散,入肝经血分,能续筋接骨、散瘀止痛,促进骨折愈合,内服外用均可,为伤科要药,如先生的竭归接骨颗粒、接骨散所用。治疗骨折筋伤、瘀肿疼痛证,配伍乳香、没药、当归等同用;跌打损伤疼痛,配伍苏木、乳香、没药、血竭等同用。治闪腰岔气、腰痛,本品与土鳖虫各等分同用。

【使用注意】本品有耗伤阴血之弊,不可多服、久服,阴虚火旺、血虚无瘀、脾胃虚弱者慎用;老年人、体虚者及儿童用时宜减量,对本品过敏者忌用。

骨折初期瘀肿未消、关节周围骨折,慎用本品。

26. 牛 膝

《医学衷中参西录》:"味甘微酸,性微温。原为补益之品,而善引气血下注,是以用药欲其下行者,恒以之为引经。故善治肾虚腰疼、腿疼,或膝疼不能屈伸,或腿痿不能任地,兼治女子月闭血枯,催生下胎。又善治淋疼,通利小便,此皆其力善下行之效也。"

本品活血祛瘀通经,用于多种瘀血症,其性善下行,尤多用于妇科、伤科瘀滞之症。瘀阻经闭、痛经、月经不调、产后腹痛,配伍当归、桃仁、红花同用;产后胞衣不下,配伍当归、瞿麦、冬葵子同用;跌打损伤、腰膝疼痛,配伍续断、当归、乳香等同用。

刘老先生认为本品能补肝肾,强筋骨,治肝肾亏虚之腰腿酸痛、腰膝酸软、软弱无力者,配伍杜仲、续断、补骨脂等补肝肾、强筋骨药同用;治痹痛日久、腰膝酸痛,常配伍独活、桑寄生等同用;治湿热成痿、足膝痿软者,常配伍苍术、黄柏等清热燥湿之品同用,如先生的川仁祛风止痛片所用。

本品性善下行,功能通淋行瘀。治诸淋涩痛,常配冬葵子、瞿麦、车前子、滑石等利水通淋之品;治水肿、小便不利,常配泽泻、车前子等利尿消肿药同用。

本品性善下行，能引血下行，以降上炎之火，可治火热上逆诸证。治肝阳上亢之头痛眩晕，常配伍代褚石、生牡蛎、生龟板等同用；治胃火上炎之齿龈肿痛、口舌生疮，常配伍地黄、石膏、知母等清胃滋阴降火之品同用；治气火上逆，迫血妄行之吐血、衄血，常配伍白茅根、栀子等凉血止血之品同用。

【使用注意】活血通经、利水通淋、引火（血）下行宜生用；补肝肾、强筋骨宜酒炙用。脾虚中气下陷、久泻、脱肛、阴挺、脾虚下陷之腰腿疼痛者，下元不固、梦遗滑精者忌用。孕妇及月经过多者忌服。

川牛膝与牛膝相对而言，川牛膝长于活血化瘀、通利关节、祛风利湿；牛膝长于补肝肾，强筋骨，引血下行。

27. 天　麻

《药品化义》："天麻，气性和缓，《经》曰，肝苦急，以甘缓之。用此以缓肝气。盖肝属木，胆属风，若肝虚不足，致肝急坚劲，不能养胆，则胆腑风动，如天风之鼓荡为风木之气，故曰诸风掉眩，皆属肝木，由肝胆性气之风，非外感天气之风也，是以肝病则筋急，用此甘和缓其坚劲，乃补肝养胆，为定风神药。若中风、惊风、头风、眩晕，皆肝胆风证，悉以此治。若肝劲急甚，同黄连清其气。又取其体重降下，味薄通利，能利腰膝，条达血脉，诸风热滞于关节者，此能疏畅。凡血虚病中之神药也。"

刘老先生认为本品味甘质润，药性平和，主入肝经，善平抑肝阳，息风止痉。故可用于各种病因之肝风内动，惊痫抽搐，不论寒热虚实，皆可配伍应用。治疗小儿急惊风，常配伍水牛角粉、钩藤、全蝎等同用；治疗小儿脾虚慢惊，常配伍人参、白术、全蝎等同用；治疗风痰闭阻之癫痫证发作者，常配伍胆南星、全蝎、僵蚕、石菖蒲等同用；治疗破伤风痉挛抽搐、角弓反张，常配伍天南星、白附子、防风等同用。

本品擅平肝阳，息肝风，并可止痛，为治眩晕、头痛之要药。无论属寒热虚属实，均可配伍应用。治疗肝阳上亢之眩晕、头痛，常配伍钩藤、石决明、杜仲、黄芩等同用；治疗风痰上扰之眩晕、头痛，常配伍白术、茯苓、半夏、陈皮等同用；治疗偏正头痛，常与川芎为伍，两药等量应用，达到息风定眩、祛风止痛之效。

本品入血分，能祛外风，通经络，止痛。先生在治疗中风偏瘫、肢体麻木、半身不遂等症，常配伍当归、水蛭、桃仁、地龙、红花、杜仲、秦艽、桑寄生等同用；治疗风中经络，面瘫偏枯，常配伍全蝎、制川乌、防风等同用；治疗风湿痹症疼痛，常配伍羌活、桑枝、秦艽等同用。

本品临床用于补虚，用天麻炖乳鸽或者炖鸡，《日华子本草》："助阳气，补五劳七伤，通血脉，开窍。"

项痹病、高血压属于肝阳上亢者，用天麻钩藤饮加减应用，临床效果良好。

【使用注意】孕妇慎用。

28. 鹿　茸

《神农本草经》："味甘，温。主漏下恶血，寒热惊痫，益气强志，生齿不老。角，主恶创痈肿，逐邪恶气，留血在阴中。"

本品甘温补阳，甘咸滋肾，禀纯阳之性，具生发之气，故能壮肾阳、益精血。用于肾阳亏虚，疲乏畏寒、腰膝冷痛、阳痿早泄、宫冷不孕、小便频数、头晕耳聋等，单用或配伍人参、黄芪、当归、熟地黄等同用。

本品入肝肾经，能补肝肾，强筋骨，益精血。常用于肝肾亏虚、筋骨软弱、腰膝无力或小儿五迟。单用或配伍熟地黄、山药、山萸肉等同用。先生在临床治疗中用于治疗骨折后期，愈合不良者，配伍骨碎补、续断、补骨脂、熟地黄、黄芪、自然铜等同用。

本品甘温，既能补肾阳、益精血而兼能固冲任、止带下，用于妇女冲任虚寒、带脉不固、崩漏带下、白带过多。治疗崩漏不止配伍龙骨、熟地黄、肉苁蓉、阿胶、蒲黄等同用；治疗白带清稀量多，常配伍狗脊、白蔹、海螵蛸、莲子、覆盆子等同用。

本品能补肾阳、益精血而达到温补内托的目的。用于治疗疮疡久溃不敛，阴疽疮肿内陷不起，常配伍黄芪、当归、附子等同用；治疗因气血虚弱，脓出清稀，可配伍乳香、雄黄等同用。

【使用注意】服用本品宜从小量开始，缓缓增加，不可骤用大量，以免阳升风动而头晕目赤或伤阴动血所致吐血、衄血、尿血等。本品性温补阳，凡阴虚火旺、血热、痰热及胃火者忌服，外感发热者禁用。

【附药】鹿角、鹿角胶、鹿角霜

鹿角为梅花鹿或马鹿等雄鹿骨化的角或锯茸后春季脱落的角基，味咸，性温，归肝、肾经，熟用补肾助阳，强筋健骨，功效与鹿茸相似而药力较为薄弱；生用活血散瘀消肿，多用于疮疡肿毒、乳痈以及产后瘀血作痛、腰痛等。

鹿角胶为鹿角经水煎煮、浓缩制成的固体胶状物，味甘，性温，归肝、肾经，能温补肝肾，益精养血，并有止血作用，其补力胜于鹿角而不及鹿茸，适用于肾阳不足、精血亏虚、虚劳羸瘦、吐衄便血、崩漏、阴疽内陷等，用开水或黄酒烊化服用。

鹿角霜为鹿角熬胶后剩余的骨渣，味咸，性温，能补肾助阳，补力虽小，与鹿角相似而较弱，但不滋腻，兼收敛作用，可治肾阳不足、脾胃虚寒，呕吐食少、大便溏泄、带下清稀等症。

29. 续　断

《神农本草经》："味苦，微温，主伤寒，补不足，金疮，痈伤，折跌，续筋骨，妇人乳难，久服，益气力。"

本品既能补肝肾，又长于强筋骨，故常用治肝肾亏虚，腰膝酸痛，寒湿痹痛，常配伍杜仲、牛膝、补骨脂、木瓜等同用；治疗遗精、崩漏，配伍黄芪、熟地黄、当归、五味子等同用。

刘老先生认为本品辛行苦泄温通，能活血通络，接骨续筋疗伤，为伤科常用药。治疗外伤肿痛，可活血通络，消肿止痛，常配伍乳香、没药、桃仁、红花等药同用。治疗筋伤骨折，不仅可活血化瘀止痛，还可强筋续骨，常配伍土鳖虫、自然铜、骨碎补等同用，如先生的竭归接骨颗粒、接骨散均使用；治疗肾虚筋损、习惯性关节脱位，可强筋以防止脱位，常配伍杜仲、五加皮、牛膝等补肝肾、强筋骨药同用。

本品补肝肾，调冲任，胎动不安，固经止血，安胎，用于肝肾亏虚的崩漏下血，胎动不安，常配伍杜仲、菟丝子、桑寄生等同用；而对外伤所致胎动不安，常配伍当归、川芎、砂仁等同用。

【使用注意】酒续断多用于风湿痹痛，跌扑损伤，筋伤骨折；盐续断多用于肾虚腰膝酸软；崩漏下血宜炒用。阴虚火旺者慎用，风湿热痹忌用。

经方中的续断为现代的槲寄生，唐宋方剂中的续断为菊科植物大蓟的根，宋代"独活寄生汤"中的续断为忍冬科植物陆英的根，今续断的标准来源于《滇南本草》。

30. 薏苡仁

《本草纲目》："薏苡仁，属土阳明药也，故能健脾、益胃。虚则补其母，故肺痿肺痈用之。筋骨之病，以治阳明为本，故拘挛筋急、风痹者用之。土能胜水除湿，故泄痢水肿用之。"

刘老先生认为本品既能利水消肿，又能健脾补中。"利水而不耗真气"；尤宜于脾虚湿盛之水肿腹胀，小便不利，多与茯苓、白术等同用，本品"去干湿脚气大验"，如治湿脚气，可与木瓜、槟榔燥湿通络之品同用。

本品既能健脾，又能渗除脾湿以止泻，尤宜于脾虚湿盛之泄泻，但因其补益之力和缓，故常与其他补气健脾之品同用，组成补气健脾渗湿止泻之方，如参苓白术散。

本品既能渗除湿邪，又能舒筋脉，缓和拘挛。刘老先生在临床中常用川仁祛风止痛片治疗湿痹而筋脉牵急疼痛者。因其能清热而利湿，故又常与清热除湿之品同用以治湿热痹证，痛风性关节炎效果良好。

本品能上清肺金之热，下利肠胃之湿，且能排脓消痈，常与排脓活血之品同用以治肺痈、肠痈。

【使用注意】清利湿热宜生用，健脾止泻宜炒用，本品力缓，用量宜大。脾虚无湿、大便燥结、津液不足者慎用；孕妇慎用。

31. 秦 艽

《冯氏锦囊秘录》："秦艽，风药中之润剂，散药中之补剂，故养血有功。中风多用之者，取祛风活络，养血舒筋。盖治风先治血，血行风自灭耳。"

刘老先生认为本品辛散苦泄，性微寒而不燥，为风药中之润剂。风湿痹痛，筋脉拘挛，骨节酸痛，无论寒热、新久均可配伍应用，对热痹尤为适宜，故先生的川仁祛风止痛片选用它。

本品既能祛风邪、舒筋络，又善"活血荣筋"，可用于中风半身不遂、口眼㖞斜、四肢拘急、舌蹇不语等。血虚中风可与补血药同用。

本品能退虚热、除骨蒸，亦为治虚热的要药，配伍胡黄连、鸡内金等治疗小儿疳积发热。

本品苦以降泄，能清肝胆湿热而退黄，用于湿热黄疸。还可以用于治痔疮、疮痈肿毒、瘾疹瘙痒等。

【使用注意】下焦虚寒，小便多、遗尿者不宜用；久病体虚、泄泻者忌用。

32. 姜　黄

《唐本草》："主心腹结积，疰忤，下气，破血，除风热，消痈肿。功力烈于郁金。"

刘老先生认为本品辛散苦泄温通，入血分能活血行瘀，入气分能行散滞气，使瘀散滞通而痛解，广泛用于血瘀气滞诸痛证。治胸阳不振、血瘀气滞之心腹痛，可配当归、木香、乌药等活血行气止痛之品同用；治气滞血瘀之痛经、经闭、产后腹痛，配伍当归、川芎、红花同用；治疗肝胃气滞寒凝之胸胁痛，常与枳壳、炙甘草等同用；治疗跌打损伤、瘀肿疼痛，常配苏木、当归、乳香、没药等活血散瘀药同用。

先生临床常用本品辛散温通，外散风寒，内行气血，善通痹止痛，为治风湿肩臂、颈椎病疼痛之良药，常配伍羌活、桂枝、防风、葛根、鸡血藤、当归等祛风湿、活血药同用，如先生的术星风湿活络膏选用该药。

此外，取其活血消肿止痛之功，可外用治牙痛、牙龈肿痛，配伍白芷、细辛为末外用；疮疡痈肿，配伍大黄、白芷、天花粉等外敷即可。

【使用注意】治疗跌打损伤、风湿痹痛、急性腹痛宜煎汤服；治疗诸痛证多用散剂或研末，酒调服；孕妇忌用。

33. 马钱子

《医学衷中参西录》："开通经络，透达关节之力，实远胜于他药也。"

刘老先生认为本品善散结消肿，通络止痛，为伤科止痛之佳品。治疗跌打损伤、瘀滞肿痛，配伍乳香、自然铜、骨碎补等同用；先生常用它治疗骨折，可用制马钱子加甘草、枳壳研末吞服，效果奇佳；面神经麻痹之面瘫，用马钱子切薄片（向左歪贴右，向右歪贴左），敷于面部，两次即效；先生治疗重症肌无力，临床使用制马钱子粉效果较佳。

本品能开通经络，透达关节，善搜筋骨间风湿，止痛力强，治疗风湿痹痛、拘挛麻木，配伍羌活、乳香、没药、川乌等祛风湿通络止痛药同用；治疗风湿闭阻所致的痹病，症见关节疼痛、腰痛臂痛、肢体肌肉萎缩等，与焙黄之地龙按 5：1 研末吞服 0.2 克，效果良好；治疗痈疽肿痛，配伍僵蚕等同用。

【使用注意】须严格控制服用剂量，先生在 20 岁时曾试服用量时中毒，幸及时洗胃而得救，炮制后内服不超过 0.2 克，内服不能生用及多服、久服。本品所含有毒成分能被皮肤吸收，故外用亦不宜大面积涂敷。孕妇禁用，儿童及肝肾功能不全、体虚者忌用；运动员慎用。

34. 白芥子

《日华子本草》："治风毒肿及麻痹，醋研傅之。扑损瘀血，腰痛肾冷和生姜研，微暖，涂贴。"

刘老先生认为本品辛温气锐，性善走散，能散肺寒，利气机，化寒痰，逐水饮。治寒痰壅滞、咳嗽气喘、痰多清稀之证，常配伍苏子、莱菔子同用；若悬饮咳喘胸胁胀满作痛、形气俱实者，配伍甘遂、大戟等同用攻逐水饮；若冷哮，配伍细辛、甘遂、麝香等研末，外敷肺俞、膏肓等穴。

本品温通经络，又能消肿散结止痛。治痰滞经络，肩臂肢体疼痛麻木，或筋骨腰背疼痛，配伍木鳖子、没药、肉桂、木香等共为散剂，用酒送服；治疗湿淡阻滞经络引起的阴疽流注，本品可温通经脉，祛痰散寒，配伍鹿角胶、肉桂、麻黄、熟地黄等药同用；治肿毒初起，可单用白芥子为末，醋调外涂。

先生在临床中常用白芥子研末黄酒调糊外敷，局部发泡为度，治疗膝部肿痛（鹤膝风）、膝关节滑膜炎、急性腰扭伤，效果良好。三九贴、三伏贴中必须用生白芥子，用量不宜过大，敷贴时间不宜过长，儿童敷贴时间需要缩短。

【使用注意】本品对皮肤黏膜刺激性较强，易引起红肿、发泡，故消化道溃疡、出血者及皮肤过敏者忌用。本品辛温走散，耗气伤阴，久咳肺虚、阴虚火旺者忌用；用量不宜过大。2020 版《中国药典》名称为芥子，包含白芥子与黄芥子，白芥子为先生常用治疗面瘫（口眼歪斜）之药。

35. 酸枣仁

《神农本草经》："酸枣，味酸，平，无毒。主心腹寒热，邪结气聚，四肢酸疼，湿痹。久服安五脏，轻身，延年。"

刘老先生理解为本品味甘，入心肝经，长于安神，兼能滋养心、肝之阴血，为养心安神之要药。用于虚烦不眠，惊悸多梦，配伍当归、熟地黄、何首乌、龙眼肉等同用；治疗肝虚有热之虚烦不眠，配伍知母、茯苓、川芎、甘草等同用；治疗心脾气血亏虚之心悸失眠，体倦健忘者，常配伍人参、黄芪、当归等同用；先生在临床治疗心肾不足、阴虚血少之心悸怔忡、虚烦不寐、梦遗健忘者，常配伍麦冬、生地黄、玄参、黄芩、远志等同用。

本品味甘酸，入心经，既能养心安神，又能收敛止汗生津。治疗体虚自汗、盗汗、津亏口渴，常配伍五味子、山萸肉、黄芪等同。

本品生用偏于泻肝胆虚火，安神之力较强；清炒熟用，偏于养肝益血，用于脾胃虚弱之证，其收敛之力较强，炒后有效成分易于煎出。《本经逢原》："酸枣仁，熟则收敛精液，故疗胆虚不得眠，烦渴虚汗之证；生则导虚热，故疗胆热好眠，神昏倦怠之证。"

先生在临床治疗骨折病人，因血瘀气滞而疼痛，夜卧不安，临床可以加减应用酸枣仁。《神农本草经》中已提出酸枣仁可治"四肢酸痛"，《名医别录》中谓其"主烦心不得眠，脐上下痛，血转久泄，虚汗烦渴，补中，益肝气，坚筋骨，助阴气，令人肥健。"在临床骨折患者中用大剂量的酸枣仁（30 克及以上），有明显的止痛助眠作用。

【使用注意】治失眠宜睡前服，用时捣碎煎服或研末吞服。实邪郁火、湿痰、邪热等致心神不安者忌用；孕妇及先兆流产者不宜单味大剂量服用，幼儿不宜大剂量长期服用。

36. 蜈　蚣

《神农本草经》："味辛，温。主鬼注，蛊毒，啖诸蛇、虫、鱼毒，杀鬼物、老精，温虐，去三虫。"

刘老先生认为本品为辛行温通，通达内外，搜风定搐力强，为息风止痉要药。用治多种原因引起的痉挛抽搐，每与全蝎相须为用。治小儿急惊风，配伍胆南星、天竹黄、全蝎同用；治破伤风，角弓反张，配伍之与天南星、防风、鱼鳔等同用。

本品能攻毒散结，为外科常用之药。凡热毒内侵或痰湿凝结所致之疮疡肿毒、瘰疬痰核，内服、外用均能取效。治恶疮肿毒，配伍雄黄、猪胆汁制膏外敷恶疮肿毒；治疗疔疮中毒初起，配伍雄黄、蟾酥等制丸内服；治瘰疬结核，配伍茶叶共为细末外敷，或配伍全蝎、土鳖虫同用；取本品以毒攻毒之功，亦可治毒蛇咬伤。

先生常用本品与全蝎有相似的通络止痛功效。治疗风湿痹痛、游走不定、痛势剧烈者，如先生的川仁祛风止痛片，配伍薏苡仁、川牛膝、秦艽等风除湿通络药同用；治疗久治不愈之顽固性头痛或偏正头痛，配伍天麻、川芎、五灵脂、白芷等祛风止痛之品同用以增效。治疗风中经络、口眼歪斜，配伍僵蚕、防风、白芷、天麻、乳香、全蝎等共用。

现代用于治疗骨结核、肺结核，抗癌等。

【使用注意】本品有毒，血虚生风、老年人、婴幼儿用量不宜过大。孕妇禁用。本品药典要求用量是 3~5 克，用条剂量不准。

37. 木　瓜

《本草经疏》："木瓜温能通肌肉之滞，酸能敛濡满之湿，则脚气湿痹自除也。霍乱大吐下，转筋不止者，脾胃病也，夏月湿暑饮食之邪伤于脾胃，则挥霍撩乱，上吐下泻，甚则肝木乘脾，而筋为之转也。温酸能和脾胃，固虚脱，兼之入肝而养筋，所以能疗肝脾所生之病也。"

刘老先生认为本品味酸入肝，能祛风湿，善能舒筋，尤为湿痹，筋脉拘挛于腰膝关节酸重疼痛，手足麻木，筋骨无力等，配伍狗脊、牛膝、威灵仙等，如大木瓜丸。

本品温通，去湿舒筋，为脚气水肿常用药，常配祛湿、行气药使用，如鸡鸣散。

本品温香入脾，能化湿和胃，湿去则中焦得运，泄泻可止；味酸入肝，舒筋而缓挛急。先生临床常用治疗治湿阻中下焦之转筋，偏寒、偏热均可配伍使用。此外，本品尚有消食作用，用于消化不良；并能生津止渴，可治津伤口渴。

【使用注意】内有郁热、小便短赤者，伤食积滞者，癃闭者，精血亏虚、真阴不足者忌服；孕妇慎用。

38. 水 蛭

《神农本草经》："水蛭性平，味咸。主逐恶血、瘀血、月闭，破血瘕积聚、无子，利水道。生池泽。"

刘老先生认为本品咸苦入血，破血逐瘀力强，能够通经、消症、疗伤。治疗血瘀经闭，癥瘕积聚，常与虻虫相须为用，配伍三棱、莪术、川芎、桃仁、红花等同用；体虚者可配人参、黄芪、当归同用；治疗瘀血内阻、心腹疼痛，配伍大黄、牵牛子等同用。

本品善行畜血、血症、积聚，善治女子月闭无子而成干血痨者，此皆血留而滞，任脉不通，月事不以时下而无子。月事不以时下，而为壅为瘀，渐成为热、为咳、为黄、为瘦，斯干血痨病成矣。调其冲任，辟而成娠，血通而痨去矣。故仲景方入大黄䗪虫丸而治干血、骨蒸、皮肤甲错、咳嗽成劳者；入鳖甲煎丸而治久疟疟母、寒热面黄、腹胀而似劳者；入抵当汤、丸而治伤寒小腹鞕满、小便自利、发狂而属畜血证者。

治疗跌打损伤，配伍苏木、自然铜等同用，如接骨火龙丹；治疗骨折疼痛，配伍乳香、没药，研末黄酒吞服。鲜活水蛭放于瘀肿局部，有吸血消瘀之功，可用于各种疮疡及肿瘤、肝硬化腹水等。

先生常用于偏瘫等血栓性疾病等。

【使用注意】体弱血虚、无瘀血停聚者忌用；孕妇、妇女月经期及有出血倾向者禁用；老年人、婴幼儿慎用。水蛭煎剂气味难闻，对有消化道疾病的患者，易引起恶心、呕吐、腹痛、腹泻等。

39. 全 蝎

张寿颐曰："蝎乃毒虫，味辛。其能治风者，盖亦以善于走窜之故，则风淫可祛，而湿痹可利。若内动之风，宜静不宜动，似非此大毒之虫所可妄试。然古人恒用以治大人风涎、小儿惊痫者，良以内风暴动，及幼科风痫，皆挟痰浊上升，必降气开痰，始可暂平其焰。观古方多用蝎尾，盖以此虫之力，全在于尾，性情下行，且药肆中此物皆以盐渍，则盐亦润下，正与气血上菀之病情针锋相对。入煎剂轻者三尾，重用至四、五尾，亦有入丸散用者，则可较多。"

本品性平味辛，主入肝经，性善走窜，有良好的息风止痉之效，为治痉挛抽搐之要药，常与蜈蚣相须为用。治疗小儿急惊风，配伍天麻、水牛角、钩藤等同用；治疗小儿慢惊风，配伍党参、白术、天麻同用；治疗破伤风，配伍天南星、僵蚕、蜈蚣等同用。

本品味辛，有毒，故有散结、攻毒之功，配伍栀子等作外敷治疗疮疡肿毒，瘰疬痰核。

刘老先生认为本品善于通络止痛，对风寒湿痹久治不愈、筋脉拘挛甚则关节变形之顽痹，作用颇佳，配伍乌梢蛇、地龙、鸡血藤、川乌等同用。

本品搜风通络止痛之效较强，治疗偏正头痛，配伍天麻、川芎、白附子等同用；先生治疗中风之口眼歪斜，配伍僵蚕、蜈蚣、白附子同用。

现代用于血栓闭塞性脉管炎、淋巴结结核、骨关节结核、慢性支气管炎以及久咳不愈等。

【使用注意】本品有毒，用量不宜过大。血虚生风者慎用；孕妇、昏迷者忌用。

40. 地 龙

《神农本草经》："味咸，寒。主蛇瘕，去三虫，伏尸，鬼注，蛊毒，杀长虫，仍自化作水。"

刘老先生认为本品性寒，入肝经，能息风止痉，又能清热定惊。用于高热狂躁、惊风抽搐，配伍钩藤、全蝎、牛黄、僵蚕同用；治疗狂热癫痫，本品同盐化为水单用有效。

本品又善通行经络，先生常用于中风后半身不遂、口眼歪斜等症，配伍黄芪、当归、川芎、桃仁、红花、水蛭、赤芍等同用；治疗风湿痹症，尤其是热痹，配伍防己、黄柏、知母、秦艽、忍冬藤等同用；治疗风寒湿痹证，常配伍川乌、草乌、乳香、没药等同用；治疗风湿日久、瘀血阻滞、痹症痛甚者，配伍当归、川芎、鸡血藤、桂枝、牛膝等同用。

先生常用本品配伍荆芥、生姜等治疗风热头痛；配伍天麻、钩藤治疗肝阳上亢的头痛、高血压等；治疗跌打损伤的瘀肿疼痛，配伍当归、川芎、苏木、桃仁、红花等同用。

【使用注意】无实热及脾胃虚寒者慎用。文献记载畏葱、盐。

四、刘氏中药配伍原则及临床用药经验

（一）善用活血化瘀

治疗骨折损伤类疾病，擅用活血化瘀之法，尤擅使用桃红四物汤及大剂生地来治疗骨伤瘀血。

1. 桃红四物汤运用经验

此方由《玉机微义》转引自《医垒元戎》，其方名首见于《医宗金鉴》。其以四物汤加味桃仁、红花而成，功能养血活血，本为妇人月经不调而设。先生活用本方，将之广泛运用于骨伤的治疗之中，并形成了自身的特色。他往往在桃红四物汤六味药物的基础上，根据辨证予以加味，如伤在上肢者，常配伍桂枝、桑枝；伤在下肢者，常配伍牛膝、独活；兼气虚者，常配伍黄芪、党参；兼气滞者，常配伍柴胡、姜黄；兼二便不利者，常加大黄、芒硝；证属虚寒者，常配伍附子、肉桂；肿痛甚者，常加马钱子、白芥子；瘀血入络者，常加全蝎、蜈蚣。

2. 生地应用经验

一般认为，生地黄功在清热凉血、养阴生津，对于其在骨伤疾病中的阐发应用不足。先生勤求古训，认为生地黄在骨伤治疗中具有重要作用，对于跌打损伤、瘀血阻滞疼痛部位发热者疗效尤佳，无论外用内服都可配伍使用。如《神农本草经》说地黄能"主折跌绝筋，伤中，逐血痹"。《肘后方》称地黄"疗折四肢骨破碎及筋伤蹉跌，烂捣生地黄熬之，裹所伤处，以竹简编夹之，遍急缚勿令转动，一日一夕，可以十易，则瘥。"《本草图经》认为其为"治伤折金疮为最要之药"。故先生在治疗跌打损伤的外用制剂中，均利用大剂量生地黄（干地黄）来活血化瘀，而非取其清热凉血之效。本院的外用制剂六黄止痛膏、红冰止痛酊中即是大剂量生地黄活血化瘀之运用代表方。

（二）活血常配通利

《素问·缪刺论》说"有所堕坠，恶血内留，腹中满胀，不得前后，先饮利药"。张志聪注曰"恶血留内，则气脉不通，是以腹中满胀。肝主疏泄，肾开窍于二阴，故不得前后也。"先生认为，堕坠跌扑，一则气血骤凝，留滞于内；二则伤筋动骨，肝主筋、肾主骨，外伤筋骨，即内伤肝肾，疏泄不及、二便失司，故常大小便不利。因此，先生应对此类疾病，常以活血祛瘀，祛其恶血以消除病因，又关注二便通利情况，配伍通利之品。先生常以当归、桃仁、生地等活血养血而功兼润下之品以祛瘀通利；二便不通者，配伍芒硝、大黄、槟榔逐其内停积滞，通利二便。气滞甚者，复以柴胡、枳实疏肝理气，助二便通利。需特别提出的是，骨折筋伤往往损及气血，致正气损伤，故先生强调通利之法的应用宜中病即止，不可过服，过服则有"虚"之祸，不利疾病康复。

五、特色技术

（一）快针治疗骨伤疾病

先生擅长针灸治疗，认为在任何疾病的发展过程中，气滞是发病总病机，气滞则病，气通则调，调则病愈，故称"病多气滞"。针灸治病就是调理气机，使之通畅，从而治愈疾病。针灸广泛用于临床，内伤外感、虚实寒热、男女老少皆宜，不仅适用于多种慢性疾病如麻痹、慢性皮肤病、妇女病等，同时对一些急症、重症如晕厥、高血压、中风等也能有良效，它是一切针法的基础之法，因此在骨伤病治疗中的疗效也十分确切。

通过针灸可以调理气血的盛衰而和解阴阳使周身通达平衡，为中药的运行柔化打下基础。针灸治疗在一定程度上能有效刺激患者局部微循环，然而留针时间过长，由于针体的持续刺激，会使患者的肌肉较长时间僵直，从而不利于痉挛的解除。尤其是因为参悟《针灸甲乙经》，有感于气至则止的思想，故倡导快针之术。此快乃得气则止！《灵枢·九针十二原》"刺之要，气至而有效，效之信，若风吹云"。因此刘老先生推崇快针治疗骨伤科疾病，进针后给予快速捻转强刺激，患者局部感酸、麻、胀较强为宜，不留针。针刺过程要将注意力高度集中在刺手，下针精准、快速，精、气、神的传递效果最佳，病人最易得气，而局部的酸麻胀痛感则会最佳。多年的经验总结，形成了特有的针灸快针之术。

1. 选　穴

选穴需遵循"君、臣、佐、使"的原则，才能得到较好的疗效。皮肤消毒后，采用单手斜刺进针，给予快速捻转强刺激，患者局部感酸、麻、胀较强为宜，不留针。针刺过程要将注意力高度集中在刺手，下针精准、快速，精、气、神的传递效果最佳，病人最易得气，而局部的酸麻胀痛感则会最佳；腰部行针宜捻转而不提插，是因为脊柱缝隙之间，提插手法操作不便，且捻转法更易激发经气传导。

2. 进针深度及方向

在《腧穴学》中，每个穴位都规定了进针深度，总体来说，臀部、四肢肌肉丰厚处及腹部进针较深，胸背部进针较浅，所谓"腹部深似井，背部薄如饼"。但临床实际操作中，有经验的医家会根据自己的实践经验，选择不同的进针深度。针刺的深度必须遵循中医的辨证论治的思想，切不可固定不变。人是一种有生命的有机体，随时都有着不同的改变，因此在治疗疾病时要实时分析患者的疾病性质灵活掌握针刺深度。

此外，针刺腰部穴位时宜斜刺，形成漏斗形状以蓄积经气。随着诊疗行为的不断规范，对不同部位的针刺方向及深度进行了较为明确的规定，如头部腧穴平刺为主，背部腧穴宜向脊柱方向斜刺、浅刺，腹部及四肢部腧穴多为直刺、深刺。但临床实践中，则各有不同。在针刺治疗腰椎间盘突出患者时，选用斜刺法，意在"针至病所"。针刺时斜刺是《内经》中虽未明确提出"针至病所"，但实际应用无处不在。《千金方》所载的阿是穴是"针至病所"最直接的表现。先生在临床治疗中对于针刺方向很有讲究，基本遵循"针向病所"的理论，尤其体现在头面部相关穴位的针刺上。比如人中和承浆的针刺，在调神时，两穴针刺方巧均斜向上，指向脑部，而在周围性面瘫时，两穴针刺方向均指向面瘫侧。

3. 行针手法

常用的行针手法有提插法和捻转法。提插法是指针尖进入一定深度后，将针从浅层插到深层，再由深层提到浅层，反复上提下插的手法。捻转法是指针刺进入一定深度后，将针向前向后来回旋转捻动，反复多次的行针手法。不同的部位，先生所用的行针手法不同：骨节周围常用捻转法，并且是多针同时捻转；四肢部多用提插法。比如在治疗颈椎病时，在多个椎间进针后，一般会用右手拇食指将这几针同时夹住，然后运用捻转手法行针，捻转后加用"赤凤迎源"手法，一为加强针感，二为推动经气通关过节。先生解释，脊柱为督脉所过，颈椎痛变时督脉经气息，气滞血瘀，椎间两侧为一个个小关节所化，非强力运针不能使经气顺利通关过节；选择捻转而非提插，此处乃关节骨缝间提插手法操作不便，且捻转法更易激发经气传导。

（二）胸腰椎屈曲型骨折治疗术——拔伸踩压法及练功

临床上，经常见到因胸腰椎屈曲型骨折后的患者，身穿钢背心或皮围腰，有的手扶拐杖或弓腰驼背，呼痛不已。虽经长期努力治疗效果仍然欠佳，患者非常痛苦，作为一名骨科医生深表同情，先生经过反复研究分析胸腰椎的解剖知识和骨折病理变化，吸收前人治疗此症的经验，摸索出用拔伸踩压法及练功治疗胸腰椎屈曲型骨折的有效办法。

胸腰椎屈曲型骨折一般都因间接暴力所致，往往患者都有由高处下坠或滑倒,有足或臀部着地的受伤史,胸腰椎受到间接暴力作用而骤然过度屈曲,因屈曲位受伤,暴力集中到椎体前部,同时受到上下椎体的挤压。故椎体往往被压缩成楔形,轻者畸形不明显,椎间盘可无改变;重者则可伴椎间盘破裂,甚至造成脊髓受压,前纵韧带形成皱褶,产生血肿;也可因过度屈曲迫使脊椎后方的韧带与肌肉不同程度的撕裂损伤,并因胸腰椎交界点处于人体中心,是脊柱运动的焦点,躯干部的枢纽,所以骨折多发生此处。

胸腰椎屈曲骨折后,前缘压缩明显,后缘压缩轻微,因而成为佝偻屈曲之形,胸腰椎的正常生理弯曲受到破坏,患者为了减轻疼痛,维持行走时脊柱的平衡,往往在脊柱畸形之上下形成一代尝性畸形,病程延绵难愈,支持背部的主要肌肉群被动拉长,肌力减弱,支持胸腰椎的力量亦逐渐减小,椎体前部分压力慢慢增大,屈曲更加明显,个别患者则可出现神经根和脊髓的受压,因此大多数患者出现慢性腰背痛和明显的驼背。

有的患者由于早期复位不佳,或未经及时治疗,以及长期卧硬床或穿钢背心,更加使腰背肌力减弱,支持脊柱的力量也大为减少,或在治疗中没有更多考虑恢复患者的体力和预防后遗症的产生,没有高度重视软组织的修复和恢复小关节突的正常关系,使微动关节变成活动关节,使胸腰椎丧失了相对稳定的功能,因受长时间的摩擦而成为创伤性关节炎,这就是因胸腰椎屈曲形骨折而产生慢性腰痛的主要原因。

为了解决以上问题,必须掌握好治疗骨折的四个辩证关系,即"筋骨并重,动静结合,内外兼顾,医患合作"。

1. 治疗原则

以一次性复位为主的原则、即运用临床实践中所体会到的拔伸踩压法整复,配合软垫固定,辅以按摩手法和药物治疗。

患者与医生紧密合作,以练功活动为主的原则。

2. 施术程序及作用

做好术前准备后,首先以揉、按、推、拿等手法松弛腰背上下周围韧带肌肉,然后肌注杜冷丁100毫克,再以拔伸踩压法使骨折一次性复位,并以擦、搓、点、拍等手法亢奋局部使之气血充盈，经络通畅，为骨折的愈合打下良好的基础。

3. 拔伸踩压法

患者俯卧，以宽布带从患者肩胛绕双侧腋下固定于床头，或一医助紧握患者两腋。

术者立于患者双下肢远端，双手紧握患者双踝关节上端，由低而高，按"欲合先离，离而复合"的法则，先顺伤后畸形方向由轻到重牵引5~10分钟，然后使患者身体与床面呈40~45度角。术者继续在沿肢体纵轴方向徐徐拔伸，同时用一只脚尖踩压在患者骨折的凸起部位，使突者复其平，此时术者和患者往往能听见或感到骨折处有响声，畸形完全消失，施术即告成功。

4. 复位后固定

骨折经整复后，应予以有效固定，患者需仰卧于床，并嘱患者不宜翻身，在骨折部位的中心，放一个长35~50厘米、宽15~20厘米、厚5厘米的软垫，隔两日加一个，一般垫高到10厘米，30天后即可在皮腰围或钢背心的固定下起床活动，同时应嘱患者随时注意挺胸，两个月腰部不可作前屈活动。

5. 按摩及练功活动

骨折复位固定后，即应采用以下按摩方法及练功活动。

（1）患者俯卧，术者每日在腰背部施以按摩。手法应逐日加重。此法能活血祛瘀、消肿止痛。

（2）卧床期应鼓励患者作腹式呼吸和腹部顺时针环形按摩，此法能增强胃肠的蠕动，提高消化吸收功能。

（3）仰卧拱桥。开始练五点支撑（应从复位后的第一天开始练），逐步练四点支撑，以后练三点支撑。

（4）仰卧过伸。分为仰卧伸腿、仰卧伸体、飞燕点水，患者应从可以下床后，即开始练，先练仰卧伸腿和俯卧伸体，然后练飞燕点水，并应与仰卧拱桥交替锻炼。

以上练功方法，不但可以保持骨折复位后的位置，而且可以使楔状的椎体位置越来越好，主要在于增强椎体前韧带的张力和脊柱的稳定性，以及腰背肌肌力，能避免因长时间静卧硬板床、长期依赖于支持性固定所产生的肌肉萎缩和骨质疏松等所致的慢性腰背痛。由此可见，复位和固定是治疗本病的重要手段，按摩和练功活动则是解决本病后遗症的重要措施，两者相结合即可使患者最大限度早日康复。

6. 注意事项

（1）诊断必须明确，最好先拍 X 线片、CT 片。

（2）练功必须依据辨证施治的原则。强度应视患者具体情况而定，年老体弱者，平素多病少动者，开始应减少拱桥过伸和飞燕点水，量和式式应逐渐加大，循序渐进；青年人及素体强壮者，开始便可多次练习拱桥过伸，早期也可以加练飞燕点水，练功量可相应加大，更有利于肌力的恢复，练功时以不引起剧痛为宜，若掌握适当、方法正确则可收到事半功倍的疗效。

（3）练功活动应早日进行，循序渐进，在无其他病变时，一般从复位后的第一天开始。

整个练功过程医患必须紧密合作，自始至终，方能保证练功计划的顺利进行和达到理想的疗效。

六、刘氏"骨折"辨治精要

（一）骨科四诊尤重望与切

刘氏骨折诊疗是在整体观、系统论等理念指导下，以四诊、手法、内外用药、康复锻炼等诊疗手段贯穿始终。辨治骨折首在辨，辨证准确是施治的基础，因此，先生以四诊为纲，提倡四诊合参以求病变本质。

1. 望　诊

整体观察有无威胁生命体征情况，如发现必须及时抢救危症，待生命体征平稳后再处理局部的骨折。局部观察患者是否能站立、行走，或由他人搀扶、抬送入诊室，肢体局部有无血肿或肢体短缩的特别姿态，如肋骨骨折可见伤部凹陷，且呼吸困难，躯干骨折往往不敢转动和俯仰。

2. 闻　诊

主要扪及骨骼处有无骨擦音。有时并非真能听到而是触诊时手指下体会到的一种摩擦感（骨擦感），这是骨折断端相互摩擦所致。

3. 问　诊

受伤原因必问清楚，伤后肢体能否自主活动。发生骨折伤时大多患者有先发生胀麻感觉，经过短时即出现锐痛，犹如刀割。

4. 切　诊

临症十要中"诊查结合按摩为要"便是。经过触摸伤部辨别是否筋伤、骨折。《医宗金鉴·正骨心法要旨》："摸者用手细细摸其伤处，或骨断、骨碎、骨歪、骨正、骨软、骨硬……并所患之新旧也，先摸其或为跌扑、或为错闪、或为打撞，然后依法治之。"可见切诊在伤科诊断中占有重要地位。然而，骨折断端的形状多由不同损伤的原因，如卡、砥、绷、碰呈现出不同骨折类型，导致气血筋骨损伤。离经之血瘀滞经脉，筋膜腠理撕裂，骨碎折断为骨折之特征。

（二）骨折论治三期分治

刘氏治疗骨折，提倡按照早、中、后三期病理改变各不相同状况，根据患者具体伤情调整变化施治，方能取得事半功倍的效果。

1. 早　期

指伤后 1～2 周。发生骨折、脱位、伤筋时，轻则震荡经脉，使经气逆乱，气结不散；重则损伤血脉，恶血留滞，壅塞脉道，气血不得畅流。《素问·至真要大论》说"留者攻之""结者散之"。损伤早期治以"祛瘀"为主，在具体治疗时，因恶血留内与气结不散各有偏重，应分为攻下逐瘀或行气消瘀为治，有所侧重，辨证以治。

2. 中 期

指伤后 3～6 周。损伤经 1～2 周的治疗，肿胀逐步减轻或消退，筋骨断裂处初步连接，疼痛明显减轻，体温正常。说明损伤引起的气滞血瘀逐步消退，但筋骨酸软，时有作痛，瘀血尚未化尽，脉道还未畅通，气血仍欠旺盛。故该期用药，除继续活血化瘀外，应重在养血通络、接骨续筋，以促进筋骨愈合。

3. 后 期

指伤后 7 周以上。损伤经早、中期治疗后，往往能够使瘀血祛除、筋骨续接。虽已渐恢复，但受损之筋骨尚未坚强，并常有气血虚弱，筋肉萎缩、肢体乏力、关节僵凝等症。故应补益肝肾、舒筋通络，使筋骨强劲、关节滑利。

先生认为对以上分期原则的运用不可拘泥，临床上要根据患者个体情况酌定。在治疗上亦应结合实际情况，尤应注重外用药的运用，取其直达病所、疗效卓著的特点。早期可外敷活血化瘀中药或浸敷药酒，其散瘀消肿效果较内服药明显。后期可熏洗伤处能松解粘连、软化瘢痕。此外，应合理运用内服、外敷中药，应按早、中、后三期辨证用药原则，中病即止，不可过量。

（三）治疗大法四则并举

先生结合多年临床实践，认为治疗骨伤之大法，应遵四大原则，即动静结合、筋骨并重、内外兼顾、医患合作。

1. 动静结合

"动"即功能锻炼，"静"即制动、固定，对损伤部位加以固定。先生强调治疗骨伤疾病，除了稳固的外固定，还应早期的功能锻炼。

"静"需固定。骨、肌腱、韧带、血管、神经等软组织损伤的治疗根据伤情，都要进行适当外固定，利于组织的修复。如桡骨头骨折，手法复位后，就须给予夹板或上肢石膏固定，以利于损伤组织的修复。除固定之外，还应注重"动"在骨折疾病治疗中运用。在局部固定的前提下，应尽早再使用"动"法，如桡骨头骨折固定之后，应嘱患者"握拳"，且需保证握拳的力度、次数，以求远端运动带动局部肌肉、筋膜运动，以促进气血流动，辅助改善局部的气滞血瘀，并为组织的愈合提供养分，提前开启损伤部位的运动康复，恢复功能。需要指出的是，"动静"结合的运用，必须在医生的指导下逐步、分期进行。

2. 筋骨并重

刘氏强调在骨折整复、固定、康复各个治疗阶段中都要注重"筋骨并重"，此为一核心理念。生理上筋骨密切相连，"筋"主要指人体筋膜、肌肉、肌腱、韧带等，《内经》认为"骨为干"，骨是人体之支架，为筋起止之所，肌肉收缩带动骨的运动，相互协作才能正常运动。筋束骨，筋可以约束骨的运动；骨张筋，骨可以伸张筋肉。故先生认为筋骨相连，骨折筋损，应重视外伤与内损、局部与整体的关系，筋骨相连，骨折必伤筋，骨折筋伤则耗伤气血，以致血不养筋，筋病难愈，筋损束骨无力影响骨折愈合。

治疗上，筋骨并重是处理骨伤科疾病的基本准则。先生认为骨折、脱位，筋必受伤，如果忽视对筋膜、肌肉、肌腱、韧带等软组织的放松，往往导致骨折复位困难，故骨折手法复位前应当先使筋肉松弛，再行复位，以减少二次损伤、便于骨折对位。此外，骨折的治疗又不可一味追求解剖对位，如解剖对位不可为而为，则易造成软组织的再损伤。因此应以筋骨功能复常、局部功能恢复为要务，做到骨复位、筋复旧，复位而不忘理筋，以"摸、接、端、提"治骨，"按、摩、推、拿"治筋，八法结合，促进骨折早期愈合，恢复患肢功能。复位固定骨折处，避免移位的同时，配合熏洗、灸法，按摩周围组织，使筋柔而通利，更有利于骨折的愈合、功能恢复。

3. 内外兼治

内外兼治是指在骨伤治疗中注重内治与外治并举，综合治疗。先生治疗骨伤，非常重视受损局部与整体，四肢百骸与内在脏腑间的关系。在手法复位的同时，注重使用外敷药物配合治疗，以达到局部治疗之目的。同时，强调内服药物在治疗骨伤疾病中的重要作用，提倡在骨伤三期辨证论治指导下，内服、外敷药及手法综合使用，协同增效。此外，药物治疗的同时，还提出在治疗患者外在形躯时，注重内在精神情志调护，亦属"内外兼治"的原则。

4. 医患合作

先生在学术上提倡整体观念，认为医者与患者在疾病面前，是一整体，宛如阴阳关系，虽是二分，实为一体。治疗疾病，需要医者调动个人所积累的知识和经验，充分发挥主观能动性，以提高医疗措施的效度。先生在此基础上，既以"内外兼治"之法祛除身形疾病，又引导患者心理调整，调畅精神情志以促进患者恢复。具体而言，即注重"个体差异及个体化治疗"，以辨证论治为指导，倡导与患者协同配合，提升患者依从性，增强患者自主治疗、康复意识和意愿，患者与医者合作促进疾病康复。

（四）刘氏手法四字真诀

先生于古籍文献研究颇深，且善于发皇古意，总结创新。先生根据《医宗金鉴·正骨心法要旨》所说"手法各有所宜，其愈合之迟速及遗留残疾与否，皆关乎手法之所施，得宜或失宜或未尽其法也……一旦临症，机触于外，巧生于内，手随心转，法从手出，或拽之离而复合，或推之就而复位，或正其斜，或完其阙。则骨之截断、碎断、斜断，筋之弛纵卷挛、翻转离合，虽在肉里，以手扪之自知其情……盖正骨者，须心明手巧，既知其病情，复善用夫手法，然后治自多效……较之以器具从事于拘制者，相去甚远矣"的论述，结合多年临床实践所得，刘氏骨折手法治疗要点便在秉承《医宗金鉴·正骨心法要旨》之精神，结合多年临床实践，归纳为刘氏骨伤手法"沉""和""巧""快"的四字要诀。

"沉"即心境沉着，"和"即态度和蔼，"巧"即心灵手巧，"快"即手法快捷。

（五）骨折康复两大要领

刘氏治疗骨伤特别注重骨折的功能锻炼及康复。其骨折康复理念与现代骨科学之"CO"理论不谋而合。遵循弹性固定、有限固定、动静结合原则，内外兼治，倡导骨折二期愈合，注重保护骨折局部血运和加强功能锻炼，兼顾骨折愈合和运动系统功能的恢复。

骨折整复、固定完毕，即可开始主动练习肌肉收缩，促进局部血液循环，减少肿胀。康复手法的次数由少至多，力量由轻至重，幅度由小至大，渐渐增加，要领如下：

（1）康复手法速度频率掌控应以徐缓有力、渗透为要，这样有利于疏通经络之瘀滞。如手法速度过快，其力仅在肌表，不能深达病变部位，还有扰乱气血循行之虑。力度深的手法，如点穴法、分筋法、滚摇升降法、弹筋拨络法的使用要适可而止。手法速度应略低于患者脉搏次数 5~10 次，过快则力漂浮而不深透。除特别要求轻快的手法外，一般以速度徐缓为宜。

（2）康复手法应轻重交替。开始时手法的力度宜轻，让患者有个适应过程。轻手法力度多在皮部或肌肉表层，刺激温和，有温养筋脉、调和气血的作用。重手法刺激作用强烈，虽有舒筋活络、通散泻实作用，但对气血的干扰较大，不宜多用久用。所以，康复手法在轻重交替的使用过程中，仍以轻手法为主，重手法应谨慎使用，防止过度。同时，要克服"手法力度越重，关节粘连松解效果越好"的错误倾向。

七、刘氏"筋伤"辨治心法

筋伤是指各种暴力或慢性劳损等原因造成的筋的损伤。筋的范围很广，主要是指筋膜、肌腱、韧带、皮下组织、部分肌肉、关节囊、关节软骨等。先生辨治筋伤，注重将辨证论治贯彻于筋伤的病因、病理、类别、辨证要点和施治手法的各个环节。

（一）筋伤病因辨析

筋伤病因，不外乎内因、外因、不内外因三类。其中内因多见于慢性劳损、体质虚弱所致。外因多是六淫侵袭。不内外因则常是外力、跌扑所致。

内因多由年老体弱或慢性疾病迁延引发，多由肝肾不足、血不养筋而致废萎不用；或由疾病迁延，损气伤血，筋脉失养所致。

外因多由六淫侵袭诱发。六淫邪气中主要是风、寒、湿邪致病。人体遭受风寒湿邪等外侵后，可致筋脉气血凝滞，如不及时发散疏通，久则产生筋膜腠理病变，在经穴机窍处发生筋结而致疼痛功能障碍。

于筋伤中，先生对不内外因发挥最多，强调“惄、摁、闪、凝”是不内外因常见情况，往往发生于外力接触的局部或远端，致气血阻滞，产生疼痛肿胀。

（1）惄。力之产生，必先以意行气，谓之运气，气运而产力，气力和调，则能运用自如。如需大力而运气不足，则不能完成使命。若只需小力而运气太过，则必忍回余气，反作用于人体致组织损伤，谓之惄伤。也是指上、下肢运动爆发力使用不当。

（2）摁。窄小钝器接触人体某一点，由外力与人体挤压而致，如肩荷重物脚踩于砖瓦碎片之上，因摁而致局部肿胀，疼痛，扪之有硬块谓之摁伤。也是指不经意间的胸壁挤压伤。

（3）闪。骤然之间，人体由于闪躲外力冲击，跳起落地，或急行时踩于不平之地，而致关节及周围组织受伤，谓之闪伤。也是关节使用不当爆发力，致关节组成诸骨排列紊乱。

（4）凝。是筋滞集聚产生筋结，多由遭受惄、摁、闪伤之后，没有很好的活动经络，疏通气血，日久凝聚于经脉之间，在经穴机窍处形成核块，疼痛肿胀谓之凝伤。凝聚致伤，致寒、热、气、血的不正常凝滞紧集，致使筋起疙瘩。

（二）筋伤病理分类

刘氏对筋伤的辨证施治，特别强调针对机体这四种病理组织形态，分别采用不同的筋伤手法对症施治。

（1）痕。钝器伤至皮下凹陷谓之“痕”。是指伤处组织痉挛，扪之变硬变粗，有外形的改变，即现代医学谓之的“板结、肥厚”。治疗常用弹筋法、分筋理筋法，在“痕”的周围施治。

（2）迹。皮下腠理瘀血、瘀斑、望形可见谓之“迹”。治疗常用理筋法，按摩法外，配合外敷“活血散”以散其瘀。

（3）核。皮下腠理脉络、肌腱韧带部位触及小结节不与皮肤粘连，指下感觉微滑动，按之即疼者为之核。其形态不一，有如"条索状""豌豆状"等，又称"筋结"，为较小的组织粘连。此为气血阻滞所致，治法多在"核"上使用分筋法，能消散获愈。如症消"核"不全，也可视为获愈而结束手法治疗。

（4）块。核大者谓之"块"。其因为伤后治疗不当，或未经治疗"核"久成"块"。此块状物移动性较核小。治疗用分筋法、理筋法、按摩法于"块"之边缘部、犹如蚕食般的施治。如配合外敷药疗效更佳。

（三）筋伤分类要领

1. 根据时间分类

先生认为临床辨别新、陈伤，有利于运用中医辨证指导内服煎汤、外敷用药，以提高疗效。其中，新伤是指伤时不超过半月者，虽为新伤，但治疗的时间及效果应该与伤因、病情、部位、患者身体素质、年龄等而异。而陈伤则是指受伤超时半月以上。

2. 根据筋伤性质分类

先生针对不同筋伤分类，提出适宜的运用单式或套路手法的辨筋施治手法理论，为提高临床疗效奠定了基础。如针对单一的"筋结"而选择单式的"分筋法"。针对"痕、块、核"的选择复式套路的"理筋法、分筋法、捏按法、弹筋拨络法"等。这是以"证为法施、法随筋变"的灵活手法运用，提高临症效果的重要理论依据。认为根据筋伤性质不同，大致可分为筋长、筋短、筋硬化、筋出槽、筋移位、筋绞、筋缩、筋软、筋萎。

（1）筋长。为外伤后筋被牵拉。如失足内翻致踝部外侧筋伤，出现筋的弛缓，导致关节失稳，即为外踝筋牵拉弛长。

（2）筋短。外伤筋缩，一般病变部位在关节。如足内踝扭伤久不愈，或习惯不良步态，其内侧筋会因挛缩显短。

（3）筋硬化。损伤治疗不当，气血壅滞不行，或久行单一不变的体位操作，致该部筋络长时处于强直基础上，发生机体疼痛功能障碍的筋硬化。

（4）筋出槽。伤后筋脉离开原有位置，且不能自行复位。

（5）筋移位。与筋出槽相似，但经活动后自行复位。

（6）筋绞。外伤两筋交错紊乱。触诊可及索状绞样物。

（7）筋缩。与筋短相似，只是发病部位较筋短广泛，不限于关节部位。

（8）筋软。伤后患者自觉伤部肌无力，不能行走（多因神经损害）。

（9）筋萎。伤后不治或治疗不当、功能锻炼恢复较差所致肌肉筋膜萎缩。筋软也可致筋萎。主要以按摩法、滚摇法配合体功锻炼以恢复其功能。

（四）筋伤辨证纲目

筋伤的辨证诊断应通过望、闻、问、切及现代医学检查，收集资料，综合分析，得出正确的诊断。筋伤是一类疾病，相当于急慢性软组织损伤类疾病。先生认为筋伤的临床辨证纲目有三：

1. 急性筋伤要注意性质和程度

急性筋伤多为筋断、筋离位和扭伤，尤以筋断为多见。筋断又要分辨完全断裂和不完全断裂。不完全筋断裂表现为局部疼痛肿胀，活动受限，偶能勉强地自主活动，被动活动并无异常；完全筋断裂则丧失活动能力或可查及异常活动。拍 X 线片可获得筋断与否的客观论据。

2. 慢性筋伤要辨外邪性质和筋伤部位

先生认为"筋为气之主，气为筋之辅，筋气两相宜，损伤何所惧"。这里所讲的"宜"则相生互补，犹如"正气存内，邪不相干"。筋骨强健，神气饱满，故不易损伤或伤后亦痊愈。

3. 无论"急慢"，要在四诊合参

（1）望诊。面部有无紧张痛苦，面色苍白，呼吸短促等。体态改变与功能情况。损伤局部有无气肿、血肿。血肿多为毛细血管破裂所致，多发生于新伤，表现为局部青紫血斑，按之肿硬。气肿一般多因气郁不行，局部浮肿如棉，皮肤色泽一般不变。如气滞血肿者，则局部肿胀硬如石，多为严重外

伤。望诊中还要注意观察皮肤有无过敏。如是陈伤尚要观察有无肌肉萎缩、关节强直等。

（2）闻诊。观察患者有无呻吟、不敢咳嗽、呼吸不匀甚至有骨与关节异常等。新鲜重伤如呻吟不止、不敢咳嗽及呼吸不匀，多有内伤，骨异常畸形有骨折。

（3）问诊。问伤因、职业、病史、发病现况、自觉症状、既往病症，对诊断疾病有很重要的作用。

（4）切诊。切诊（触诊）在筋伤诊断中尤为关键。方法是在组织损伤局部并循其经络路线，以拇指、食指循筋切按，由浅入深，方能辨别筋损的"软、硬、短、长"，筋起"核、块"。

（五）刘氏手法要旨

刘氏骨科积 50 余年临床经验之累积，形成了具有自身特色的理筋手法，先生将其总结为 32 字要旨。即：

以意行气，以气行力。

神形合一，力达病所。

轻重交替，刚柔并济。

速度徐缓，渗透有力。

其中深意，先生解说如下：

（1）以意行气，以气行力。意即意念，气泛指手法使用的力度。施术者心无杂念、聚精会神，集意念于着力部位，以意领力方能意到、气到、力到。

（2）神形合一，力达病所。神指心神，形指手法的动作外形。施术者心作主意，手作引导，力求达到"机触于外，巧生于内，手随心转，法从手出"，方能体查病之所在。

（3）轻重交替，刚柔并济。手法娴熟，运用自如，力柔韧劲实、轻而不浮、重而不滞，功效倍增。

（4）速度徐缓，渗透有力。手法速度得当的缓急变化，力度的渗透增减进退皆自然灵活，无生硬造作之象。

先生临床常用理筋手法有 10 种，即"点穴法""理筋法""分筋法""弹筋法""拨络法""按摩法""滚摇法""拔伸踩压法""击打法""扳法"，现详述于此，以供学者参考。

（1）点穴法。点穴法是针灸疗法在按摩手法中的应用体现。医者以拇指代针（或食指或中指）深点受伤局部之穴位（有时亦根据经络循行，做远距离部位的点穴），或加镇定，或加按摩，根据需要而定，操作中应随时观察"晕针"现象。一般久伤主用按摩，新伤主用镇定，其作用在于通关开窍，以通定痛。

（2）理筋法。根据部位不同，常以一手或双手的拇指球部（或拇、食二指，或食、中、环三指）自上而下或自上而斜下，保持按压深度，以平稳的劲力，缓缓移动，疏理其筋，不可中途松劲，以免作用不实。进行理筋时一般两侧同时施理，也可一指在前，另一指跟随，增加其强度，或弥补指劲之不足。理筋完毕时给予镇定以巩固其效果。至于理筋部位的选择，则需依照受伤的部位而定。一般以伤部筋络为主，但要注意由近及远，且伤部上下方也要捏按，此法作用在于调和气血，生力定痛，顺筋归位。

（3）分筋法。用单手或双手拇指甲部，或食、中、环指三指并拢（甲勿过长或尖突，以免增加疼痛或伤破皮肤）深压筋结（筋结于伤部见之，为发生疼痛及功能障碍等症状之症结所在）之上，或按于压痛明显处。由筋结或压痛点之边缘部，用柔和之力，进行平稳按压、左右横向拨动，宛如蛇形状，约 20～30 下，按压拨动时指尖不离开皮肤，随皮肤之活动而上下，移上时不用力，拖下时用力。此种方法有助于解除筋结，临床上是解决"痕、块"的有效手段。这是一个看似简单，但难度较大的细致而持久的手法。也是筋伤中应用较广泛的一种方法。

（4）弹筋法。医者以拇、食二指或拇、食、中三指，用平稳的力量，将肌肉、肌腱或神经提起，然后迅速自拇食二指之间弹出（如拉弓弦状），即谓之弹筋。这也是拿法的衍化手法。每处每次弹 1～3 下即可。弹筋以后，并给予理筋，以解除不适之感觉。弹筋的作用能使血脉流畅，筋络宣通。

弹筋部位分述如下：

① 颈部。可弹颈侧筋（相当于胸锁乳突肌、肩胛提肌处）、横梁筋（相当

于斜方肌锁骨后之部分）、项筋（相当于斜方肌之颈项部分及头项夹肌等）。

②胸部。可弹胸筋（相当于胸大肌、胸小肌之外缘处）、腋后筋（相当于大圆肌、小圆肌及背阔肌外侧缘）、海底筋（相当于腋窝内各神经）、腹筋（相当于腹内外斜肌处）。

③背部。可弹背筋（相当于大小菱形肌及斜方肌之胸椎两旁部分）。

④腰部。可弹背筋及腰筋（相当于腰大肌及髂嵴上方之腹外斜肌、腹内斜肌之外侧部分）。

⑤肩部。可弹背筋（相当于竖脊肌）、横梁筋（相当于斜方肌）、海底筋（相当于腋窝臂丛）。

⑥上臂及肘部。可弹肘筋（相当于肱骨内髁附近尺神经及肘下桡侧肱桡肌部分）。

⑦前臂腕及手部。可弹肘筋（相当于前臂尺侧屈腕肌、肘后肱三头肌）。

⑧胯部。可弹胯部诸筋（相当于股直肌、缝匠肌与内收长短肌之上 1/3 部分）。

⑨臀部。可弹臀下筋（相当于股二头肌、半腱肌之上 1/3 部分）。

⑩膝部与小腿部。可弹股筋（相当于股直肌下 1/3 处）及膝窝内侧筋（相当于股二头肌、半膜半腱肌之下 1/4 部分）。

（5）拨络法。拇指与其他四指成相对方向，抓紧伤部附近不能提起的肌束和神经，拇指不动，其他四指与肌束成垂直的方向，施力左右拨动，谓之拨络。作用在于振奋筋络，止痛缓痉。例如肘、踝关节及足部的诸伤，可拨内踝后下方诸筋（相当于胫神经在内踝下分成足底内外侧神经的部位），还可拨小腿肚内侧的筋（相当于腓肠肌及比目鱼肌的内缘）。

（6）按摩法。医者拇指指腹，或食、中、环指三指指腹并列，或大、小鱼际、掌根紧贴于皮肤表面，垂直压力谓之"按"，按压同时，在施力部位作直线或圆周移动着力于深层组织谓之"摩"。直线移动按摩谓之摩理，属弱刺激。旋转圆周移动谓之揉擦，较上法刺激为强。旋转圆周移动尚区分：固定旋转（揉法）和螺旋直线移动（揉擦法）。按摩是按压力与摩擦力结合的复合移动形式，正如《正骨心法要旨》曰："按者，谓以手往下抑之。摩者，谓徐徐揉摩也。"这是中医骨伤手法中运用较广泛的一种。"按其经络，以通郁闭之气，摩其壅聚，以散瘀结之肿，其患可愈"。其作用是理通经络，摩散结肿。

（7）滚摇法。滚摇，是以关节为中心作环形摇转使关节产生滚动和碾磨的方法，配合升降法使用。其作用在于滑利关节。以肘为例，使用时术者左手握定患者肱骨内外髁部，右手握定腕关节，自内向外旋转滚动，再自外向内旋转滚动，摇数左右相等，谓之滚摇。

（8）拔伸踩压法。拔伸踩压是针对腰椎间盘突出症的特有手法，按摩腰部及患肢，施以拿揉滚理点弹拍等手法，消除肌肉紧张，松懈粘连后。患者俯卧，医者握住患者双踝部，将其双下肢提起，在助手协助下作对抗拔伸牵引，持续 3~5 分钟。助手解除牵引，医者继续保持牵引姿势，患者腰部呈过伸位弯曲，并嘱其肌肉放松，医者以足掌前部在患者腰部患处连续踩压数次。

（9）击打法。击打法多配合在按摩手术后来进行。当然，必要时也可单独使用打法。打法手劲要轻重有准，柔软而灵活。手法合适，能给患者以轻松感，否则就是不得法。打法主要用的是双手。常用手法有侧掌切击法、平掌拍击法、横拳叩击法和竖拳叩击法等，主要用于肌肉较丰厚的地方，如项、肩、背、腰、大腿、小腿等处。叩打的力量，应该先轻后重，再由重而轻。其作用是舒筋通络，行气活血。

（10）扳法。术者用双手向同一方向或相反方向用力，使关节伸展或旋转，进行扳动肢体，称为扳法。常用于四肢及颈腰部。根据用力方向和施行方法的不同而有侧扳、后扳、斜扳等多种。施用扳法时，必须果断而快速，用力要稳；两手动作配合要协调一致，扳动幅度不要超过各关节的生理活动范围。操作手法要求做到轻巧、准确。其作用是理筋整复，滑利关节，松解粘连。

手法熟练与否，需多做多练，方能熟能生巧。正如《医宗金鉴·正骨心法要旨》曰："伤有轻重，而手法各有所宜，其痊可之迟速及遗留残疾与否，皆关乎手法之所施得宜或失其宜或未尽其法也。盖一身之骨体既非一致而十二经筋之罗列序属又各不同，故必素知其体相，识其部位，一旦临证，机触于外，巧生于内，手随心转，法从手出。或拽之离而复合，或推之就而复位，或正其斜，或完其阙，则骨之截断、碎断、斜断，筋之驰纵卷挛，翻转离合，虽在肉里，以手扪之，自悉其情，法之所施，使患者不知其苦方称为手法也。"根据同一个部位发生几种疾病，手法治疗仍相同，此异病同治之法。

八、刘氏养生论要拾萃

先生对上医之道极为推崇，尤其是对《黄帝内经》养生之道用力最勤、钻研较深，兹选先生于《内经》养生关系最紧要之三论，以彰先生为众生宝命全形之思。

（一）论"上古天真"

先生认为《素问·上古天真论》一篇，于生命境界、养生之道阐明最深。其上古者，言时光之远也！天地祥和，三光常照，民风淳朴之时。天真者，言先天之候也！赤子之心，五行运转，精气神全之候。

先生认为，是篇于生命境界有深刻论述，其论及"生命四境界"。一是真人境，提挈天地，把握阴阳，呼吸精气，独立守神，肌肉若一，寿敝天地，无有终时。二是至人境，淳德全道，和于阴阳，调与四时，去世离俗，积精全神，游行天地之间，视听八荒之外。三是圣人境，处天地之和，从八风之理，适嗜欲于世俗之间，无恚嗔之心，行不欲离于世，举不欲观于俗，外不劳形于事，内无思想之患，以恬愉为务，以自得为功，形体不敝，精神不散。四是贤人境，法则天地，象似日月，辨列星辰，逆从阴阳，分别四时，将从上古合同于道，亦可使益寿而有极时。

于养生之道，认为善养生者，合于天真之道，却老而全行。法于阴阳，和于术数，食饮有节，起居有常，不妄作劳，形与神俱。虚邪贼风，避之有时，恬淡虚无，真气从之，精神内守，病安从来；志闲心安，形适气顺，六根不妄，五蕴皆空。男女生理规律：男八女七。四七、四八由弱转强，七七、八八由强转弱。男子重肝肾，女子重脾胃。不善养生者，以酒为浆，以妄为常，醉以入房，以欲竭其精，以耗散其真，不知持满，不时御神，务快其心，逆于生乐，起居无节，故半百而衰也。此六根妄动，精气神耗散也。

故先生有赞曰：

上古天真顺自然，三三得九精气全。

今时之人六根妄，身心康乐步步难。

志闲心安形气顺，恬淡虚无真阳产。

欲要寻得黄内径，大道真言在开篇。

注：三三者：天有三宝日月星，地有三宝水火风，人有三宝精气神。六根者：眼耳鼻舌身意也。黄内径：黄帝内经的真谛。

（二）论"四气调神"

先生认为《素问·四气调神大论》旨在阐明四时修养之道。是篇题中四气者，春夏秋冬之气也。调神者，志之状态也。神气之春生夏长秋收冬藏。

所论修养之道。春夏养阳，秋冬养阴。可顺不可逆，四季更替，五行相生，不可疏忽长夏土之大德也。春三月，养生乃养真阳之初发。当如鸡抱卵，神气相守，惜阳气初发之机，待其生生不已，不断壮大，由鲲而鹏，缘督以为经，直上九天逍遥游。夏三月，养长乃养真阳之伸展。当神气合乎天地之阳，交相辉映，天人合一以养阳之旺，生一点真阴待机而降。秋三月，养收乃养真阴生真阳降。当神气收敛，养真阴而阳气下潜以清凉上焦。冬三月，养藏之时，当如履薄冰，如鸡抱卵，养真阴而守住真龙，勿使其龙雷之火上奔。

故先生有赞曰：

生长收藏气运行，阴阳转换内在明。

圣人识而勤行之，天真大道平常心。

注：四气调神岂在春夏秋冬，当年中用月，月中用日，日中用时。尤需在日中用功，明生长收藏之理，养真阴真阳之功。

（三）论"生气通天"

先生认为《素问·生气通天论》旨在阐明养生阴阳和顺之道。他认为，通天者，生之本也，本于阴阳。善修养者，和合阴阳。阴阳之要，阳密乃固。阳气三时，谨顺自然。阴平阳秘，精神乃固。阴阳离决，精气乃绝。今时之人，阴阳失调，乖张无度，升降失机，营卫不和，故神气涣散，百病丛生也。

故先生有赞曰：

人能常清静，自然妙有信。

时时勤观照，抟服通神明。

注：抟者，抟精神也。服者，服天气也。无中生有，真阴真阳，精神混合，神而明之，此通天之道也。

川派中医药名家系列丛书

学 术 思 想

刘育才

一、骨折筋伤首重局部辨证

（一）辨病辨证相结合，首重局部辨证

中医认识、治疗疾病，是既注重辨病，又强调辨证的。先生认为，骨折、筋伤疾病同样如此。骨折筋伤病变部位往往较局限，可先从疾病发生的病所、病机、主证等，辨识疾病的共性得到对该病的认识，相较内科疾病，这种辨病的思维方式于骨折筋伤类疾病更为适宜，特别是对于较为轻浅、病变部位较单一的骨折筋伤，确定损伤部位，即可辨得疾病，轻浅、局限者即可予复位，从而实现辨病论治。

而对于病变较为复杂、病程较长的病证，就需在辨病的基础上，详细诊察处于不同阶段的具体证候和病理变化，利用望闻问切四诊收集的症状、体征，在中医学脏腑、气血等生理病理理论指导下，辨清疾病的原因、性质、部位等，判断疾病证候、疾病本质，进而确定相应的治疗方法，以实现辨证论治。

先生认为，在骨折、筋伤的诊疗中，应当正确理解、运用辨证、辨病及两者关系。需认识到临床诊疗要既辨病又辨证，不但要着眼于"病"的异同，还要将重点放在"证"的区别上，对待复杂疾病，需通过辨证进一步深化辨病基础上所认识的疾病。先生临证，辨病、辨证往往并举，但大多数骨折筋伤疾病的内外用药、针灸疗法，均辨证论治为首、为要。如先生治疗骨折倡导三期治疗，此即是据骨折不同阶段的具体证候和病理变化确定的辨证之法，临证之时，根据患者不同阶段的证象表现判断证型，予以相应治疗，此即辨证施治之例，为骨折类疾病的总遵循。而于辨病论治，亦有运用，多为特殊疾病的特色疗法。如治疗膝痹病，先生根据古代威灵仙治疗严重摔伤扭伤之法"铁脚威灵仙，砂糖和酒煎，一口服下去，铁脚软如棉。"选用威灵仙 60 g 浓煎口服，即疗效显著。治疗跟骨骨刺、足跟痛用威灵仙 100 g，加清水 2000 ml 煎煮后，再加入陈醋 50 ml 浸泡患足 1 小时，亦屡见奇效，此即辨病施治之例。

（二）主张综合运用辨证方法

辨证论治，是一种认识疾病、治疗疾病的思维、实践过程。在具体的运用中，中医学体系中存在多种辨证模式，诸如脏腑辨证、八纲辨证、气血津液辨证、卫气营血辨证、六经辨证等等，不同辨证模式，是从不同角度对疾病的认知，且不同辨证模式均有其适用之范畴。先生认为，骨折、筋伤的辨证，不能仅仅依靠某种单一的辨证模式，临床实践中，倡导以脏腑辨证为纲，气血辨证、八纲辨证、皮肉筋骨辨证等结合运用的辨证模式。

中医学以整体观为基本指导思想，通过五脏系统将人身五脏六腑、四肢百骸、孔窍经脉连为一体，以此脏腑生理病理为基础的脏腑辨证是诸辨证模式中最为全面者。于骨折筋伤的辨证论治，同样如此。骨折筋伤，伤在筋骨，而肝主筋、肾主骨，恰如《内经》"肝者……其充在筋""肝主身之筋膜"，又说"肾者……其充在骨""肾生骨髓……在体为骨"，在外损伤的肢体，需注意在内肝肾二脏的情况。筋骨损伤的生长、修复，需要依靠肝肾精血的充养。因此，骨折筋伤的辨治，需在整体观指导下，以脏腑辨证为主要辨证模式确定在内的脏腑病位，从人体五大系统的生理病理规律的角度指导论治。

辨在表之病位，宜结合皮肉筋骨辨证。肢体损于外，伤在皮肉脉筋骨，内合肺脾心肝肾。在外者，当先辨尚于何处。如伤及皮肉，可见肢体痿弱、肌肤不仁、局部红肿等证象；伤及筋膜，常见筋长、筋短、筋硬化、筋出槽、筋移位、筋缩、筋软、筋萎等；伤及骨髓，则常见骨折、脱位，局部肿胀、疼痛、活动功能障碍等。

辨病性，宜结合八纲辨证、气血辨证。八纲者，阴阳表里虚实寒热也。阴阳为总纲，判断病证总体属性。就具体病证而言，表里可定病位，虚实、寒热可定病性。骨折筋伤，病位在里者，伤及对应脏腑；在表者，伤在皮肉筋骨。对病位的确定可由脏腑辨证、皮肉筋骨辨证代替，且更为精准。因此，八纲辨证在骨折筋伤类疾病的运用，重在判断疾病的寒热、虚实之病性。骨折筋伤往往致使局部气血骤然凝滞，从而影响局部乃至全身气血运行。因此，骨折筋伤宜以气血辨证，审察气滞、气虚、气闭、气脱及血瘀、血虚、血热等不同病性，从而确定治法。

二、理伤续断重在祛瘀生新

气血冲和、生化守常、周流不息是生命维系的重要基础。《素问·五脏生成》说："肝受血而能视，足受血而能步，掌受血而能握，指受血而能摄。"说明全身脏腑、肢体需血的濡养方能进行正常的生理活动，《血证论》又说："气为血之帅，血随之而运行；血为气之守，气得之而静谧。"说明气血谐和周流，则百病不生。

筋骨损伤则往往造成通行气血的血脉、筋膜随之受损，伤及气血。正如《杂病源流犀烛·跌扑闪挫源流》说"跌扑闪挫，卒然身受，由外及内，气血俱伤病也。"而无形之气难察，有形之血易见。一旦筋骨损伤，"瘀血"常为最亟需祛除的病理产物。

（一）骨伤"专从血论"

刘氏认识骨伤，恒以"瘀血"为证治之要，认为瘀血阻滞是骨伤的共性病机，因此，提倡骨伤"专从血论"。这一认识是在古人论述基础上，结合刘氏父子数十年临床经验所得。

古人于跌打损伤，多从血论，如《医宗金鉴·正骨心法要旨》："今之正骨科，即古跌打损伤之证也。专从血论，须先辨或有瘀血停积，或为亡血过多……"认为正骨一科，应从血论治。《济生拔萃·治法机要》："夫从高坠下，恶血留于内，不分十二经络。"认为跌扑坠伤，往往致瘀血内停。《活法机要·坠损》："治登高坠下，重物撞打，箭镞刀伤，心腹胸中停积郁血不散，以上中下三焦分之，别其部位，上部犀角地黄汤，中部桃仁承气汤，下部抵挡汤之类下之。"在跌扑损伤之后，分三焦治之，但总以理血为证治之纲。《诸病源候论·腕伤初系缚候》："夫腕伤重者，为断皮肉、骨髓，伤筋脉，皆是卒然致损，故血气隔绝，不能周荣。"认为腕伤损及皮肉筋骨，导致血气断绝。

骨折筋伤患者多系暴力骤加或慢性劳损导致，常致局部筋骨、经脉损伤，离经之血瘀阻于筋脉组织之间，使局部气血骤然凝滞而成瘀血，气血不通则出现疼痛、肿胀、青紫、硬结、包块等。瘀血既是骨伤科疾病的病理产物，瘀血留而不祛，又成为筋骨损伤久不能愈的致病因素。因此，瘀血是骨折筋伤形成后最显著的病理改变，深刻理解骨伤病理当从血论。

在治疗之时，也应时刻关注瘀血的祛除，必须首先抓住活血化瘀这一原则。瘀血不祛、新血不生，只有消除瘀血，使血液归经，气血通利，方可改善血运气滞，从而使瘀滞消散、肿胀消退，才能促进损伤组织的修复，恢复正常的功能。活血化瘀应贯穿在骨伤科疾病的始终，早期重在祛瘀以除邪，中期兼以活血化瘀助愈合，后期养血活血促复旧，尤需结合患者瘀血的轻重选择与之匹配的活血化瘀方药，才能收到满意的效果，故治疗骨伤需专从血论。

（二）刘氏理血三要领

先生依据传统中医理论、祖上及师父秘传，特别是通过长期临床实践，在针对瘀血用药时形成了独到的学术观念和用药经验。不仅获得了五项骨科药品国家发明专利，还自研自制了治疗骨折骨病的18个专病专方专药运用于临床，是获得四川省食品药品监督管理局批准的医院院内制剂，至今仍是成都骨伤医院治疗骨伤骨病的临床一线用药。今择取先生骨伤用药要领，以飨读者。

先生治骨伤，遵循"损伤专从血论""瘀不去则骨不能接"的基本观点，在治疗中善于灵活运用活血益血之法。

1 善用活血化瘀

治疗骨折损伤类疾病，擅用活血化瘀之法，尤擅使用桃红四物汤及大剂生地来治疗骨伤瘀血。

（1）桃红四物汤运用经验

此方由《玉机微义》转引自《医垒元戎》，其方名首见于《医宗金鉴》。其以四物汤加味桃仁、红花而成，功能养血活血，本为妇人月经不调而设。先生活用本方，将之广泛运用于骨伤的治疗之中，并形成了自身的特色。他往往在桃红四物汤六味药物的基础上，根据辨证予以加味，如伤在上肢者，常配伍桂枝、桑枝；伤在下至者，常配伍牛膝、独活；兼气虚者，常配伍黄芪、党参；兼气滞者，常配伍柴胡、姜黄；兼二便不利者，常加大黄、芒硝；

证属虚寒者，常配伍附子、肉桂；肿痛甚者，常加马钱子、白芥子；瘀血入络者，常加全蝎、蜈蚣。

（2）生地应用经验

一般认为，生地黄功在清热凉血、养阴生津，对于其在骨伤疾病中的阐发应用不足。先生勤求古训，认为生地黄在骨伤治疗中具有重要作用，对于跌打损伤，瘀血阻滞疼痛部位发热者疗效尤佳，无论外用内服都可配伍使用。。如《神农本草经》说地黄能"主折跌绝筋，伤中，逐血痹"。《肘后方》称地黄"疗折四肢骨破碎及筋伤蹉跌，烂捣生地黄熬之，裹所伤处，以竹简编夹之，遍急缚勿令转动，一日一夕，可以十易，则瘥。"《本草图经》认为其为"治伤折金疮为最要之药"。故先生在治疗跌打损伤的外用制剂中，均利用大剂量生地黄（干地黄）来活血化瘀之功，而非取其清热凉血之效。本院的外用制剂六黄止痛膏、红冰止痛酊中即是大剂量生地黄活血化瘀之运用代表方。

2. 注重气血并治

先生疗骨伤"瘀血"，又善气血并治。他认为骨伤往往损伤经脉络道，使离经之血聚而成瘀，又血损耗气则气虚，气虚则不能摄血、行血，以致瘀血不祛。故先生疗骨伤血瘀，常在活血之中，配伍益气之品。

于益气药，先生善用黄芪治疗各种气虚血瘀证。《日华子本草》称："黄耆（芪）助气壮筋骨，长肉补血，破症癖，治瘰疬，瘿赘，肠风，血崩，带下，赤白痢，产前后一切病，月候不匀，消渴，痰嗽。"言其善"助气壮筋骨"。《本草新编》"黄芪"条下称："古人未尝非也，第以血症不同，有顺有逆。顺则宜用血药以补血，逆则宜用气药以补血也……故必用补气之药于补血之中，虽气生夫血，亦气行夫血也。此黄芪补血汤所以独胜于千古也。"先生取黄芪功能益气壮骨、健脾生血之功，既可益气行血使瘀血畅行，又可益气壮骨促进恢复，还可健脾益气增强气血生化机能，故临床先生多用黄芪补气行血治疗血脉瘀滞诸证。

3. 活血常配通利

《素问·缪刺论》说"有所堕坠，恶血内留，腹中满胀，不得前后，先饮利药"。张志聪注曰："恶血留内，则气脉不通，是以腹中满胀。肝主疏泄，肾开窍于二阴，故不得前后也。"先生认为，堕坠跌扑，一则气血骤凝，留滞于内；一则伤筋动骨，肝主筋、肾主骨，外伤筋骨，即内伤肝肾，疏泄不及、二便失司，故常大小便不利。因此，先生应对此类疾病，常以活血祛瘀祛其恶血以消除病因，又关注二便通利情况，配伍通利之品。先生常以当归、桃仁、生地等活血养血而功兼润下之品以祛瘀通利；二便不通者，配伍芒硝、大黄、槟榔逐其内停积滞，通利二便。气滞甚者，复以柴胡、枳实疏肝理气，助二便通利。需特别提出的是，骨折筋伤往往损及气血，致正气损伤，故先生强调通利之法的应用宜中病即止，不可过服，过服则有"虚"之祸，不利疾病康复。

学术传承

川派中医药名家系列丛书

刘育才

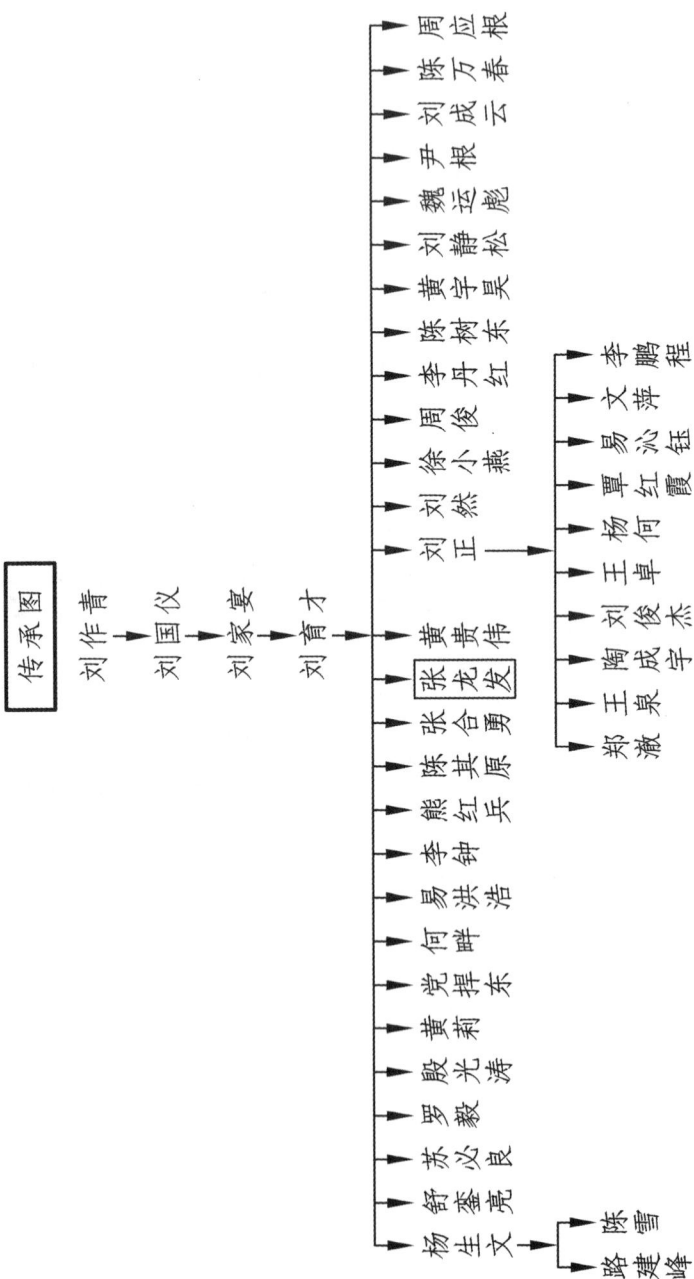

传承图

刘作青 → 刘国仪 → 刘家宴 → 刘育才 →

- 周应根
- 陈万春
- 刘成云
- 尹根云
- 魏运彪
- 刘静松
- 黄宇昊
- 陈树东
- 李丹红
- 周俊伟
- 徐小燕
- 刘然
- 刘正 →
  - 李鹏程
  - 易文萍
  - 易沁钰
  - 覃红霞
  - 杨何草
  - 王伟
  - 刘陶俊杰（成宇）
  - 王泉宇
  - 郑澈
- 黄伟
- 张龙发
- 张合勇
- 陈其原
- 熊红兵
- 李钟
- 易洪浩
- 何畔
- 党择东
- 黄莉
- 殷光涛
- 罗毅
- 苏必良
- 舒鑫亮
- 杨生文 →
  - 陈雪
  - 路建峰

刘育才的曾祖父刘作青，清朝光绪年间出生在成都市烟袋巷，刘家家境尚可，请了先生教他读书识字，在其 10 岁多时，因其体格健壮，家人又请人教他习武，成为当地的武术高手，25 岁时参加武举人考试，拉断了弓弦，犯规，没有成绩，考试失败。但却因为中国的历史原因，让他拥有了另一项技能。那时，中医骨伤学的发展与习武者自然地结合在一起，骨伤科技能成为习武者的护身宝，而流传于民间，很多武林高手多为骨科治伤专家，称为武医。刘作青在习武的同时学习了骨科治伤的技能，考试失利后，便回到家中开起药铺，潜心进一步学习钻研骨伤科，不时便在药铺中坐堂，通过实践，积累了整骨手法经验。刘育才的爷爷刘国仪出生在这个药铺中，从小跟随父亲，学习医学古典、习武、学习传统中医手法，后与父亲刘作青一同在药铺坐堂。

刘育才的父亲刘家宴，也出生在烟袋巷，从小好学文，熟读中医经典，并跟随其父刘国仪学习医术，对整骨手法也十分了然。解放前后为了生计在四川大学、光华大学（今西南财经大学）做图书管理员，但这并不影响他对中医学的热爱，在下班后和休息时间，都在自家药铺帮忙学习。当时刘家的中医骨伤科在当地已经有名气。但是，1957 年，刘育才的父亲刘家宴在被错划为"右派"，刘家人（刘作青、刘国仪已故）回到了金牛区天回镇白塔村。父亲刘家宴身心受到巨创，只能暂时靠务农来维持生计，但却不忘教年已 10 岁的儿子刘育才阅读中医古籍和讲述刘家的整骨术，偶尔利用自己的专长帮助村民看看骨伤骨病。刘育才 14 岁时，父亲又送他参师骨科武医郑栋臣先生（其师傅是清代末年武医名家刘玉林先生），跟随其习武及中医正骨术。在师父和父亲的言传身教中学习刘家传统的整骨手法。刘育才 17 岁时，在金牛区金马公社白塔大队已经可以单独处理病人的伤情了。因为他的医学基础好，很快就成为了当地的名人。1969 年，他 22 岁时，金马公社和白塔大队将他安排在天回镇白塔卫生所，全科的病都要他看，因其尤擅骨科，在 1976 年，被调至金牛区中医院骨科，专看骨科骨病，每日病人都从四面八方赶来排着长长的队找他看病。

1979 年，父亲刘家宴改正错划"右派"回到财大工作，惜当年就因病去世了，之后刘育才被调至四川财经学院附属医院。虽说是校医，但因刘育才之前积累的人气和影响，每日从校外赶来的病人太多，很快就引起了校领导的关注，并专门制定了相关的制度来维持秩序。1984 年年底，金牛区引进医学人才，将刘育才调回了金牛区卫生局。但当时金牛区又没有适合的医院和资金来专门做骨科，刘育才便凭一己之力，通过义诊，四处收集材料和资金，于 1987 年建成全民所有制的成都骨伤医院，并担任院长，其间却从未间断过临床一线的工作。他于 2003 年从成都骨伤医院提前退休后，在天回镇建立了育才国医骨伤门诊部，于 2006 年将门诊部关闭，开始创建成都育才骨科医院；2007 年医院建成，一直在该院全天坐诊。无论在哪所医院，刘育才都很重视刘氏中医传统整骨手法，并以之为核心技术，让全院的医生学习。刘育才除了治病救人以外，还特别注重中医的传承与发展，将自己的医术如自己的祖辈一般，传于自己的长子刘正和次子刘然，并以"品行端正、聪慧灵敏"为收徒原则，现收徒 26 人，以期将刘氏骨科发扬光大，造福一方百姓，其子刘正及徒弟杨生文遵循父亲及师父的收徒原则，也收徒多人，现将刘氏骨科学术传承人资料，简略介绍如下：

刘作青（1832—1903）

刘国仪（1882—1954）

刘家宴（1910—1980）

刘育才（1947— ）：中医骨伤主任医师。

刘正（1969— ）：刘育才长子，主任中医师，毕业于成都中医药大学。四川省中医药学会骨伤专委会委员、成都市中医药学会理事、四川省针灸学会理事、金牛区医学会常务理事、成都市中医药学会医院管理专委会委员；金牛区第八批突出贡献优秀专家、金牛区首届名医、成都市第三批名中医、四川省第五批名中医；成都市重点专病"腰椎间盘突出症"学术带头人。从事中医骨伤临床工作近三十年，擅长于中医骨伤的传统治疗，以手法整复四肢骨折、关节脱位；对骨伤、骨病如颈椎病、腰椎间盘突出症、股骨头缺血性坏死及骨伤后期康复治疗均有一定的治疗手段；擅于中药、草药的临床总结和应用。在多年的临床工作中，总结出来骨伤初、中、末期及康复治疗的临床内服及外用专科用药数十种。

刘然（1983— ）：刘育才次子，骨科副主任医师，四川省中医骨科专委、骨科专委会委员、四川省针灸专委会委员、四川省风湿专委会委员、四川省痹症专委会委员、四川省武医结合专委会专委；金牛区名中医。从事临床工作10余年，能利用自己西学中的优势，有力地结合现代医学，在诊断、治疗上对传统中医的技艺进行了18项改良，极大地提高了疗效。

徐小燕（1984—）：刘育才次子媳，骨科副主任医师。有丰富的骨科临床经验，擅长椎间盘突出症、颈椎病、膝关节骨关节病、滑膜炎、股骨头缺血性坏死、肩周炎、腱鞘炎、骨折、脱位、软组织损伤等的治疗。

杨生文（1975—）：副主任中医师，毕业于成都中医药大学，四川省针灸学会会员、四川省中医骨科学会委员、四川省中医药学会风湿专委会常委，成都中医药学会第八届监事会监事长、金牛区医学会中医专委会秘书；四川省首届"新时代健康卫士"、四川省第三批拔尖中青年医师、四川省中医药管理局学术技术带头人后备人选、成都市学术技术带头人后备人选、金牛区首届名中医、金牛区首届首席家庭医生。从事临床工作近二十年，对老年性、退型性、常见性、多发性骨科疾病有独到的见解，擅长诊治颈椎病、腰椎间盘突出症、膝关节骨性关节炎及四肢骨折等。

陈其原（1968—）：主任中药师，第一批全国中药特色技术传承人才、四川省中药药事质量控制中心专家、四川省中医药学会中药委员会委员、成都中医药学会中药临床专委会副主任委员、金牛区医院管理评审专家、金牛区医学会药学专委会主任委员、金牛区中药药事质量控制小组主任。

张合勇（1978—）：副主任中药师，第三批四川省拔尖中青年医师、四川省首届"新时代健康卫士"、成都中医药学会中草药临床专委会秘书、成都中医药学会中药临床专委会委员、成都市药学会基础药学组委员、成都市金牛区中药药事质量控制小组秘书。

苏必良（1976—）：副主任中医师，毕业于成都中医药大学，中华医学会骨科学分会会员、中国医师学会骨科医师分会会员、中国医药教育协会肩肘运动专委会委员、中国医药教育协会冬季运动损伤专委会委员、中华医学会骨科分会足踝组委员、四川省中医药学会骨伤专委会委员、四川省针灸学会康复专委会委员、四川省中医药学会运动医学专委会委员、四川省中医药学会武医结合专委会常务委员、成都针灸学会疼痛专委会常务委员、金牛区骨伤专委会秘书、金牛区康复专委会委员；金牛区首批十大名医。擅长运用中西医手段治疗各种骨伤科疾病，包括颈椎病、腰椎间盘突出等脊柱源性疾病、创伤骨折、肩肘、足踝疾病保守与微创手术及髋、膝关节疾病的保髋、保膝及人工髋、膝关节置换手术。

殷光涛（1966—）：副主任中医师，毕业于成都中医药大学，成都市针灸学会常务理事、四川省中医学会针灸临床专委会委员；金牛区首批十大名医、首批金牛区职业技能带头人；成都市级重点专病膝痹（膝关节骨性关节炎）学科带头人。擅长于针灸配合中西医药治疗颈、腰椎间盘突出症等疾病，在针灸治疗骨关节疾病方面有独特方法，疗效显著。

黄莉（1969—）：副主任中医师，毕业于成都中医药大学。从事临床中医骨科专业30余年，能熟练准确诊治各类骨科疾病，对骨科急危、重症患者能准确做出诊断并及时处理，擅长骨折、关节脱位手法整复及颈腰椎间盘突出、骨性关节炎、筋伤等疾病的治疗。曾作为金牛区医疗专家前往石渠县参加对口援藏工作。

党捍东（1967—）：副主任中医师，毕业于泸州医学院（现西南医科大学）。2011至2013年作为中医专家受邀在瑞士卢塞恩州工作两年。从事中医临床工作三十余年，擅长运用中医药技术如针刺、推拿、手法整复、整脊、火罐、灸法、穴位注射以及中药内服及外用等治疗颈椎病、腰椎间盘突出症、骨性关节炎、肩周炎、四肢闭合性骨折等骨伤科疾病。

罗毅（1976—）：副主任中医师，毕业于成都体育学院。从事中医骨科临床工作20余年，精通中医骨伤科理论，熟练运用中西医结合治疗方法为患者解除病痛。对颈椎病、腰椎间盘突出症、坐骨神经痛、骨关节炎、四肢关节疾病等骨科常见病、疑难病的诊疗有深入研究。擅长采用微创技术治疗四肢、关节创伤疾病。

何畔（1974—）：副主任中医师，毕业于成都体育学院。从事骨科临床工作20余年，有丰富的临床经验，擅长骨折、筋伤及各种关节病的诊治，尤其对颈腰椎疾病的治疗有深入研究。

周俊（1976—）：副主任中医师，毕业于成都中医药大学，临床中多采用中西医结合方法治疗骨伤、骨病，尤其以针、刀和汤药在骨病方面卓有成效。

李丹红（1975—）：副主任中医师，毕业于成都体育学院运动医学系。从事中医临床工作二十余年，对骨伤筋伤、颈椎病、腰腿疼痛、骨关节炎的诊治有丰富的临床经验。擅于应用中医传统针灸推拿等方法及现代康复技术为患者提供适当的诊疗方案。

川派中医药名家系列丛书

生平及逸事

刘育才

一、困厄修得救苦心，传承医道破迷津

刘育才先生祖上即通武医之道，其祖父专于骨伤科，行医于蓉城。至其父，也通医好学。先生自幼聪颖早慧，但年少多劫难，九岁时因父亲在四川财经学院被错划"右派"而遭返成都市金牛区金马公社（后和天回镇合并），也因此失去了接受高等教育的机会。为了生计，幼即学得诸多农村谋生技术，但皆非其所愿。其父刘家宴秉着"不为良相，当为良医"的思想，见先生关心左右疾苦，有慈悲心肠，即指导其学习《黄帝内经》和家传手写中医书籍，此为先生今后中医之路奠定了坚实的理论基础。先生14岁时，其父托人拜师于武医专家郑栋臣门下，成为其关门弟子。郑先生业于骨伤，武功高强。刘育才先生抓住这次难得的机会，闻鸡起舞，刻苦学习师父的医术、武术，更学习师父的为人，直到师父去世，并将其遗体安葬。

三年来师父的耳提面命，先生的耳濡目染，实现了他人生的一次飞跃。在此期间，先生自学了《中医基础学》《中医学概要》《新编中医学》《中医学》《中医诊断学》《解剖学》等资料。后来在临床中体会到这些基础掌握得不牢，又再次认真学习了《黄帝内经》《伤寒论》《神农百草经》《仙授理伤续断秘方》《伤科汇纂》《药性赋》《本草纲目》《汤头歌括三百首》《中医方剂学》等，并坚持每天背两个汤头。通过对理论书籍的学习，先生对祖国医学发展概况和祖国医学的特点有了认识和了解，懂得了阴阳五行学的基本概念及其在祖国医学中的运用。在老师的指导和先生的努力下，热爱祖国医学的他逐步掌握了辨证施治这一中医学核心法则，并作为先生后来整个临床实践的指导。郑老先生临终教导的"勤奋精进，正直做人，弘扬祖国医学，救治天下病人"更成为先生一生的担当。如今，每逢农历初一、十五，先生都要在父母、师父遗像前礼敬，不忘父母和师父的教诲。先生学医痴迷，故事颇多。

瞒母夜读拌桶中。二十世纪六十年代初，因家贫，灯油贵重，母亲不让先生点灯读书。先生就偷偷做了个煤油灯，把两个打谷子的拌桶扣起来，钻到里面看书。一晚上过去，书看了半本，却熏了个满脸乌黑，鼻孔里都是黑烟。

守水读书困于道。也是二十世纪六十年代初，先生带起煤油灯在堰头桥上边守着灌溉水稻田的水，边看《伤寒论》，但到了后半夜，油干人困，不知不觉就在桥头上睡着了，凌晨被附近一位农民推着一架装满青菜的鸡公车撞醒。还有一晚，先生在麻柳树旁的桥上，也是因灌溉稻田守水而看书，看到天快亮时，睡着了。先生正梦到给人接骨头呢，突然遭了一鞭子："想死了！"原来是生产队的周成刚早起赶牛去打磨秧田，牛见先生睡在桥上就不走了，不断提脚。周成刚见此就打了先生一赶牛鞭子，先生醒来后，周成刚骂道，你差点被牛踩死了。

凉水惊脚驱睡眠。先生读书怕睡着，就在旁边放一桶水，在深夜读书困顿之时，就将腿脚放入桶中使自己保持清醒。那段时间，通过孜孜不倦地钻研，先生对《黄帝内经》《伤寒论》等进行了系统学习，掌握了中华医学的理论源头和临床知识，为先生后来在中医骨科方面的成就奠定了坚实基础。

尝毒药知药量。为了试验师傅祖传秘方上马钱子对人体远端肢体的刺激恢复功能，先生决定亲自服下那种药物看药量究竟多少才能够起到作用。从0.001克开始不断加量，倏忽间，他的心脏像被一只铁手紧紧捏住，手脚指尖传来一阵针刺似的感觉。在那一刻，先生昏迷过去。后经抢救方才苏醒过来。但是也是因为此次尝试，先生掌握了该药的剂量，并得以有效运用。

二、悬壶济世踏医道，年少成名惠乡里

因为先生从小接受家庭的医学传承熏陶，并在其师处进一步强化学习，在医学的道路上先生不断深化。随着水平的提高和群众的需要，先生17岁即行医于乡里，不断解除患者的疾苦，其间也是有诸多感人故事。

农忙田间解疾苦。天回乡农民马某山在劳动时因严重摔伤导致髋关节脱臼，倒在田坎上呻吟不断。在人们茫然无助的时候，先生得到消息立即跑过去，让他躺在两条扁担上，推、拿、按、摩、端、提并用，不到半小时，老马竟然站起来行走了，在那缺医少药的年代，在扁担上医好病人成了轰动一时的新闻，人人都知道白塔村出了一个水平高、手艺好的骨科小医生。

中医正骨拒开刀。成都军区总医院某职工 17 岁的独生儿子，胸腰椎骨折，所到大医院均提出开刀手术治疗。病家舍不得儿子受苦，听当地农民说先生正骨技术好，于是抱着试一试的态度找到育才先生，结果被先生运用中医骨科手段，不开刀，不缝针，一个月的治疗便使这孩子神奇般地站立起来满地跑了。当时，孩子的父亲激动地握住先生的手说："小医生呀小医生，我算真服你的医术了！"并用大红纸写来表扬信，贴在当时的金马公社的大门上。从此，先生名声大振，远远近近的骨伤病人接踵而至。

毗河遇险为病人。1976 年夏天，新都县天元公社堰塘一队社员急急慌慌跑到白塔医疗站来，说他女儿从晒烟的烟架子上摔下来把大腿摔断了，请先生出诊治疗。如走大路，要多十多里路，涉水过毗河就要近几公里。当时病人不仅骨折还有外伤，因为生怕病人在炎热夏季出现感染等并发症情况，先生在天气骤变、毗河河水暴涨情况下，仍然心系病患，毅然脱下衣裤放在伞架上，一手举伞，一手游水，冒险游水过河。刹那间，汹涌的洪水未等他回过神来，就一股脑将他冲出几里外，衣裤全无，几乎淹死，仅剩挂在肩上的药箱。在此情况下，先生仍然在借得村民衣裤后赶到病人家中，进行了手法复位，敷了药，上了夹板，并对外伤进行了妥善处理。

慈心治病几代人。因为先生医术高超，附近区县都来找先生治疗。青白江区邓女士的母亲 60 多岁时，因腰椎关节错位疼痛难忍，无法下床。先生当时已在金牛区中医院上班，得知后，即风尘仆仆骑车赶至其家中，只听病人一声大叫后，手法复位成功，后开汤药调理，十多年没有复发。斗转星移，2018 年，邓女士也已 70 高龄，因为腰椎问题还专门来找先生治疗，其晚辈也过来治疗颈椎病等。1975 年，一位家住成都青龙场的成都市搬运公司老工人，因脑溢血引起半身不遂，流鼻涕、淌口水，左半身无知觉，大小便失禁。自己痛苦不堪，也给家人增添了不少麻烦。先生闻讯后，上门为他扎针、按摩、配合内服中药，经一个月的针灸通经络、中药活血化瘀、按摩导引气血、精神鼓励关怀等，老人康复如初。30 年后，其儿子也得此病，也是在先生处通过针灸和中药治疗而愈。

如今，先生将成都育才骨科医院建在天回镇，就是忘不了这里的乡亲父老。在这里，先生学习并继承了神奇的正骨之道，练就了心系患者解苦难的菩提心，也成就了先生内外妇儿的全科医生本领!在这里，先生的高超医术辐射全川! 在这里，先生 70 高龄仍然心系病患，每周五天满负荷运转，妙手回春!

三、五十余年苦奋斗，两所医院慰平生

多少年来，先生一直希望拥有一个好的医院、完善的设备、医术精湛的医生来拯救病患，实现救治天下病人的梦想。先生最早行医于草莽之间，后屡遇贵人之助成就其大愿。

村医怀大愿。1969 年，先生所在白塔大队党支部顶着巨大的政治压力，冒着风险在大队医疗站特地为他这个"右派"的儿子设立了三十张病床行医治病，但仍然不能满足各地来求医住院的病人需求，于是大队又将农会办公室打开，作为临时病房。这种盛况，为成都同等条件下的医疗站之最。当时，先生就渴望拥有一所条件好的医院来救治病患。

村医变乡医。因为医术高超，医德高尚，口碑遍乡里，1976 年年底，天回乡党委书记周长富同志又专门将先生调到天回乡的金牛区中医医院任骨科医生，给了他更好的条件让他发挥自己的才能。在那里的六年时间，先生治疗内外妇儿幼科疾病的技术得到锻炼和深化。

乡医成校医。1979 年，先生的人生之路上又出现一个小插曲，他的父亲被平反昭雪，先生也被调到四川财经学院附属医院当骨科医生。这是一个待遇优厚、较为轻松的工作。但他不几日便感到坐立不安，忧心如焚。没有了学院外界的病人，只有学院内部的教职员工和学生，"弘扬祖国医学，救治天下病人"的师父临终遗言怎么可能实现! 在此期间，先生白天单位上班，中午、晚上就到光华医院救治远地来找他的病患，并潜心加强学习。但先生总感到，利用这种形式治病，离"救治天下病人"的要求差得太远了。

或跃在渊，校医成院长。机遇总是垂青那些有备之人。1985 年，金牛区委书记慧眼识才，在他的提议下，经金牛区委扩大会研究决定将先生调到区上，批准由他组建成都骨伤医院，并由他任院长。这是先生人生中的第二次飞跃。能够得到书记的垂青，缘分颇深。那是在白塔医疗站的时候，先生见一个着装朴素、和蔼可亲的汉子用一辆自行车驮着一位患坐骨神经痛的老太太到医疗站求医。先生一边精心为病人治病，一边和此人交谈自己要建立专科医院的梦想。哪知此人就是区委书记，患病的老婆婆则是书记的丈母娘。书记早就听说过本区这位自学成才的名医，听说过他那曲折离奇的故事，一个为本区乃至更大范围内病家造福的计划在书记心中渐渐酝酿，并有了后来的建院之举。由于没有财政资金来建设医院，先生就边开门诊边义诊，推拿、按摩、接骨、斗榫，整日里忙得连轴转。他利用精湛的医术四处化缘，筹得资金和材料用于成都骨伤医院建设。1986年，医院终于竣工，先生在建院期间瘦掉20多斤。当时的成都骨伤医院除了先生外没有一个骨科医生，是靠先生的言传身教、不厌其烦手把手教出来了一支骨科队伍。医院建成之后，先生又开始思考管理上的改革。1989年，他报经区上批准，将这所全民所有制的医院打破常规分配制度，在全国的医院中首创了绩效工资制。管理制度的改革，使医院面目一新，两个效益明显提高，曾两次在全省的中医医院、中西医结合医院的会议上做了交流发言，后被《健康报》《中国中医药报》《四川日报》和全国数家报纸以《一支红杏出墙来》进行了专题报道和转载，介绍了改革的经验。

退休再创业。先生于2003年从成都骨伤医院提前退休后，不忘故土，不忘乡梓之情，又回到天回镇这块土地，又从开办门诊开始创业，经过多年打拼，在自己的努力下，在家人和亲友的帮助下，2006年再度建成了一所占地面积7.5亩、建筑面积5000余平方米的成都市育才骨科医院，并坚持全天候门诊，为病患排忧解难，深受群众爱戴。

四、理论实践相结合，四绝技术救苍生

在中医临床实践中，先生始终坚持中医经典理论与实践相结合，善于辨证论治，精于理法方药，对诊治内外妇儿幼疾病，均有丰富的实践经验，尤其是在中医骨科方面，特别有独到之处。先生对《黄帝内经》《伤寒论》《医宗金鉴》《仙授理伤续断秘方》等经典推崇备至，经常告诫弟子要认真学习，熟练掌握。同时在临床实践中，先生先后自修学习了《临床骨科学》《骨外科讲义》《中国接骨图说》《新医正骨讲义》《林如高正骨经验》《正骨手册》《针灸学》《推拿按摩》和一些骨科医学杂志等书籍，又从在蓉的郑怀贤、杨天鹏、杜子明等名家的正骨治疗技术中得到不少教益和经验。临床中先生体会到，骨科治疗技术也是多学科的精髓组成，一门学科并不是孤立存在的。因此，为了进一步掌握骨科的鉴别诊断及治疗，就更需要了解一些现代医学的知识，就又自修了《实用内科学》《中医内科》《医学衷中参西录》等书籍，并虚心向身边工作的内科、外科一些老同道学习，学到了不少知识，在治疗骨伤的同时能治疗患者并发的内科和外科疾病，使其能够排除干扰从而使治疗归转的主动权掌握在自己手中，顺利地进行骨折的治疗。在治疗骨伤科实践中，先生在掌握传统医学的基础上，不断努力创新自己的医术。从医 50 余年，通过复位、针灸、按摩、中药等"四绝"手段，救治病人 160 余万人次，受到了人民群众的交口称赞，也得到了上级部门和领导的充分肯定。

骨科复位为一绝。先生把历代的整骨经验加以总结分析，取其精华，去其糟粕，吸取现代医学之长，在临床中加以继承、改进和实践。骨折的治疗必须要掌握好解剖学和生物力学，要始终重视中医整体观，见伤先辨患者五脏六腑、脑有否损伤及阴阳气血盛衰；见骨折要辨筋伤（软组织损伤），特别是脏腑和韧带、肌肉、肌腱、神经、血管等有否损伤。同时，先生一直贯彻实行骨折治疗的四个原则：固定和活动相结合（动静结合）、局部与整体并重（筋骨并重）、外伤与内伤兼顾（内外兼治）、医疗措施与发挥病人主观能动性密切配合（医、患配合）。先生传统整骨手法，就是将传统的手法结合现代医学的生物力学，根据患者的伤情，整合连贯地正确运用，达到使骨折移位、脱位后复于原位的目的。在治疗过程中，重视内外兼治、筋骨并重、动静结合，离合归位，达到骨折愈合和功能恢复的齐头并进，大大减轻了患者的经济负担和病情及重复手术的痛苦，受到广大患者的欢迎。如成都市公安局天回派出所一民警在 1977 年 10 月 28 日被拖拉机压伤，为双下肢开放性胫腓骨粉碎性骨折，骨折处沾上较多泥土，先生采用中西医结合治疗的办法使患者康复。先生还不断创新，特别是对胸腰椎骨折的治疗，研究出了一套具有独创性的治疗方法——拔伸踩压法。许多驼背病人、腰椎间盘突出病患者，经拔伸踩压法治疗都恢复了健康。新都斑竹园红光村一村民，几年来下肢呈放射性疼痛，不能平躺，直腰、行走，先后在五家医院治疗均未奏效。后找到先生，用拔伸踩压法治疗10多分钟，就站了起来，又经五次施法，完全康复。后在全省骨伤学术会上交流了这一方法，受到专家们的一致好评并决定推广。《华西都市报》某总编1991年患腰椎间盘突出症已不能动弹，CT检查后专家认定只有开刀治疗一法了。经先生用自己独创的治疗方法拔伸踩压法治疗后，症状迅速消减，一个月痊愈。为感谢先生，该总编请著名书法家刘云泉挥毫，送刘育才一幅中堂："妙手回春，以仁为心，了无尘韵。"多年经验，先生总结了包括手法复位和治疗其他骨病中的手法治疗技术，形成了特有手法，此为第一绝。

快针之术为二绝。先生擅长针灸治疗，尤其是因为参悟《针灸甲乙经》，有感于气至则止的思想，故倡导快针之术。此快乃得气则止!《灵枢·九针十二原》"刺之要，气至而有效，效之信，若风吹云"为证。50余年来先生在弟子和助手的协助下，能够救治160万余人次的患者，关键在于其针灸之绝快捷效宏。新加坡68岁的林某国老先生因中风疾患偏瘫8年，往美国、英国、瑞士、新加坡及中国台湾等多方治疗仍卧床不起。先生在新加坡学术交流期间，采用针灸之术一个月内使他站了起来，此事轰动了新加坡，病患纷纷涌向先生访问交流的新加坡中央国立医院请求治疗。当先生回国后，林老先生又赶来成都骨伤医院做进一步治疗。先生通过针灸和内服中药等进一步辨证施治，林老先生很快能够独立行走，恢复了健康。他偕先生曾游长江三峡，逆流而上重庆，当他登上朝天门时候，为先生的医术和自己的幸运激动不已，高呼"我登上天堂了"。1984年8月，先生随着西南财经学院体育学生代表团向大连赶去，参加大学生运动会。车过广元，爬上秦岭，广播里忽然传来播音员的清脆声音："旅客同志们请注意，哪位旅客是刘育才医生？请听到广播后，立刻到第3节车厢15号座位去，那里有一个病人，需要请你去诊治。旅客同志们请注意……"先生很奇怪，播音员是怎么知道自己的名字呢？他来不及细想，立刻提上药箱向指定的车厢跑去。那是一个风寒病人，因坐车受了风寒，引起剧烈的腰痛。先生立即为他进行针灸，之后又在腰椎两侧贴上两贴膏药，疼痛消除了，病人轻松地笑着连连感谢。先生提上药箱正要离开，有人拍他肩膀，回头一看，是成都中医学院的院长。原来是他看见先生也上了这趟车，故而点了他的将。天回镇吴姓医生爱人，脚后跟莫名其妙地疼痛，吴医生也给开了中药调理，皆无效果。后到先生处治疗，先生凝神聚气，找准患处，一针下去，患处当即恢复如初。每一次，吴医生谈到此事，对先生的医术是赞不绝口。"生长收藏气运行，阴阳转换内在明"，先生在谈到这些病例时，认为针灸在其中起到了关键的作用。通过针灸可以调理气血的盛衰而和解阴阳，进而使周身通达平衡，为中药的运行柔化打下基础，并再三嘱咐弟子要切实掌握好针灸本领。多年的经验总结，形成了特有的针灸快针之术，可救天下病人，此为第二绝。

推拿按摩为三绝。先生推拿含提弹、揉、按、推、拨、扳、摇、锤等诸多技术，一套推拿下来，患者神清气爽，疼痛如冰雪消融。先生在按摩手法中，特别精通提弹之术，提弹之下酥麻感遍布周身。1997 年，成都一领导因为打球受伤而躺于床上不能动弹，经过省内几大医院的专家教授治疗无果。后请先生前去，在分析前期治疗等基础上，先生认为该领导是因为打球过猛造成背脊韧带卡于关节之中。于是先生抓住腰部两脊韧带施以提弹手法，并以指针之术点按太阳经穴及夹脊穴。此手法之后，该领导当即翻身起来。1974年深秋的一天，先生正在医疗站忙着为病人诊病时，门外来了一个文质彬彬的四十多岁的男人，穿着破旧的中山装，面容憔悴。他走到先生面前，伸出了右手。那是一只怎样的手啊！手背上伤疤累累，五指僵硬。他伤心而气愤地告诉先生，他被人故意用锄头挖在手背上造成骨折。先生对照他带来的照片，细心为他做了检查，发现那一锄头造成了他的右手二、三、四、五掌骨骨折，但在原来的治疗中，只注意了外伤口的治疗，而折断的掌骨却未对好位，造成畸形愈合，属于肌肉和肌腱韧带挛缩僵硬（筋挛筋硬筋结）。先生看他的患处虽然没有对好位，但已畸形愈合，故决定采取中医重功能不重位置的办法，反复细心为他按摩、分筋、揉捏，并配合针灸、熏洗和内服中药。其间，该患者也刻苦进行功能锻炼，疼痛逐渐减少，手的功能一天天恢复。四个月后，他那只伤手终于又能握笔写字了。他高高兴兴地回去后，写信感谢先生的治疗。患者的殷切之情，鼓励着青年时代的先生在中医骨科之路上不断求索，不断践行着大医之愿。多年经验的总结，形成了特有的按摩推拿手法，此为先生医术之第三绝。

用药独到乃四绝。传统的中医名家一般都有自己的特效秘方。先生依据中医药理论、祖上及师父秘传，特别是通过长期临床实践，不仅获得了 5 项骨科药品国家发明专利，还自研自制了治疗骨折骨病的 18 个专病专方专药运用于临床，且获得四川省食品药品监督管理局批准的医院院内生产制剂，至今仍是成都骨伤医院治疗骨伤骨病的临床一线用药。关于秘方，先生谈到关键是用药的量，同一个处方，药量不同，效果也迥然不同。有一种中药叫"马钱子"，有活络的特效，但是有毒性。到底用多少合适？先生就曾经以身试药直到昏厥，才掌握了马钱子的准确用量。在经验丰富的基础上，用药独到，乃先生之第四绝。

春色满园关不住。先生医术精湛，四方口碑广传。尽管未打广告，但他先后受邀赴新加坡、泰国、马来西亚、越南、美国及中国香港、中国台湾等地行医讲学，受到广泛好评和欢迎。在临床实践和行政管理之余，先生还撰写学术论文 100 余篇，发表在国际、国内医刊和学术论坛。如在《中华医道》《中华骨科》《中国中医骨科》《中国骨伤》《中医医院管理与实践》《四川中医》《成都医药》以及美国的《中医科学》等医学期刊发表，在国际国内学术会上交流多次获评优秀论文，并任副主编参与编写了《中医医院管理与实践》《英汉针灸词典》等书。国内外新闻媒体曾对先生的事迹和贡献做过 100 余次报道（均保存在册）。

五、不舍昼夜传医道，代有传人自芳香

先生五十多年来，秉承"他人之病犹己病，治好他病是己任，救得他生似己生"的大愿，坚持在工作中传承好自己的中医之道。

医德传承身体力行。有人说先生待病人似亲人。先生说他心肠软，一看见别人生病心里就难受，恨不得把自己的一切都拿去拯救他们。20 世纪 80 年代，有些人家境不富，其他医院一住要先交几百上千元，先生这里贫富不嫌，是病人就来；有人住院时缺钱少粮，只要发现了，均捐粮送钱；个别人交不起治疗、药费，就免费治疗。在成都骨伤医院期间，接受先生捐赠的就有 500 多人次，免费医疗 400 多人次，1980 年，一位叫黄某成的老人因患脑血栓致半身瘫痪入院，不久即遭家人遗弃。身无分文的老人一气之下想了结人生。看见老人绝望的样子，先生心里像针刺一样疼痛，立即掏出钱粮，安慰老人，并继续为他治疗。老人过意不去，先生就拉着他的手说："老人家，你辛苦了一辈子，作为后代给你治病是应该的。"当老人病情好转时，先生又去联系老人的单位，妥善解决了老人的难题。也是那年夏天，新都农村一位 8 岁的残疾儿童住院，其母亲将他送进医院后弃之而去，不知去向。几个月中，先生像对亲儿子一样照顾他，既治疗又料理，还给他买玩具。孩子病好后，又派人找到他母亲，请她接回已经康复的儿子。临走时，孩子大声哭着舍不得离开。50 多年来，是父母及师傅的遗训，心中的大愿鞭策着先生在治病救人的道路上耕耘着，也在教育着后辈弟子们学医要学德，积德才能够成就仁医仁术。

人才辈出骨伤医院。先生在 20 世纪 80 年代边建医院边手把手地培养人才，退休前已为成都骨伤医院培养了一批中医骨科骨干人才。现在成都骨伤医院的主要技术骨干几乎都是他的弟子，其中数名弟子已是骨科主任医师，一大批弟子是骨科副主任医师，其大儿子刘正就是其中的翘楚。刘正，成都骨伤医院院长、中医骨科主任医师、四川省第五届名中医、成都市名中医、四川省中医骨科学术带头人，于 2017 年、2019 年分别被列入金牛区和成都市非物质文化遗产保护性传承人名录。

育才骨科再育新才。在成都育才骨科医院，先生进一步培养了一批骨干弟子。其中二儿子刘然、媳妇徐小燕很好地继承了先生的医德医术。小儿子刘然，毕业于遵义医学院临床医学系，毕业后师从父亲育才先生学习中医骨科，一直在临床一线从事中医骨科工作，任成都育才骨科医院副院长、副主任医师，并于 2017 年、2019 年分别被列入金牛区和成都市非物质文化遗产保护性传承人名录。徐小燕，毕业于成都体育学院，运动医学系，中医骨科专业。毕业后师从育才先生学习中医骨科，一直在临床一线从事中医骨科工作和行政工作，任成都育才骨科医院副院长、副主任医师，于 2017 年、2019 年分别被列入金牛区和成都市非物质文化遗产保护性传承人名录。

先生希望自己带的弟子们都要尽快成长起来，50 余年来，带教徒弟 100余人，其中绝大多数成了中医骨伤科的主任医师、副主任医师、主治医师，他们大多数已经成长为医院骨科的中坚力量，在救治天下苍生中做出自己的努力和贡献。

六、调气养神保全真，老骥伏枥志千里

先生善养生，两眼炯炯有神，额头光亮通达，如今 70 余岁仍然战斗在医疗第一线，每天从事着对近百名病人的诊治工作。先生言，养生之道有三方。

养生是养众生之生机。先生认为："救得他生似我生。"心存大愿就是养神，认真工作就是调气，在忙碌中气血自然运行通畅，在专心诊治中自然凝神养气。先生言："淳德全道养神气，恬淡虚无生春阳。"人，要远名利，顺自然，要利他人，成大愿。如此，方能够养就浩然正气，如此，方能够心宽神和。由此可见，于先生而言，养生之道的第一方乃是救治患者，拯救生命。在此过程中，践行大愿方能心安理得，气血调和。对于当下，先生言患者或喜欢养生者都要认真学习《黄帝内经》的养生真谛：

上古天真顺自然，三三得九精气全。

今时之人六根妄，身心康乐步步难。

志闲心安形气顺，恬淡虚无真阳产。

欲要寻得养生诀，大道真言在开篇。

养生之道要调气养神。做人要外不劳形于事，内无思想之患，以恬愉为务，以自得为功，形体不敝，精神不散，这就是修养之道。当然，先生有自己的一套具体的养生之道，即效春生夏长、秋收冬藏之四季转换而动炼气静养神。先生言春夏养阳，秋冬养阴。可顺不可逆，四季更替，五行相生，不可疏忽长夏土之大德也。故每天坚持睡好子午觉，早上通过吐故纳新之术等开通筋骨，内外通透，晚上则效蒲辅周先生通过凝神聚气于丹田。先生言动则生阳，静则生阴，体要多动，心要常静。如此，才能够阴阳平衡，健康和顺。先生自幼师从郑栋臣先生习武，使其柔弱的身体得到脱胎换骨，金马公社旧河改造时候曾肩挑五六百斤成为地方美谈。先生认为，中医骨科医生要坚持练功，通过练功才能够强身健体和增加内气，也才能够在给病人按摩和针灸时得气快、效果好。先生给人按摩和针灸时，很多患者都体验到独特的火热感和得气感。

做好中华医道的传承更是长生之道。先生常言，只要身体允许，就要一直工作下去，传承中医之道，其中的快乐唯有己知！救济病患，远离疾苦，后继有人，传承不绝，这才是先生真正的长生之道啊！

"他人之病犹己病，治好他病是己任，救得他生似己生"，老骥伏枥，志在千里。大慈大愿大行医，大医精诚！正骨针灸按摩药，仁术四绝！愿先生有生之年医德传承、仁术传承，刘氏骨科之道必将硕果累累，满园桃李必将芳香九州。此，吾等之所祈祷也！此，先生之大慈悲也！

论著提要

川派中医药名家系列丛书

刘育才

一、老年性股骨颈骨折的并发症及防治

老年人血气不足，肝肾渐衰，骨质脆弱，较易发生股骨颈骨折，并且一旦发生股骨颈骨折，极易引起各种并发症。主要并发症为坠积性肺炎、褥疮和股骨头缺血性坏死。

（一）坠积性肺炎

股骨颈骨折卧床治疗时间长，易致痰涎积聚，排除不畅，使小支气管阻塞和肺部坠积性充血，肺功能降低，从而引起支气管和肺的感染，一些年高体衰的患者患坠积性肺炎尤其危险。预防该症，要嘱咐患者作深呼吸，主动咳嗽以帮助排痰，做扩胸运动。配合内治法，在内服中药中，要加强扶正固本之药，以增强机体的抗病能力。在内服中药中加入化痰之药，如贝母、枇杷叶、瓜蒌、陈皮、半夏等，这类药能减少支气管的分泌或稀释痰液。对肺部情况要严密注视。

（二）褥　疮

老年性股骨颈骨折因卧床时间长，臀部及骶后上棘、足跟等处易受压制，局部血液循环障碍，形成褥疮。褥疮的预防主要在于护理，受压部位要保持清洁、干燥，并给予按摩，用厚软垫或气圈等垫在身下。

褥疮发生后，除恰当使用抗菌素局部治疗外，也要内服中药，如补气血、活血化瘀之药，瘀去才能新生。

（三）股骨头缺血性坏死

股骨颈骨折后，或由于血管断裂，或由于损伤引起的小血栓，脂肪栓进入并阻塞于股骨头供血血管，使股骨头发生缺血性坏死。预防该症要适时进行功能锻炼活动，包括踝关节，趾关节的屈、伸，股四头肌的锻炼，以加强血液循环。同时早期服用补肝肾的药物，若骨折已愈合，则配合按摩肌肉、关节功能的锻炼，但股骨及颈骨骨折的功能锻炼要适量。以上可避免肌肉萎缩，关节强直，待 X 线 CT 摄片证明坏死的股骨头修复完成后，患肢方可负重锻炼。

（《成都医药》第 24 卷第 2 期）

二、手法配合针刺治疗颈椎病

颈椎病是骨科的常见病之一，好发于伏案工作者。采用中医手法和针刺治疗，疗效显著。

（一）手法治疗

1. 揉法。患者取坐位，术者立于患者身后，以双手四指揉按颈椎两侧。

2. 滚法。术者立于患者身侧，以小鱼际和第 5 掌指关节部来回滚颈椎棘突及棘突两侧。

3. 拿捏法。术者用单手拿捏患者颈部两侧的软组织，以指腹用力，力量适度，不轻不重，患者感觉舒适为宜。

4. 舒筋法。术者用双手掌根部沿斜方肌、脊阔肌、骶棘肌的纤维方向，分别向颈外侧沟及背部分舒。

以上四种手法为各型颈椎病通用手法，下面的手法主要针对各型不同颈椎病。

1. 神经根型颈椎病。配合点穴拨筋法，术者用中指或拇指点按天宗、合谷、曲池以及阿是穴，以麻胀为宜，继之拨腋下的臂丛神经、桡神经、尺神经，以麻窜至指端为宜。

2. 椎动脉型和交感神经型。配合头部按摩，以解决头痛、眩晕及耳鸣。患者取坐位，术者用揉法揉按印堂、前额及太阳穴等部位，用扫散法在颞部胆经循行路线自前上方向后下方操作，再用拿五经，从头顶拿至风池。

3. 脊髓型颈椎病。配合端提运摇法，术者立于患者身后，双手置于颈项部，用力向上提慢用力使头部向左右两侧旋转各 30～40 度。

（二）针刺治疗

神经根型：大椎、肩井、曲池、手三里、外关、合谷。

椎动脉型：百会、太阳、大椎、风池、曲池、手三里、合谷。

交感神经型：翳风、曲池、手三里、合谷、足三里。

脊髓型：大椎、肾俞、风池、手三里、合谷、足三里。

颈椎病的发生与颈椎的解剖特点和生理功能有直接关系，颈椎位于缺少活动的胸椎和重量较大的头颅之间，具有屈伸、旋转、侧屈等较大幅度的活动范围，而且还必须支持头颅以使其平衡，所以颈椎极易劳损，其中尤以C4-C5，及C5-C6为甚。由于颈椎长期劳损，颈椎间盘组织及骨与关节逐渐发生退行性改变，从而影响附近的椎动脉、神经根、脊髓而致产生相应的临床症状。

推拿手法和针刺是祖国医学宝库中有效的传统疗法，主要是通过手法和针刺作用于人体特定部位，调节机体的生理、病理状况，达到治疗目的。

在颈椎病手法治疗中主要是解决颈椎间盘突出，后关节紊乱及无菌性炎症。手法能对机体产生多种生理、生化和生物物理效应，从而达到舒筋通络、活血散瘀及整复错缝的目的，同时使神经根、椎动脉，甚至脊髓的刺激和压迫得到改善，临床症状当然也获得缓解。

针刺对颈椎病的治疗作用主要表现在镇痛上，根据祖国医学不通则痛的理论，通过对人体特定俞穴和阿是穴的刺激，舒通病变部位的经络，从而达到镇痛的目的。

（2001年学术年会《资料汇编》）

三、手法针刺治疗急性腰椎后关节滑膜嵌顿

急性腰椎后关节滑膜嵌顿是急性腰扭伤的一种症型，亦称腰椎后关节紊乱症或腰椎间小关节综合征，是临床门诊或急诊的一种常见病。中医常称"闪腰"或"弹背"。多由轻度腰部外伤引起，伤后腰部立即发生难以忍受的剧痛，其疼痛程度远远超过一般的急性腰扭伤，易被误诊为急性腰肌筋膜扭伤或急性腰肌纤维组织炎，而延误治疗，产生慢性腰痛。

（一）诊　断

主要依据临床症状，多有外伤史，伤后立即出现腰部剧烈疼痛，屈伸不得，功能严重受限。多在腰 4、腰 5、骶 1、棘突和椎旁有明显压痛。X 线检查有时可见后关节排列方向不对称或有腰椎侧弯、椎间隙宽窄不等。

（二）治疗方法

1. 放松手法

（1）揉摩法。患者俯卧，术者立于其身旁，以双手拇指和手掌自第 1 腰椎循棘突及两侧足太阳膀胱经向下揉摩。

（2）滚法。术者在腰骶部督脉和足太阳膀胱经自上而下滚数次。

（3）点穴。术者以拇指点按肾俞、命门、腰阳关、承山、委中。

2. 解除滑膜嵌顿手法

（1）提脊法。术者沿尾椎棘突向上提脊上韧带至第一腰椎棘突，也可听到清脆的弹响声，疼痛随之缓解。

（2）牵抖法。患者俯卧位，助手双手拉住患者腋下，术者握患者双踝关节，做对抗牵引持续 1 分钟，再慢慢松开。然后将下肢快速上下抖动数次。令患者慢慢起床，一般都可使腰部伸直。必要时第 2 天重复一次。

（3）斜扳法。患者侧卧位，患侧在上，膝关节屈曲，健侧髋关节伸直，术者立于背侧，一手推臀，一手扳肩，两手相对用力，使上身旋后，骨盆旋前，活动至最大范围时用力做一稳定的推扳动作，此时往往可听到清脆的弹响声，疼痛可随之缓解。

3. 针刺治疗

毫针刺，用泻法。取局部的阿是穴配肾俞、命门、腰阳关、委中。

腰椎后关节为上下椎体的关节突所构成。每个关节面是互成直角的两个面，一呈冠状位，一呈矢状位，所以侧弯和前后屈伸运动的范围较大，至腰骶关节则小关节面成为介于冠状和矢状之间的斜位。由直立面渐变为近似水平面，活动范围更为增大。当腰部突然受外伤时，腰椎后关节后缘间隙张开，使关节内产生负压，吸入滑膜，若腰椎突然后伸，滑膜就可能来不及退出，而被嵌夹在关节面之间，形成腰椎后小关节滑膜嵌顿或关节突关节面的软骨相互错位，引起腰部剧痛。

手法中的揉摩、滚、点穴法可以舒筋活络、调和气血，以放松腰部肌肉，缓解腰部肌肉痉挛，达到消瘀止痛的目的，为下步手法做准备。提脊、牵抖、斜扳法可解除滑膜嵌顿，纠正小关节功能紊乱，迅速消除痉挛，恢复腰部功能。针刺阿是穴可以定痛，肾俞属足太阳膀胱经，为肾的背俞穴，内应肾脏，为肾气在背的输注、转输之处，而腰为肾之府，故肾俞是治腰痛的要穴。命门属督脉，位于两肾之间；肾藏精，为生命之根、先天之本，该穴有壮阳益肾之功效。腰阳关属督脉，是督脉阳气上通于命门、通背化气的关要。委中属足太阳膀胱经合穴，《四总穴歌》："腰背委中求。"以上诸穴配合共奏舒筋活络、活血止痛的功效。

（2001 年学术年会《资料汇编》）

四、中立尺偏按拉夹挤法整复 colles 骨折

整复手法及固定

1. 中立尺偏。患者一般取坐位，年老者可取平卧位。患肩外展 60 度，屈肘 90 度。患肢置中立位，助手以双手紧握患肢前臂上中段，另一助手牵引远端，一手牵引拇指，一手牵引其余四指。持续牵引三分钟左右。待重叠移位纠正后，让牵引远端的助手在牵引状态下，轻轻尺偏 30 度，以恢复尺偏角和下尺桡关节。

2. 按拉夹挤。尺偏完后，两助手继续对抗牵引。医者双手拇指将桡骨远端按向掌侧，其余四指将桡骨近端拉向背侧，使其复位。再双手除拇指外其余四指相互绞锁，用双掌夹挤骨折处。这样即使粉碎的骨折也基本能复位。

3. 检查。以右手拇指轻轻触摸桡骨下端掌侧面的生理弧是否正常，背侧

面是否光滑，桡骨茎突是否比尺骨茎突长 1 厘米左右。

4. 局部固定。以掌背、桡尺、四夹板固定、背桡侧夹板须超腕 1 厘米，掌侧板宽于背侧板，尺侧板不能压在尺骨茎突上。最后屈肘 90 度，前臂置中立位，三角巾悬吊于胸前。

colles 骨折遗留腕关节畸形、功能障碍及尺骨小头向掌侧移位，均为远折端桡偏未能很好复位，下尺桡关节未能很好吻合，传统的先掌屈后尺偏的整复方法很难达到理想的对位。实践证明先中立牵引再尺偏不但可使远折端的桡偏满意复位，而下尺桡关节吻合也较满意。正常的尺偏角随之也恢复。该手法整复基本能达到解剖复位效果。为巩固复位后的效果，局部夹缚固定与前臂体位固定应引起足够的重视。背侧板的宽度要小于掌侧板，桡侧板要超腕 1 厘米，以保持尺偏角，背侧板也要超腕 1 厘米，以便将桡骨远端压向掌侧。中立位时前臂骨间膜最紧张，能稳定复位后的位置。该手法整复 colles 骨折，用力轻、损伤小、复位满意，以后腕关节功能恢复好。

（2002 年四川省中医、中西医结合骨科新技术、新进展提高班暨学术研讨会《资料汇编》）

五、针药配合治疗痛风

痛风是临床上的常见病，其特点是起病急骤，受累关节红肿、热痛，活动受限。初起为单侧关节发炎，多数为第一趾关节；其次是腕、足跟、指、趾及其他关节。查血尿酸多增高。

采用齐刺出针让流出淡黄色液体或血液，再用外敷消肿止痛膜，取得较好疗效。

痛风属中医痹证范围。痹症是指气血被风、寒、湿三邪阻闭，不通则痛。而消肿止痛膜为刘育才专家的验方，纯中药制剂，其功效为活血化瘀、散瘀消肿、行气定痛。针药并用后，患者的经络疏通，气血流畅，达到治病定痛之功。

（2002 年四川省中医、中西医结合骨科新技术、新进展提高班暨学术研讨会《资料汇编》）

六、"拔伸踩压法"治疗腰椎间盘突出症

腰椎间盘突出症是骨科常见病、多发病。

"拔伸踩压法"主要步骤为：

（1）按摩腰部及患肢，主要施以拿、揉、滚、理、点、弹、拍等手法，目的在于促进血液循环，消除肌肉紧张、松懈粘连。

（2）拔夺。患者卧，医者握住患者双跟部将其双下肢提起，在助手协助下，作对抗拔伸牵引，持续 5~8 分钟。

（3）踩压。助手解除牵引，医者继续保持牵引姿势，患者腰部呈过伸位弯曲，并嘱其肌肉放松，医者以足掌前部，在患者腰部患处连续踩压数次。

治疗期间嘱患者自行进行功能锻炼。

本法主要作用机理如下：

（1）按摩。通过按摩促进血液循环、松懈粘连，促进炎症吸收，缓解疼痛和肌紧张。

（2）拔伸牵引。有研究证明，牵引能使椎间隙增宽 1.5 mm 以上，牵引状态下，椎间盘承受的压力下降，形成了由前后纵韧带和纤维环产生的张力，对突出的髓核产生一种强大的还纳回间盘中央的作用力。

（3）踩压。本法的主要特征是快速、强力，连续数次，此法能在软组织中产生一种弹性振动，振动通过传导到达突出的髓核，作用力的方向与髓核基本平衡，在牵引状态下，突出的髓核同时受前后纵韧带环产生的张力作用，两力作用形成协同的还纳力。

可见本法符合椎间盘突出复位的生物力学要求，其设计充分考虑了腰椎间盘突出症的病理解剖学特点，因而用之有效。

（《中医科学杂志》1997 年第 3 卷第 1 期）

学 术 年 谱

川派中医药名家系列丛书

刘育才

1947 年 11 月	出生于四川省成都市，从小跟随父亲学习中医古籍和刘家的整骨术
1962—1964 年	拜著名武医大师郑栋臣为师，学习中医骨科
1965—1968 年	在金牛区金马公社白塔大队开始独立行医
1969—1976 年	到白塔卫生所从事中医骨科、中西医内科、妇科，并建立住院部
1976—1978 年	调至金牛区中医院从事中医骨科，担任门诊部和住院部骨科医师
1979—1985 年	调至西南财经大学附属医院，从事骨科专业，在此期间，在光华医院建立骨科住院部
1986 年	义诊自筹材料、资金，创建了成都骨伤医院
1987 年	成都骨伤医院建成，任院长兼党支部书记
1989 年	任全国骨伤医院管理研究会常务理事
1992—2003 年	任四川省中医学会骨伤专委会（三、四、五、六届）副主任委员
1992 年	任中国人才学会骨伤分会常务理事
1991 年	被评为"1988 成都市劳动模范"
1991 年	任金牛区中医学会副会长
1996 年	被成都市政府授予"四职服务明星"
1996 年	被中共成都市金牛区委、成都市金牛区人民政府命为"金牛区有突出贡献的拔尖人才"
1996 年	任中华人才研究会骨伤人才分会科技管理开发人才专业委员会常务理事
1996 年	任成都中医学会第四届理事
1997 年	任成都市针灸学会副会长
1998 年	被评为"首届四川省名中医"
1998 年	被评为"成都市名中医"
1999 年	任成都中医学会第五届理事会骨科专业委员会委员

1999 年	任成都中医学会第五届理事会成都中医药学会管理专业委员会委员
2000 年	任成都市针灸学会副会长
2001 年	被香港国际医学科学研究会授予"国际医学成就奖"
2003 年	商标注册证"育才"核定使用商品:药用胶囊、医用制剂、医用药物、医药用洗液、搽剂、医用药丸
2003 年	建立了育才国医骨伤门诊部
2004 年	在北京高级骨伤论坛、"两会"周年庆典交流活动、世界杰出骨伤人才及骨伤医学先进集体表彰大会上被授予"世纪骨伤杰出人才"荣誉称号
2007 年	创建成都育才骨科医院
2008—2018 年	任成都市第 11 届、12 届人大代表
2013 年	获四川省榜样中国"我心目中的骨科名医"称号
2017 年	"刘氏中医传统整骨手法"被列入金牛区非物质文化遗产保护名录
2019 年	"刘氏中医传统整骨手法"被列入成都市第六批市级非物质文化遗产代表性项目